高等院校应用型本科智能制造领域“十三五”规划教材

汽车维修典型项目应用教程

主　编　樊江玲　宋开健　童丽华
参　编　吴明翔

华中科技大学出版社
中国·武汉

内容简介

本书从基于工作过程的汽车检测与维修出发，精选了18个汽车检测维修一线最具代表性的典型工作项目，对这些案例项目的相关理论知识和现场检测维修过程进行了详细的剖析和讲解。书中列举的18个项目分别涉及汽车主要结构的发动机、底盘和电器设备三大模块，所选择的案例项目全部基于实际工作过程，同时还列出相应的知识概要，因此本书具有理论与实践相结合、知识系统与技能系统相统一的特点。本书采用项目驱动、任务引领的“逐级递进式项目教学法”，从汽车基本结构基础知识到典型案例项目的实践操作，再到相关知识和能力的拓展展开介绍，包括与知识点对应的理论基础部分、与技能点对应的技术实践部分，与综合能力培养对应的能力拓展部分，有助于学习人员培养分析和处理汽车检测维修实际故障的能力。

本书可作为大、中专院校汽车检测与维修专业及相关专业课程的教材，还可作为维修企业的培训用书，以及相关汽车技术人员的参考用书。

图书在版编目(CIP)数据

汽车维修典型项目应用教程/樊江玲，宋开健，童丽华主编. —武汉：华中科技大学出版社，2019.8(2024.8重印)
高等院校应用型本科智能制造领域“十三五”规划教材
ISBN 978-7-5680-5432-4

Ⅰ.①汽…　Ⅱ.①樊…　②宋…　③童…　Ⅲ.①汽车-车辆修理-高等学校-教材　Ⅳ.①U472.4

中国版本图书馆CIP数据核字(2019)第184064号

汽车维修典型项目应用教程
Qiche Weixiu Dianxing Xiangmu Yingyong Jiaocheng

樊江玲　宋开健　童丽华　主编

策划编辑：张少奇
责任编辑：吴　晗
封面设计：原色设计
责任监印：周治超
出版发行：华中科技大学出版社(中国·武汉)　　电话：(027)81321913
　　　　　武汉市东湖新技术开发区华工科技园　　邮编：430223
录　　排：武汉市洪山区佳年华文印部
印　　刷：武汉邮科印务有限公司
开　　本：787mm×1092mm　1/16
印　　张：13
字　　数：316千字
版　　次：2024年8月第1版第3次印刷
定　　价：39.00元

前　言

随着全球经济一体化及产业分工的日益深入，汽车行业得以蓬勃发展，我国汽车的销售量和保有量也在迅速增长。社会对汽车维修技术的要求日益增强，对掌握现代汽车维修技术的职业技能型人才的需求也与日俱增。

本书针对市场上保有量较高的车型，以满足汽车维修企业需求为导向，以增强汽车维修技术人才能力培养为本位，仔细筛选整理了18个汽车维修一线颇具代表性的典型项目，并对这些项目进行了基于工作过程的详细剖析和实操讲解。

本书具有以下特点。

1. 理论与实践相结合，知识与技能相统一。根据职业需求和岗位要求，并结合职业教育的特点，将18个典型项目分为三大部分：发动机部分、底盘部分和电器设备部分。每一部分都有相应的知识概要和小结，每个典型项目也都有相应的理论基础和技能实践。有助于学生在学中做、做中学，使学生将所学的知识与技能融为一体。

2. 采用项目驱动、任务引领的“逐级递进式项目教学法”。本书的逐级递进模式如下。

(1) 在了解汽车基本结构知识的基础上，通过典型项目的学习和训练，实现知识与技能的融合；

(2) 在项目拓展阶段，通过典型问题探究与网络资料学习，进一步拓展知识与技能，做到触类旁通；

(3) 在项目实施与测评过程中，与岗位要求相对接，实现岗位能力培养与职业素养的综合提升。

每个典型项目的学习分为三个逐级递进的部分：与知识点对应的理论基础部分、与技能点对应的技术实践部分、与职业素养和岗位能力对应的综合能力培养部分。

理论基础部分包括经典案例介绍、故障现象分析及理论基础知识。在故障现象及分析部分设有帮助学生思考分析的思维导图；技术实践部分包括操作步骤、检验方法和注意事项，便于学生现场实践操作；与职业素养培养对应的综合能力培养部分，是对理论知识和操作技能的进一步拓展，同时附有可查询的相关知识链接，引导学生举一反三深入学习。项目组织实施部分对接岗位要求，列出了学生项目完成情况的评价标准。这样的学习内容编排更符合学生的认知规律，有助于学生充分掌握汽车维修知识，提高处理汽车检测维修实际问题的分析能力和动手能力。

3. 所选取的典型项目源于实际维修企业操作现场，并与“汽车维修工(中级、高级)”考核知识点相对应，有助于学生实现“双证融通”。

本书可作为大、中专院校汽车检测与维修专业及相关专业课程的教材，还可作为维修企业的培训用书，以及汽车技术人员的参考用书。

本书主要由上海师范大学天华学院(以下简称天华学院)与上海市现代职业技术学校(以下简称现代职校)的相关教师联合编写，编写人员包括天华学院樊江玲、吴明翔和石玲；

现代职校童丽华、宋开健、谢逸卿、佘炜、周军伟、吴越人、蔡莉艳和秦芹芹;上海师范大学徐颖等。

本书在编写过程中参考了许多优秀的著作和教程,在此向本书所借鉴、参考的所有文献的作者们表示衷心的感谢。书中部分图片来源于网络,在此也向图片的原创者们表示感谢。还要感谢上海理工大学陈道炯教授、上海师范大学林军教授在百忙之中审阅、校核了本书,并提出许多宝贵意见,使本书得以充实完善。同时本书的编写工作得到了两校的相关领导的大力支持,在此一并表示感谢。

书中难免存在疏漏及不妥之处,恳请广大专家和读者不吝指正。

编　者

2019年5月

目　　录

第1章 绪　论

经济的高速发展和人们生活水平的不断提高，使得汽车工业近年来呈现出井喷式的高速增长趋势。汽车产销量的增长也推动了汽车保有量规模的扩大，截至2017年底，中国机动车保有量达到3.1亿辆，其中汽车2.17亿辆。汽车进入千家万户，成为现代生活不可或缺的部分，汽车维修服务也成了名副其实的最基本的民生服务，迎来了前所未有的挑战和广阔的发展机遇。

1.1 汽车检测与维修概述

1.1.1 汽车检测与维修的定义

汽车检测是通过对汽车进行综合性的检查、测试与分析，对汽车的性能、技术状况、工作能力做出评价。

汽车维修是对汽车进行维护或修理的泛称。汽车维护以预防为主，是采用一定的护理方式来维持汽车完好的技术状况和工作能力而进行的作业。维护内容包括清洁、检查、紧固、调整、补给、润滑等。汽车修理是对已经发生故障、机械事故的汽车，以及整体或局部性能已经发生明显下降的汽车进行的恢复性作业，以恢复汽车良好的技术状况、工作能力，延长其工作寿命。

汽车维修包括汽车小修、汽车大修。汽车小修是一种运行性修理，用来排除汽车运行的临时故障、存在的隐患和局部损伤，是保证或恢复汽车工作性能的运行性修理。汽车大修是经过一定使用里程后，对发生破裂磨损、变形等破坏的零部件进行彻底修理，以恢复其动力性、可靠性、经济性和环保性等性能的修理作业，是对汽车全面实施的恢复性修理。

1.1.2 汽车检测与维修设备简介

汽车检测与维修要求的技术性、专业性非常强，要保证良好的汽车检测维修质量，就要有可靠的检测维修设备作为技术支撑。汽车检测是确定汽车技术状况和工作能力的检查；汽车诊断则是在不解体（或拆下个别零件）的条件下，确定汽车技术状况，查明故障部位及原因。汽车检测与诊断是汽车维修的前站。汽车检测与维修设备种类繁多，一般情况下，可以将汽车检测与维修设备分为四大部分，分别是：检测设备、诊断设备、修理设备和维护设备。

检测设备包括发动机综合测试仪、故障检测分析仪、四轮定位仪、前照灯检测仪、侧滑试验台、汽车光纤内窥镜、燃油压力表、润滑油油质分析仪、尾气分析仪、烟度计、柴油车磁力探伤仪、电控汽油喷射系统检测设备等。

诊断设备包括汽车故障解码器（汽车故障诊断仪）、故障读码卡、数据流分析仪、汽车专用电脑、喷油泵试验台、喷油器校验器等。

修理设备包括汽车举升机、汽车轮胎拆装机、汽车车轮平衡机、发动机吊架、翻转台等。

维护设备包括汽车喷油器清洗检测仪、汽车空调制冷剂回收加注机、汽车轮胎充氮机、自动变速箱清洗换油机、动力转向换油机、黄油加注机、抛光机、打蜡机、吸尘机、吸水机等。

此外,还有各种通用和专用的拆装维修工具,此处不再一一列举。

1.2 汽车维修技术的发展

1.2.1 传统汽车维修技术与现代汽车维修技术

汽车作为人类文明发展的标志,自1886年发明至今,已有一个多世纪的历史。汽车发展至今,逐渐成为了综合多门学科研究成果的高交叉性、高融合性的高新技术集合体,现代的汽车维修和传统的汽车维修之间有着很大的区别。

传统汽车可以看作是以机电设备为动力的移动机械,它的工作原理、结构相对简单,因而出现的故障类型通常也不会过于复杂。传统汽车维修技术是以机械修理为核心的操作技艺。进行汽车检测和维修时,维修技术人员主要采用眼观、耳听、手摸、鼻闻等经验诊断的方法来判断故障类型,找出故障原因。维修技术人员的经验技巧和现场观察能力是维修成功的主要因素。维修过程中,所需要的维修数据、设备信息、技术标准等资料,通常通过查阅技术标准手册来获得。这样的资料查询方式,信息获取量小、查询速度慢、资料更新也不及时。

现代汽车将传感技术、集成技术、嵌入技术、智能技术、自动控制技术等多项高端技术集于一身,这些技术的出现和优化,使汽车由简单的机械体变为一个移动的多技术融合系统。因此,现代汽车维修技术也发展成为了以机、电、液一体化系统诊断为核心的综合诊断技术。与传统维修方式不同,维修技术人员主要利用计算机、电子及机械等技术,通过智能化、自动化的设备检测汽车技术状况及性能,检测结果以数据、文字、曲线、图表或检测报告等形式呈现出来,对其进行详细的分析后可以准确地找到故障部位,了解故障类型和故障原因,然后就可采取适当的方法有针对性地对汽车进行维修。

先进的技术理论与检测诊断设备已经成为汽车检测和维修的保障。可以说传统的汽车检测与维修是以定性分析为基础的,而现代汽车检测与维修技术则以定量分析为基础的。在维修过程中,不仅可以从汽车厂家提供的数据光盘和维修手册中获取各种所需的技术资料,而且随着网络技术的发展和普及,还可以通过互联网在第一时间更快捷地掌握各种资讯,或者进行维修专家网络会诊、故障问题网上解答等。

与传统的汽车检测与维修技术相比,现代汽车检测与维修技术由于计算机技术和电子技术的广泛应用,其自动化程度、检测精度和检测效率提高,极大地节省了人工成本和维修成本。随着现代高科技在汽车上的广泛应用,人们对汽车的检测与故障诊断技术运用水平的要求也在提高。应用好现代检测设备仪器,科学分析准确判断故障,将是快速优质维修现代汽车的关键。

1.2.2 汽车检测与维修技术的发展

现代汽车检测与维修的智能化、电子化和自动化发展，各种新兴技术的不断出现，使检测领域不断拓展。发动机综合测试仪、汽车故障解码器、汽车四轮定位仪等现代化设备也得到了广泛的应用。从总体上看，新技术、新方法、新标准、新系统已经成为汽车检测与维修发展的新要求。

随着汽车工业高新技术的迅猛发展，现代汽车检测和维修已逐渐发展成为一门独立学科，成为汽车行业的一个重要分支，其所涉及的知识范围、采取的技术方法、采用的仪器设备以及维修手段均发生了很大的变化，主要体现在以下几个方面：①从对零部件的修复发展为对零部件的更换；②从对汽车局部性能的恢复发展为对汽车整体性能的恢复；③从对汽车显性故障的排除到对隐性故障的排除；④从对机械、电器、液压等单元的单项修复发展为同时对多个项目集中检测修复；⑤从解体修理发展为不解体修理。

现代汽车的检测与维修技术侧重于采用新技术、新方法进行故障的诊断与排除，其大致流程为：①利用检测设备锁定汽车的故障所在位置；②分析故障原因，主要包括现象的解析、特征的提取、现象的整理归纳以及分类等；③归纳总结出最有可能引起故障的几种原因，列出后期检修优先顺序报表；④检修前给出检测故障的流程以及注意事项；⑤对已确定出现故障的零件进行更换维修，消除故障；⑥维修完成时对其性能作合格的检测或检验。

现代的汽车检测、诊断与维修借助计算机控制的现代电子仪器设备，实现了汽车各项性能参数的自动监测、分析、判断、存储、打印，不仅有效地降低了汽车检测与维修的难度，还大幅提高了维修的质量与效率。智能化设备的使用是现代汽车维修行业发展的必然趋势。

随着现代汽车检测与维修技术和设备的智能化、自动化发展，对维修和操作人员的要求也越来越高。

1.3 汽车维修人才的需求和培养

当前的汽车维修市场对汽车维修技术人员既有理论方面要求又有实践方面的要求，需要汽车维修技术人员具有汽车、机械、电子、计算机以及外语等多方面的知识。汽车维修人员除了应具备扎实的专业理论知识外，还应具备相当的专业技能和与生产过程相关的实践能力，具体如下。

1. 理论基础与专业知识

主要包括汽车发动机构造与原理、汽车底盘构造与原理、汽车电器结构与原理、工程制图、机械基础、电工电子技术、计算机与控制技术、新能源汽车技术等。

2. 相关知识

主要包括汽车管理与营销、汽车装饰与美容、车联网技术及应用、相关法律法规、成本核算等。

3. 实践技能

主要包括汽车驾驶技能、电路连接技能，以及汽车检测诊断及维修保养、充电机(站)的应用与管理等工程技术能力。

4. 素质能力

组织协调能力、继续学习能力，以及良好的职业操守、职业道德等。

合格的汽车维修技术人员，应具有汽车机电、电控、信息通信等方面知识基础，并具有发现、分析和解决实际技术问题的能力，能够熟练地运用先进的汽车检测仪器进行数据分析和检测诊断，对汽车故障能进行迅速准确地判断和排除，会运用现代化的技术手段来获取汽车检测维修相关资料；能根据外语说明书或修理手册对进口车型进行维修等，努力提升汽车检测维修服务的质量和效率。

从培养合格的汽车维修人才的角度来说，职业技术院校需从行业和企业用人需求实际出发，确立人才培养目标和规格，并把职业素养和专业综合职业能力目标纳入其中，从而制定与培养目标相适应的课程体系、课程标准和恰当的教学安排。在教学实施过程中还需遵循教学规律，设定先进的教学模式和评价方法，并配备合理的师资结构，相应的教学和实训实施设备等。

在越来越全球化的中国市场，汽车行业的竞争其实也是汽车技术的革新和竞争，是汽车技术人才的竞争。除了在学校的专业学习之外，汽车维修技术人员还应该加强自身的学习，及时了解汽车检测与维修的新技术、新动态，积极取得汽车维修相关资格证书。只有不断更新维修观念、知识、技能，提高自身素质，汽车维修技术人员才能掌握新知识、新技能，成长为符合市场需求的高精尖汽车维修技术人才，从而适应汽车市场的发展需求，及时跟上技术发展的步伐。

第 2 章　发动机部分典型项目

2.1　知识概要

发动机是一种由许多机构和系统组成的复杂机器，是汽车的动力源，其总体构造如图 2-1-1 所示。

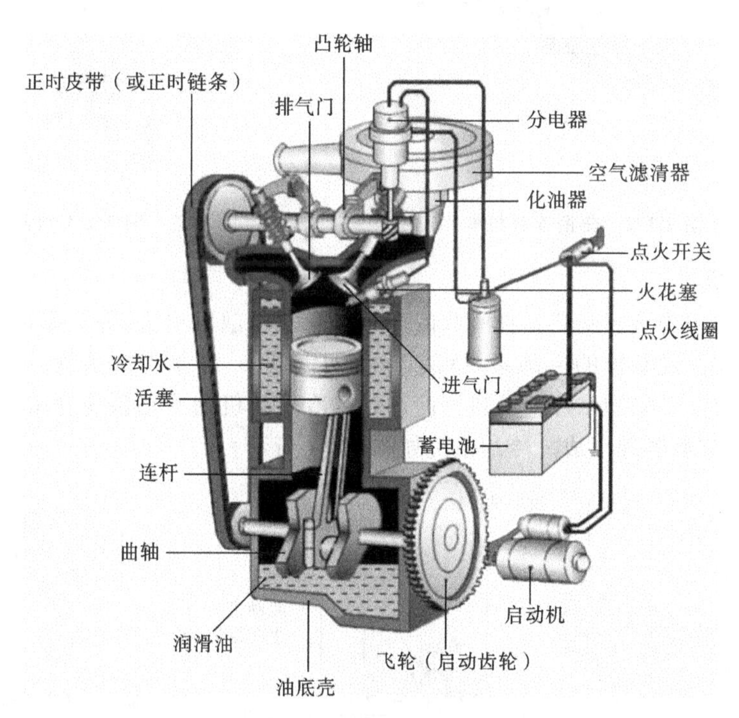

图 2-1-1　发动机总体构造

无论是汽油机还是柴油机，无论是单缸发动机还是多缸发动机，要完成能量转换，实现工作循环，保证长时间连续正常工作，都必须具备以下某些机构和系统。

汽油机包括两大机构和五大系统组成，即曲柄连杆机构、配气机构、燃料供给系统、润滑系统、冷却系统、点火系统和启动系统；柴油机包括两大机构和四大系统，即曲柄连杆机构、配气机构、燃油供给系统、润滑系统、冷却系统和启动系统。柴油机是压燃的，不需要点火系统。

1. 曲柄连杆机构

曲柄连杆机构是发动机实现工作循环，完成能量转换的主要运动零件。它由机体组、活塞连杆组和曲轴飞轮组等组成，如图 2-1-2 所示。曲柄连杆机构将活塞的往复运动转变成曲轴的旋转运动，是发动机借以产生并传递动力的机构，它能把燃料燃烧后发出的热能转变为机械能。

2. 配气机构

配气机构的功用是根据每一气缸内所进行的工作循环和点火次序的要求，定时开启和关闭进气门和排气门，使可燃混合气或空气进入气缸，并使废气从气缸内排出，实现换气过程。在压缩与膨胀行程中，要保证燃烧室的密封。配气机构如图 2-1-3 所示。

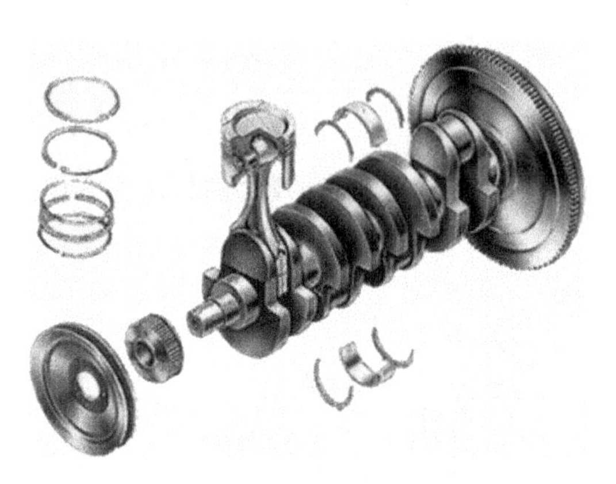

图 2-1-2 曲柄连杆机构

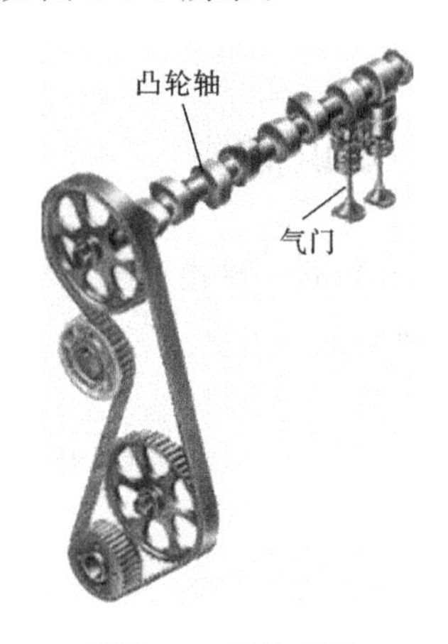

图 2-1-3 配气机构

3. 冷却系统

冷却系统的功用是将受热零件吸收的部分热量及时散发出去，保证发动机在最适宜的温度状态下工作。发动机的冷却系统可以分为两大类，一类是水冷系统，另一类是风冷系统。车用发动机大多采用水冷系统进行冷却。水冷发动机的冷却系统通常由冷却水套、水泵、风扇、水箱、节温器等组成。冷却系统如图 2-1-4 所示。

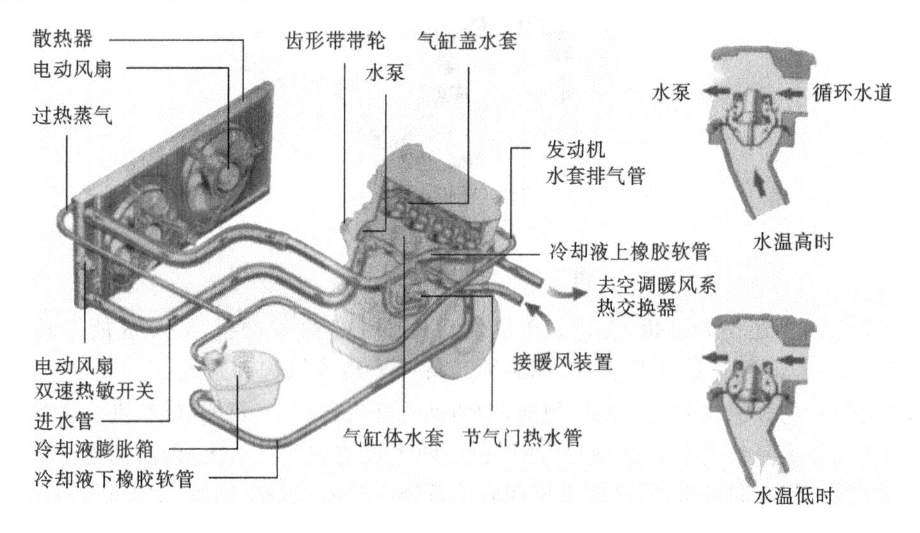

图 2-1-4 冷却系统

4. 燃油供给系统

汽油机燃油供给系统的功用是根据发动机的要求，配制出一定数量和浓度的混合气，供入气缸，并将燃烧后的废气从气缸排到大气中去。汽油机燃油供给系统如图 2-1-5 所示。

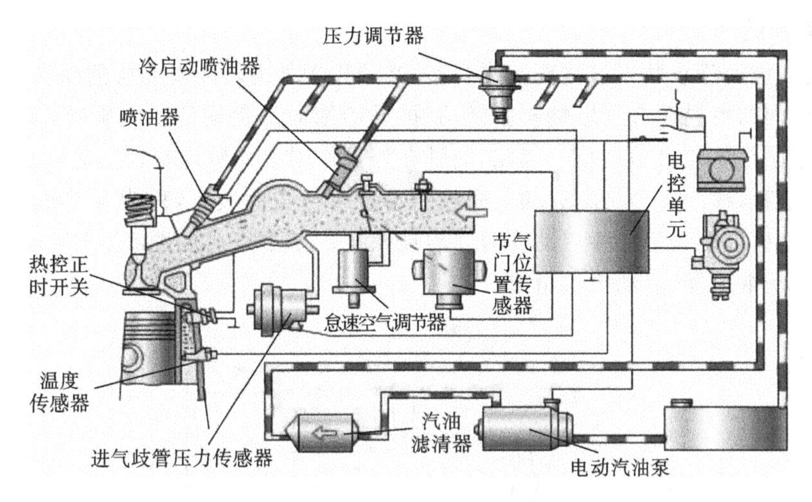

图 2-1-5　汽油喷射式汽油机燃油供给系统

柴油机燃油供给系统的功用是：不断供给发动机经过滤清的清洁燃油和空气，根据柴油机不同工况的要求，将一定量的柴油以一定压力定时喷入燃烧室，使其与空气迅速混合并燃烧，做功后将燃烧废气排出气缸。

5. 润滑系统

润滑系统的功用是在发动机工作时，向做相对运动的零件表面和传动件的摩擦面输送定量的清洁润滑油，以实现液体摩擦，减小摩擦阻力，减轻机件的磨损。同时对零件表面进行清洗和冷却。润滑系统通常由润滑油道、机油泵、机油滤清器和一些阀门等组成。润滑方式有压力润滑、飞溅润滑和润滑脂润滑三种。

6. 点火系统

在汽油机中，气缸内的可燃混合气是靠电火花点燃的，为此在汽油机的气缸盖上装有火花塞，火花塞头部伸入燃烧室内。按照各缸点火次序，定时地供给火花塞以足够高能量的高压电，在火花塞电极间产生足够强的火花。点燃可燃混合气的全部设备称为点火系统，点火系统通常由蓄电池、发电机、分电器、点火线圈和火花塞等组成，如图 2-1-6 所示。

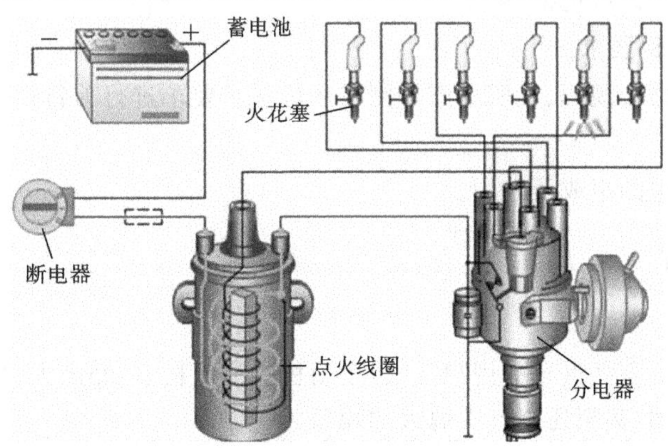

图 2-1-6　点火系统组成

7. 启动系统

要使发动机由静止状态过渡到工作状态，必须先用外力转动发动机的曲轴，使活塞做往复运动，气缸内的可燃混合气燃烧膨胀做功，推动活塞向下运动使曲轴旋转，发动机才能自行运转，工作循环才能自动进行。因此，曲轴在外力作用下开始转动到发动机开始自动地怠速运转的全过程，称为发动机的启动。完成启动过程所需的装置，称为发动机的启动系统。现代汽车发动机以电动机作为启动动力。启动系统的基本组成如图 2-1-7 所示，由蓄电池、启动开关、启动继电器、启动机等组成。

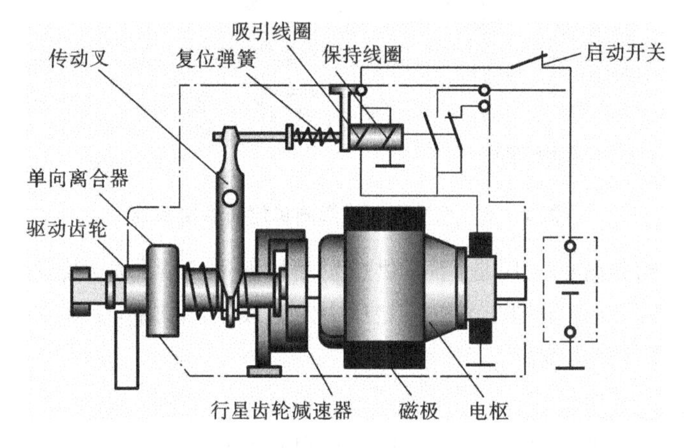

图 2-1-7 启动系统结构示意图

2.2 检修活塞连杆组

2.2.1 项目要求

1. 时间要求

45 min 内，在保证操作规范和满足质量要求的前提下，完成活塞连杆组的拆装和检修，并对相关部件进行维修或更换。

2. 安全文明环保要求

严格按照安全操作规程、文明生产规则及环境保护要求进行项目作业。

3. 知识要求

掌握活塞连杆组的组成及功用。

2.2.2 项目分析

1. 经典案例

有一辆雪佛兰科鲁兹汽车的用户反映，发动机机油消耗多，噪声大，加速性能下降，怠速运转时还会发生抖动，甚至还会产生熄火的现象。

2. 故障现象及分析

维修人员检查后初步判断导致该现象的原因，是该发动机活塞环达到使用寿命发生变形，导致气缸内部密封不严，使机油串入燃烧室一起燃烧，故需要拆检活塞连杆组做一步检测。

3. 理论基础

1）活塞

（1）活塞的作用。

活塞顶面与气缸盖、气缸壁一起构成燃烧室，并承受高温燃气压力，通过活塞销座和活塞销将压力传给连杆。

（2）活塞性能要求及材料。

活塞与高温、高压燃气直接接触，在润滑、冷却散热均不良的情况下剧烈高速往复运动。所以要求活塞必须要耐磨、耐热，热膨胀系数小，导热性好，具有足够的刚度和强度，质量小，且多缸发动机各缸活塞的质量均匀平衡。

汽车发动机活塞广泛采用高强度铝合金材料，少数低速增压柴油机活塞有时采用合金铸铁或耐热合金钢。

（3）活塞基本构造。

活塞由顶部、头部和裙部三部分组成，如图2-2-1所示。

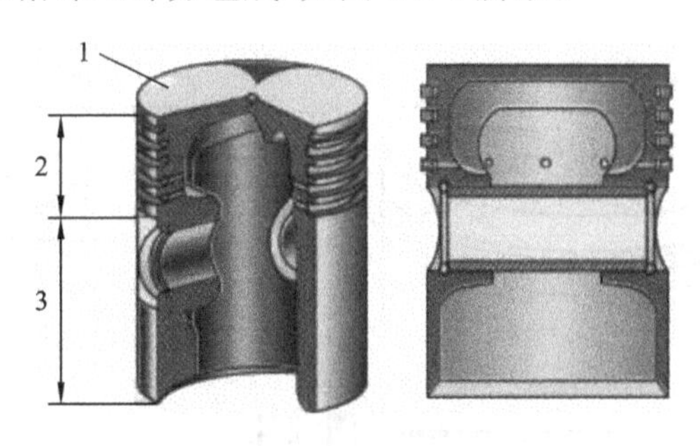

图2-2-1 活塞的基本结构

1—活塞顶部；2—活塞头部；3—活塞裙部

活塞顶部是燃烧室的一部分，其形状取决于燃烧室的类型。常见的活塞有平顶、凹顶和凸顶等结构。

平顶活塞结构简单，受热面积小，多见于汽油机。有的汽油机也采用凹顶活塞。凸顶活塞强度大，多见于二冲程汽油机，有利于扫气导流。

柴油机活塞顶有不同形状（如楔形、盆形、半球形等，见图2-2-2）、深度的凹坑，以配合混合气的形成与燃烧。在气门升程较大的发动机中，活塞顶部还加工有气门凹坑；以防止活塞在进气上止点时与气门发生干涉。改变活塞顶面的形状、尺寸，可调节发动机压缩比。

活塞顶部标有安装记号，如三角、箭头、缺口等，以指示活塞朝向发动机前端。

从活塞顶到活塞销孔上方最后一道环槽下端面的部分为活塞头部。其上切有若干道环槽，用以安装活塞环。上面的环槽用来安装气环，下面的环槽用来安装油环，以防止高温高压燃气漏入曲轴箱，并阻止机油窜入燃烧室，所以又称其为环槽部或防漏部。活塞顶部所吸收的热量大部分也要通过活塞头部和活塞环传给气缸壁，再由冷却液带走。

现代车用汽油机一般有三道环槽，上面的二道用于安装气环，下面的一道用于安装油

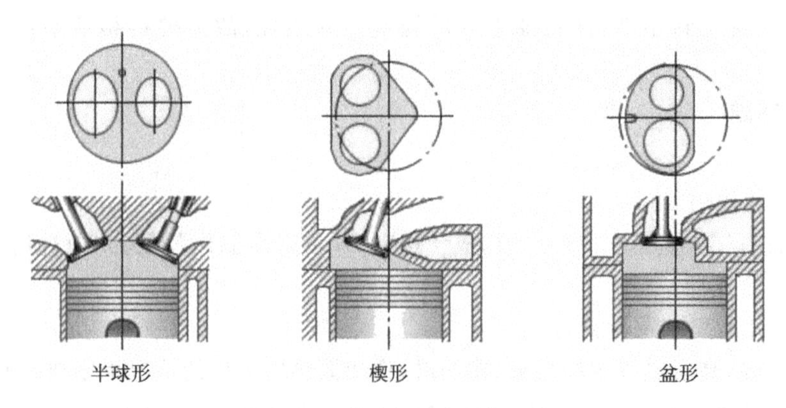

图 2-2-2 柴油机活塞顶部形状

环。柴油机压缩比大，气缸内压力高，一般有二道或三道气环槽，一道或二道油环槽。赛车用高速发动机为减少磨损，一般有二道环槽，其中，一道为气环槽，一道为油环槽。

第一道活塞环槽至活塞顶面的距离称为活塞环岸。某些活塞在第一道环槽上方切有一道较窄的隔热槽，用来减少传到第一道环槽和环的热量，如图 2-2-3 所示；有的活塞在第一道环槽内镶嵌耐热护圈。

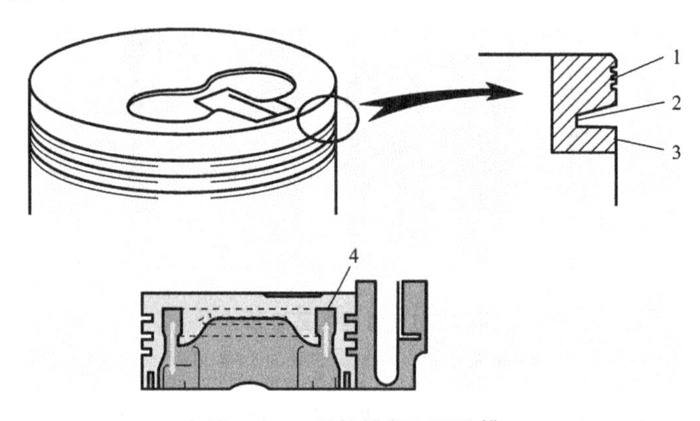

图 2-2-3 耐热护圈和隔热槽

1—隔热槽；2—第一道活塞环槽；3—FRM(纤维增强型金属)；4—冷却通道

油环槽底面加工有穿透活塞壁的回油孔或槽，使油环从气缸壁上刮下的多余机油流回油底壳，所以油环槽高度较气环槽高度大。

活塞销上方最后一道环槽下端面以下的部分称为活塞裙部。其作用是为活塞在气缸内做往复运动导向，承受侧压力并向连杆传递气体压力。

活塞裙部加工有活塞销座孔，用以安装活塞销，将活塞受到的气体作用力传给连杆，所以销座孔部分必须加厚。销座孔的两端有用于安装活塞销挡环的挡环槽，用于防止活塞销在工作中发生轴向移动。销座与顶部内壁之间还有加强肋，用于增强刚度。在某些高强化柴油机中，将活塞销座制成上宽下窄的楔形或梯形，以减小销座上的侧面压力。

活塞裙部垂直于活塞销的两侧区域称为推力面。承受做功行程中侧压力的一侧为主推力面，承受压缩行程中侧压力的一侧为次推力面。

2）活塞环

（1）活塞环的分类与作用。

活塞环是切有一个开口的环状零件，在自由状态下其外径比气缸直径稍大。活塞环按作用分为气环和油环两种类型。

气环的基本作用有以下两个。

① 在气缸壁和活塞间形成密封空间，防止气缸内的气体漏入曲轴箱，维持良好的压缩状况。所以，气环又叫密封环或压缩环。

② 将活塞顶接受的大部分热量传给气缸壁。

常说的"窜气"就是指气缸内的气体通过活塞与气缸壁的间隙进入曲轴箱的现象。窜气不仅会造成压缩压力降低、启动困难、功率损失、燃油消耗量增大，而且高温高压燃气会污染油底壳内的机油。

油环的主要作用是在气缸壁上涂布一层均匀的油膜，并将多余的机油刮下并集中起来，通过油环槽底部的回油孔流回油底壳，防止机油向上蹿入燃烧室，同时起到密封的辅助作用。

（2）活塞环间隙。

活塞环在装入活塞环槽及气缸后，要预留热膨胀间隙，即端隙、侧隙与背隙。

端隙是指开口处的开口间隙，一般为0.25～0.50 mm。

侧隙又叫边隙，是指活塞环在高度方向上与环槽侧面的间隙，等于环槽高度与环厚度之差。一般第一环的侧隙为0.04～0.10 mm，其余环的侧隙为0.025～0.07mm。组合油环不留侧隙。

背隙是指环内圆柱端面与环槽底部的间隙，一般为0.30～0.40 mm。

活塞环间隙随着温度的升高而变小，若间隙过小，则易造成环卡死，失去弹性，从而产生密封不良，甚至断裂、拉缸现象；若间隙过大，将导致漏气、环与环槽撞击、烧机油、积炭严重。因此，间隙不当会造成发动机综合性能下降。

（3）活塞环工作条件与材料。

活塞环在高温、高压、冷却不良、润滑不利的条件下相对于气缸壁高速滑动，并伴有径向缩张及与环槽上下侧面撞击的现象，是发动机中最易磨损、折断的零件之一，故要求其弹性好、耐磨、强度高、有韧性等。活塞环常用优质灰铸铁、合金铸铁、合金球墨铸铁、钢等制成，并对第一道环镀铬，其余环镀锡或磷化。

2.2.3　项目实施步骤

1. 操作步骤

1）拆卸前的准备工作

准备好科鲁兹台架（图2-2-4）、拆装工具（图2-2-5）、活塞环夹毂工具（图2-2-6）和气环拆装工具（图2-2-7）。

2）拆装描述

① 拆卸是由外到内，由上至下；

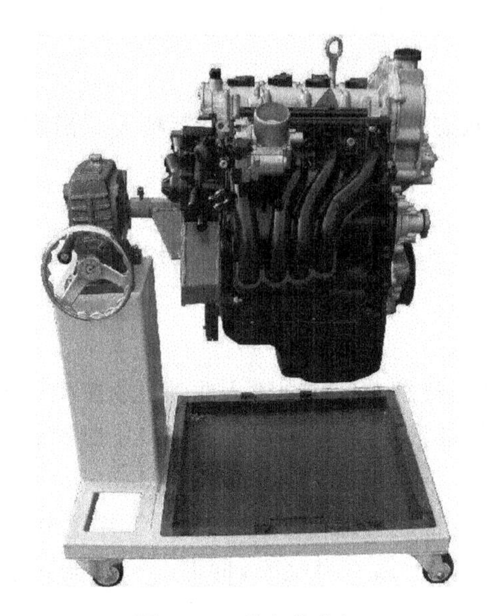

图 2-2-4 科鲁兹台架

图 2-2-5 拆装工具

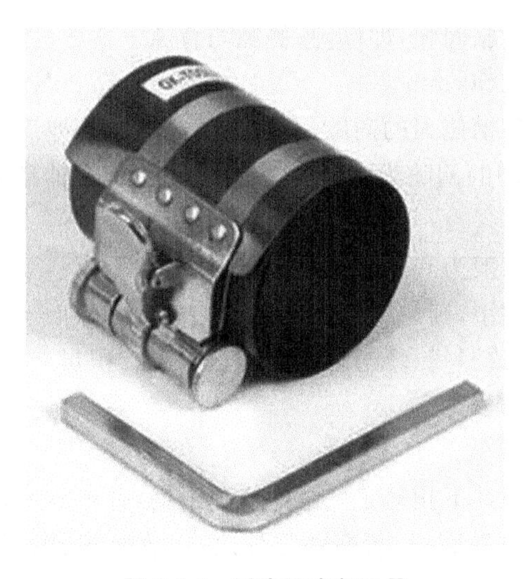

图 2-2-6 活塞环夹毂工具

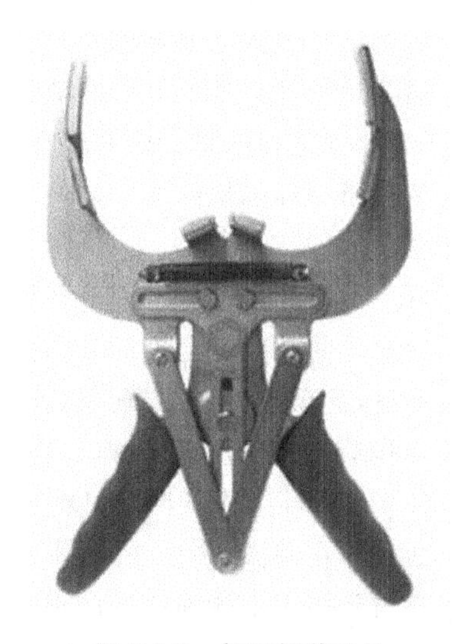

图 2-2-7 气环拆装工具

② 安装是由内到外，由下至上。

3）拆卸活塞连杆组

① 安装曲轴螺栓，并且沿发动机旋转方向转动曲轴，将 1、4 缸活塞摇到上止点，如图 2-2-8 所示。

② 标记带连杆轴承盖的连杆，如图 2-2-9 所示。

③ 拆下气缸 2 和气缸 3 的四个连杆轴承盖螺栓，并取下连杆轴承盖和连杆轴承，如图 2-2-10 所示。

④ 用手锤木柄分别推出 2、3 缸活塞连杆组，并拆下连杆轴承和连杆端盖轴承，如图 2-2-11所示。

图 2-2-8　安装曲轴螺栓

图 2-2-9　标记连杆轴承盖

图 2-2-10　拆卸连杆轴承盖

注意：连杆和连杆轴承的表面形成独特的配合，不能互换，否则会损坏，并且不要倒置剪切面。

⑤ 沿发动机旋转方向转动曲轴 180°，用同样的方法拆卸 1、4 缸活塞连杆组。

图 2-2-11 推出活塞连杆组

注意：不要硬撬、硬敲，以免损伤气缸。取出活塞连杆组后，应将连杆轴承盖、螺栓、螺母按原缸位组装。活塞、连杆和连杆轴承盖上打上对应缸号。

⑥ 分解活塞连杆组，使用一字螺丝刀拆下活塞销的卡簧，如图 2-2-12 所示。

图 2-2-12 拆卸活塞销

⑦ 将活塞销推出，将活塞从连杆上分离，如图 2-2-13 所示。

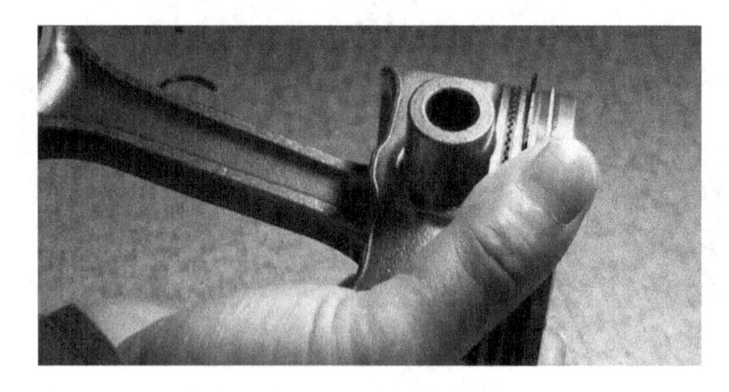

图 2-2-13 分离活塞与活塞销

注意：连杆和活塞的安装位置要做记号。

⑧ 用活塞环拆装工具拆下第一道和第二道气环，如图 2-2-14 所示。

图 2-2-14　拆卸气环

注意:使用活塞环拆装工具时,用力应适度,否则会折断活塞环。

⑨ 拆卸油环,如图 2-2-15 所示。

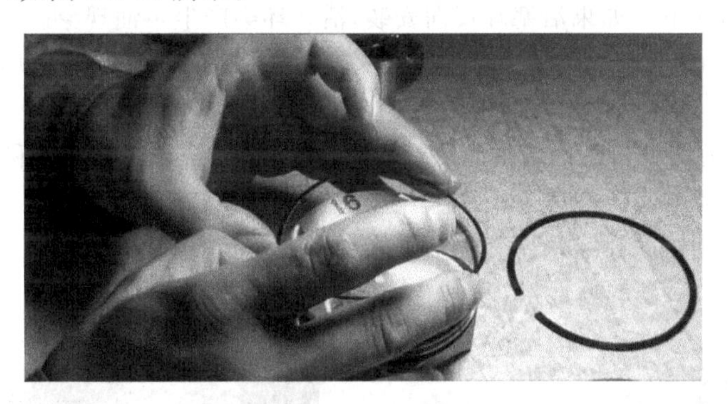

图 2-2-15　拆卸油环

注意:在拆卸油环时,先用手将上、下刮片从环槽上旋出,并且不要损伤活塞,用手将油环弹簧片取出。

4) 安装活塞连杆组

① 安装新油环,如图 2-2-16 所示。

图 2-2-16　安装油环

注意:不能用活塞环扩张器安装组合式油环,否则会损坏油环。应先用手将弹簧片装上,然后用手将上、下刮片从环槽上旋入。

② 使用活塞环拆装工具安装活塞环，且"TOP(顶部)"朝上，如图 2-2-17 所示。

图 2-2-17 安装第一道和第二道气环

注意：a. 活塞环端口打有记号的一面要朝上安装，如果没有安装记号，看内外倒角。内倒角向上，外倒角向下。如果活塞环反向安装，活塞环会产生泵油现象。

b. 各道环不要换装。第一道气环镀铬，比较亮。第一道环和第二道环换装将造成活塞环过早磨损。

c. 安装前用清洁的机油润滑活塞环、活塞、连杆轴承、气缸孔内表面和活塞环压缩器。

③ 将活塞连接至连杆，如图 2-2-18 所示。

注意：用手将活塞销压入活塞和连杆中。

④ 将卡簧插入活塞的环形槽，确保卡簧牢固就位于凹槽内，如图 2-2-19 所示。

图 2-2-18 安装活塞销

图 2-2-19 安装卡簧

注意：安装之前，先润滑活塞销；如果活塞销卡簧没有入槽，活塞销窜出，将对气缸造成严重的伤害。

⑤ 用手指的力量将连杆轴承压入连杆轴承孔，如图 2-2-20 所示。

注意：轴承的凸肩对准连杆孔上的凹槽。

⑥ 润滑活塞环总成和气缸壁，如图 2-2-21 所示。

注意：第一道活塞环(右侧活塞环)在位置 1；第二道活塞环(分活塞环)在位置 2；刮油环的中间环在位置 3；刮油环钢带环在位置 4 和/或 5，如图 2-2-22 所示。

⑦ 转动曲轴到 1、4 下止点，用活塞环夹箍夹住活塞环，以压缩活塞环。再用木榔头柄小心地将活塞连杆组推入气缸，如图 2-2-23 所示。

注意：活塞上的箭头应朝向发动机前方。

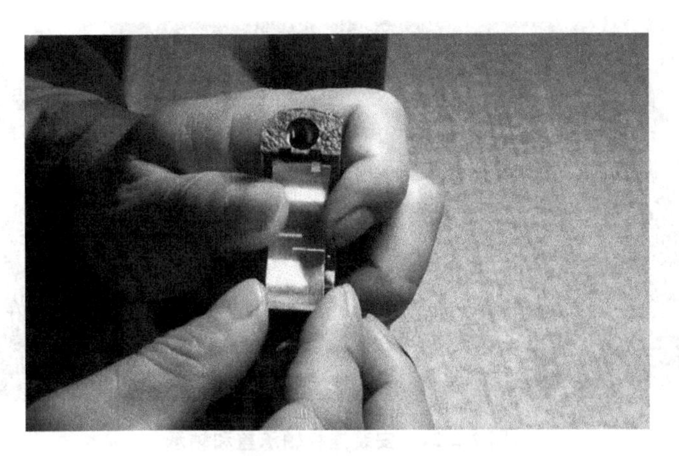

图 2-2-20　安装连杆轴承

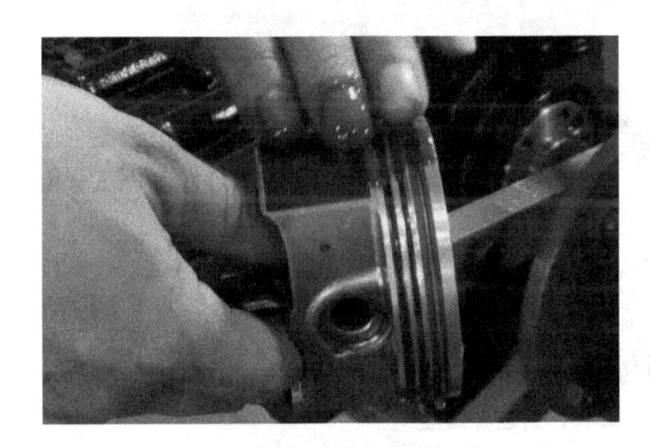

图 2-2-21　润滑活塞环

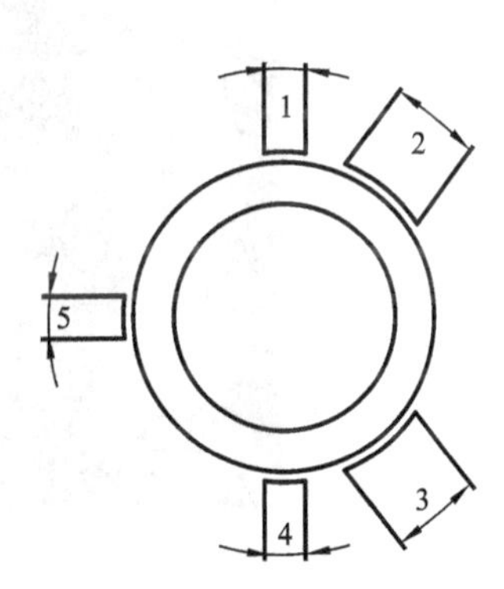

图 2-2-22　活塞环装配位置

图 2-2-23　安装活塞连杆组至气缸体

⑧ 安装连杆轴承盖和轴承(见图 2-2-24),安装新的连杆螺栓(见图 2-2-25)。

⑨ 将连杆螺栓分次拧到扭矩扳手示数为 35 N·m 位置,角度扳手示数为＋45°～＋15°(请使用扭矩扳手＋角度扳手)。

⑩ 用同样方法安装 2、3 缸活塞连杆组。

图 2-2-24　安装连杆轴承盖和轴承

图 2-2-25　拧紧连杆螺栓

2. 检验方法

1）测量活塞环端隙

测量活塞环端隙的厚度，如图 2-2-26 所示。

图 2-2-26　测量活塞环端隙

注意：允许的活塞环端隙如下。

① 矩形压缩环：0.20～0.40 mm。

② 锥形压缩环：0.40～0.60 mm。

③ 刮油环：0.25～0.75 mm。

2）测量活塞环侧隙

测量活塞环侧隙的厚度，如图 2-2-27 所示。

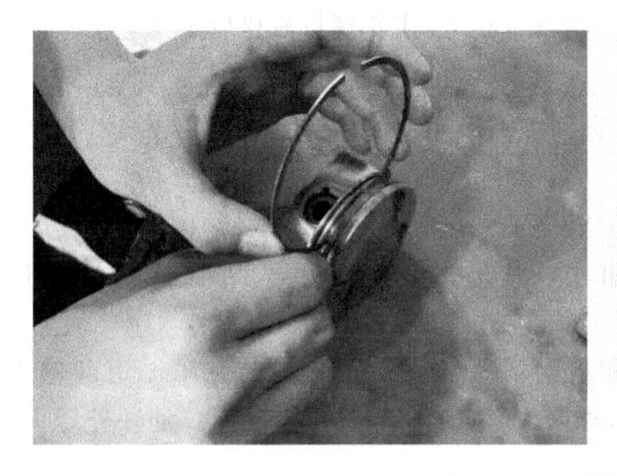

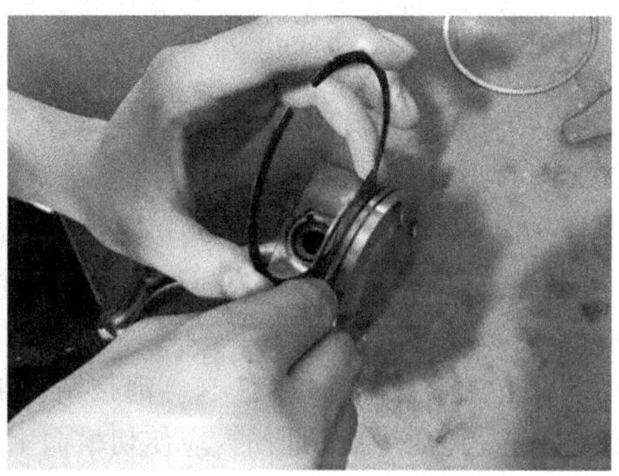

图 2-2-27　测量活塞环侧隙

注意：允许的活塞环侧隙如下。

① 矩形压缩环：0.04～0.08 mm。

② 锥形压缩环：0.03～0.07 mm。

③ 刮油环：0.03～0.13 mm。

3）测量活塞裙部直径

（1）检查外径千分尺的零刻度线是否有误差，若有须调零，如图 2-2-28 所示。

（2）测量活塞裙部直径，如图 2-2-29 所示。

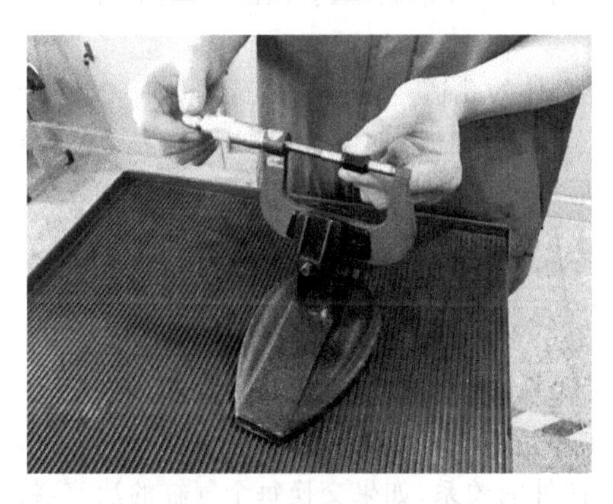

图 2-2-28　外径千分尺调零

图 2-2-29　测量活塞裙部直径

3. 注意事项

1）拆卸注意事项

（1）拆卸前应清除外部灰尘，仔细观察并记清各拆卸件的位置和记号。

（2）抽出活塞连杆组前，缸套上部的积炭台阶必须刮除，以免损坏活塞和活塞环。

(3) 取活塞连杆组时,可用木棒直接推出。活塞连杆组抽出后,应立即把连杆盖、瓦片和连杆螺栓按原位装复。

(4) 拆卸缸套时,应使用缸套拉出器或木棒,不能用金属棒直接敲击缸套。

(5) 拆下的活塞环应顺次放好,气缸垫和纸垫应妥善保管。

(6) 若需拆卸飞轮,应使用飞轮拉出器,拧紧飞轮拉出器的两个螺栓,要交替进行,严禁用手锤硬性敲击。拆下飞轮时,为防止飞轮松脱突然落下伤人,飞轮螺母旋松后不要急于拿掉。

2) 安装注意事项

(1) 安装前必须将零件清洗干净,检查配合间隙,进行技术鉴定。对不符合技术要求的零件必须修理或更换。

(2) 活塞顶部的涡流室凹坑和连杆小端的润滑油孔应在一方位,且必须向上。

(3) 更换新缸套时,应在装阻水圈前,把缸套装入安装孔内,检查其凸出机体高度,符合要求后,方可正式安装。

(4) 安装活塞环时,注意不要刮伤活塞和折断活塞环。镀铬环应装在第一道环槽里。第二、三道气环内缘有切槽的,应使切槽向上;外缘有切槽的,应使切槽向下。油环外缘上的倒角应向上。

四环组活塞环的三、四道气环为锥形环,安装时应使环上打有"⊥"或"┬"的一面向上。装组合油环时,应先装衬环(其两端不得重叠和弯曲),后装下面一道平环(使其压住衬环开口),再装波形环和上面两道平环。采用四环组活塞环或组合油环时,应把油环装入第一道油环槽。

在将活塞连杆组装入气缸前,应在活塞和缸套表面涂一层新鲜机油。装入时,应使活塞环的开口相互错开 120°,并避开涡流凹坑和活塞销孔处,避开活塞承受侧压力最大的位置。活塞环装入缸套时应使用专用工具(铁皮制的夹圈)。

(5) 使用过的左、右主轴承不准调换,上、下连杆瓦不可错装。连杆瓦压入瓦座后应有一定紧度,并略高于瓦座平面。

(6) 气缸垫的卷边应朝缸盖一面,孔道要对准机体的孔道。在拧紧缸盖螺母时,应按规定扭矩,对角交叉分次均匀拧紧。拧得过松易漏气和烧坏缸垫;过紧易使缸垫失去弹性,造成螺栓或螺孔滑扣。换用新的气缸垫,工作 20 h 后须再按规定将缸盖螺母紧固一次。

2.2.4 项目拓展

1. 典型问题

问题一:装配时,各缸活塞有无互换性和方向性要求?为什么?

答:无互换性和方向性要求。因为发动机在工作过程中经过磨合会有一个配合间隙,所以每个气缸的活塞与气缸壁之间会形成一对配合偶件的关系,如果交换每个气缸的活塞,将破坏这个配合间隙,导致活塞和气缸壁的磨损加重。

问题二:活塞敲缸的原因和处理方法。

答:敲缸的原因如下。

(1) 活塞与气缸壁的间隙太大。例如某系列发动机活塞裙部和气缸的标准间隙为 0.143～0.182 mm,最大磨损极限为 0.35～0.40 mm。

（2）发动机运行一段时间后，气缸活塞产生磨损，加之润滑不好，活塞与气缸的配合间隙由于磨损而增大，并在第一道气环略下处出现较严重的台阶，使活塞敲击气缸发出异响。

（3）活塞裙部和气缸在运行一段时间以后，磨损严重，造成严重失圆而敲缸。

（4）个别连杆由于种种原因产生变形，造成活塞偏磨，间隙变大而敲缸。活塞敲缸会导致发动机燃油消耗过高、发动机窜机油、机油耗量多、经济性差。当活塞敲缸严重时，还会拉伤活塞，打坏气缸，以至于连杆断裂，打坏气缸体。

处理方法如下。

（1）发动机启动后，低温运行时有敲击声，温度正常后，声音消失，可以暂不处理，继续运行。

（2）发动机温度正常时，有明显的敲击声，应尽量避免高速运行，尽快拆卸维修。

（3）拆下气缸盖，抽出活塞以后，发现气缸严重失圆、拉伤，或者活塞和气缸的间隙太大，应进行更换。

（4）如果发现连杆变形，应尽量更换。

2. 知识能力拓展

1）连杆的损伤形式

制造过程中产生缺陷及工作中受到复杂的交变载荷作用、曲轴轴向间隙过大、连杆螺栓拆装不当（过紧、过松或不均匀）、连杆配合处不符合要求，或气缸垫密封不好、冷却液进入气缸等，都会使连杆产生弯扭变形、大头端面磨损、连杆轴承磨损或烧瓦、螺栓损坏甚至连杆断裂等现象。

弯扭变形是指弯曲、扭曲变形。连杆一旦产生弯扭变形，将会加剧大头端面磨损，连杆轴承与轴颈的偏磨、烧瓦，以及活塞歪斜，在气缸内导致活塞与气缸的偏磨、敲缸、拉缸等不正常损伤。

连杆弯曲是指小头孔轴线对大头孔轴线在轴线平面内的平行度误差超限。扭曲则是指小头孔轴线在轴线平面法向的平面度误差超限。根据汽车修理技术标准规定，连杆每 100 mm 长度内弯曲度值不得大于 0.03 mm，扭曲度值不得大于 0.06 mm。

连杆大头端面磨损会改变其与曲柄之间的间隙。此间隙值一般为 0.10～0.35 mm，上限为 0.50 mm。

2）连杆变形的检验

连杆变形的检验是在连杆检验仪上进行的，连杆检验仪如图 2-2-30 所示。测量工具是一个 V 形槽三点规，三点规上三个测点构成的平面与 V 形槽的对称平面垂直，下面两个测点的距离为 100 mm，上测点到两个下测点连线的距离也是 100 mm。检测时按以下步骤进行。

图 2-2-30 连杆检验仪

（1）取下连杆轴承和衬套，清洁轴承孔，装上连杆盖，然后按规定力矩拧紧连杆螺栓。

（2）将心轴装入小头孔中（无专用心轴时可用已选配好的活塞销代替）。

（3）把连杆大头套装在检验仪的可调支承轴上，旋动调整螺钉，使半圆键扩张，将连杆固定，以保证大头轴承孔轴线与检验平板垂直。

（4）将三点规的 V 形槽放在连杆小头的心轴上，并推向检验平板，观测并测量三点规与检验平板、心轴或活塞销的接触情况，判断连杆的变形情况。

① 连杆正直：三测点都与平板接触。

② 连杆弯曲：上测点（或两个下测点）与平板接触，两下测点（或上测点）不与平面接触但与平面的间隙一致，用塞尺量出平板与测点的间隙，就是连杆在 100 mm 长度上的弯曲度值。

③ 连杆扭曲：若只有一个下测点接触平板，另一个不接触，且与平板的间隙等于上测点与平板间隙的两倍，则下测点与平板的间隙就是连杆在 100 mm 长度上的扭曲度值。

④ 弯曲、扭曲并存：若一个下测点与平板接触，但另一个下测点与平板间隙不等于上测点与平板间隙的两倍，则下测点与平板间隙即为连杆的扭曲度，上测点与平板的间隙和下测点与平板间隙 1/2 的差值即为连杆的弯曲度。仅上测点接触平面且两个下测点与平板的间隙不等，也说明弯曲、扭曲并存。

3）连杆变形的校正

当连杆每 100 mm 长度内弯曲度值超过 0.03 mm，扭曲度值超过 0.06 mm 时，应进行校正。当弯曲、扭曲并存时，应先校正扭曲，后校正弯曲，避免反复校正。

校正扭曲时，先将连杆按规定装配和拧紧，然后把连杆大端端面夹在钳口垫有软金属片的台虎钳上，用专用扳钳卡装在连杆杆身的上、下部，如图 2-2-31 所示。

校正弯曲时，把连杆放入专用的压器内（见图 2-2-32），使凸起的部位朝上并加入垫块，扳转丝杠，使连杆产生原弯曲部位变形量几倍到几十倍的反内变形，并停留一段时间后再卸下，检查校正是否合格，反复校正，直至校正合格为止。

图 2-2-31 连杆扭曲的校正

图 2-2-32 连杆弯曲的校正

常温下校正连杆时，卸载后连杆有恢复到原状的趋势。因此，在校正弯、扭变形量较大的连杆时，校正后需进行稳定（时效）处理，即将校正后的连杆加热（可用喷灯）至 300℃ 左右，保温约 1 h。校正变形量较小的连杆时，只需在校正载荷下保持一定时间即可。连杆经弯曲、扭曲校正后，两端孔轴线的距离变化应不大于 0.15 mm，否则会影响压缩比。

3. 参考文献与网上学习

（1）于增信. 汽车发动机构造、原理与维修[M]. 北京：机械工业出版社，2015.

（2）陈家瑞. 汽车构造（上册）[M]. 3 版. 北京：机械工业出版社，2009.

（3）沈云鹤. 汽车发动机构造与维修[M]. 北京：高等教育出版社，2014.

（4）http://player. youku. com/player. php/sid/XMTc3MTMwNjk2OA==/v. swf。

(5) http://player.youku.com/player.php/sid/XMTU2NTI0OTI4NA==/v.swf。

(6) 2013年雪佛兰克鲁兹维修手册。

2.2.5 项目组织实施

1. 组织方式

每4个同学一组,使用相关工具完成活塞连杆组的拆装和检修,并对相关部件进行维修或更换。每组作业时间为45 min。

2. 生产准备

每组同学配备设备及工具如下。

(1) 设备:科鲁兹发动机台架。

(2) 耗材:活塞环组件和机油壶。

(3) 工具:拆装工具、工具箱、发动机拆卸工具、量缸表、外径千分尺、直尺、塞尺、间隙规和扭矩扳手等。

2.2.6 项目评价

评 分 表

姓名: 学号:

作业开始时间: 时 分 作业结束时间: 时 分 作业用时:

序号	项目	评分项目	学生自评	学生互评	教师评价
1	时间要求	按规定时间完成项目作业(10分)			
2	拆卸活塞连杆组件(指定一组)	拆卸连杆螺栓、轴承盖及下轴承(5分)			
3		拆卸活塞连杆总成及上轴承(5分)			
4		拆卸活塞环(10分)			
5	安装活塞连杆组件(指定一组)	布置活塞环各环端口位置(5分)			
6		安装活塞连杆总成及上轴承(10分)			
7		安装连杆轴承盖及下轴承(10分)			
8		紧固连杆螺栓(5分)			
9	检修要求	活塞环端隙的测量(5分)			
10		活塞环侧隙的测量(5分)			
11		活塞裙部直径的测量(10分)			
12	工单填写	数据填写正确(5分)			
13		找出活塞环的故障处(5分)			
14	工具、场地整理	规范使用工具(5分)			
15		结束后整理工具和场地(5分)			

考评员签字: 日期

※若发生重大事故(人身和设备安全事故)、严重违反维修原则和存在情节严重的野蛮操作等,由指导教师取消相关人员的实操资格。

2.3 检修曲轴飞轮组

2.3.1 项目要求

1. 时间要求

45 min 内，在保证操作规范和满足质量要求的前提下，完成曲轴飞轮组的拆装和检修，并对相关部件进行维修或更换。

2. 知识要求

掌握曲轴飞轮组的组成及功用。

3. 其他要求

严格按照安全操作规程、文明生产规则及环境保护要求进行项目作业。

2.3.2 项目分析

1. 经典案例

有一辆雪佛兰科鲁兹汽车的用户反映，其 1.6L LDE 发动机出现怠速抖动，并且伴有发动机异响和活塞敲缸响，或急加速时发动机底部有异响，有时甚至发动机还会发生熄火的现象。

2. 故障现象及分析

维修人员检查后初步判断该发动机润滑不良，并且连杆轴承与曲轴主轴承磨损严重，导致曲轴和连杆的轴瓦间隙过大，故需要拆检曲轴飞轮组做进一步检测。

3. 理论基础

曲轴飞轮组由曲轴总成和飞轮组成，如图 2-3-1 所示。曲轴总成主要包括曲轴、主轴承、主轴承盖、止推片、油封、正时齿轮、带轮、链轮、扭转减震器等零件。

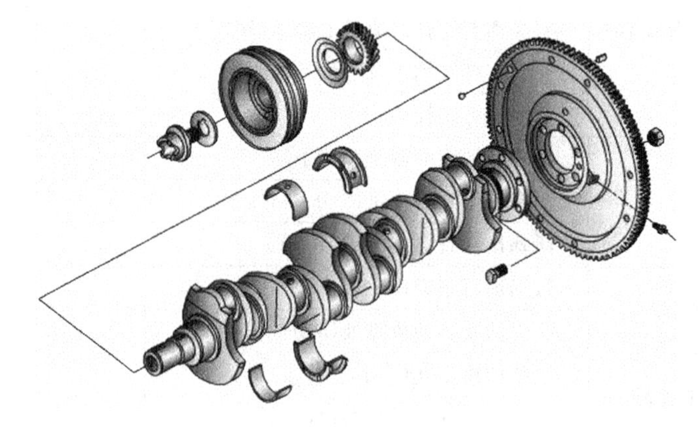

图 2-3-1 曲轴飞轮组

1）曲轴

（1）曲轴的作用及材料。

曲轴由螺栓和主轴承盖紧固，倒挂在机体的下部。它有三个基本作用：传递活塞连杆组传来的力，并将其转变为转矩输出；驱动配气机构和其他系统附件工作；当发动机启动时，输入驱动力。曲轴一般用优质中碳钢或中碳合金钢模锻而成。

(2) 曲轴的基本结构。

曲轴主要由主轴颈、曲柄、曲柄销、平衡重、前端、后端等部分组成，如图 2-3-2 所示。

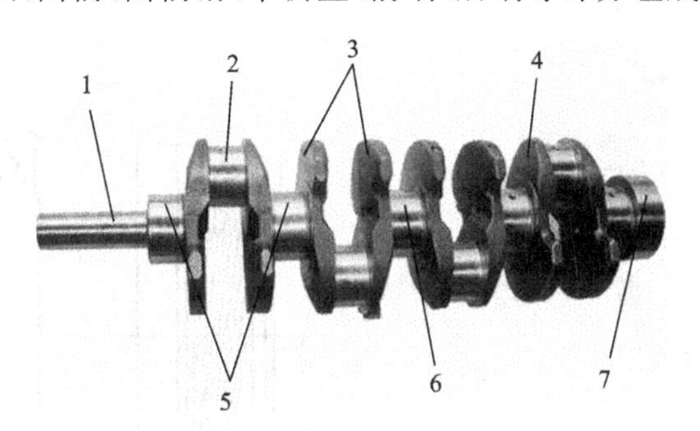

图 2-3-2　曲轴的基本结构

1—前端；2—曲柄销；3—平衡重；4—曲柄；5—润滑油孔；6—主轴颈；7—后端

主轴颈是曲轴通过主轴承支承在机体上的部分，其中心为曲轴的旋转中心。

曲柄销偏置于曲轴旋转中心线一边，是连接曲轴和连杆的部件，与连杆大头装配在一起，又称为连杆轴颈。

主轴颈和曲柄销一般是实心的，有的发动机上也将其制成空心圆柱形，尤其是曲柄销。

曲柄臂又叫曲柄，是主轴颈和曲柄销的连接部分，多数为椭圆盘形状或圆盘形状。

平衡重在曲柄销的对面，用于平衡发动机运转时往复运动、旋转运动的不平衡惯性力，减轻振动及噪声。平衡重为扇形，可与曲柄做成一体，也可单独制成零件，再用螺钉紧固在曲柄上，形成装配式平衡块。同一台发动机上并非每个曲柄上都配平衡重，配平衡重的发动机也并非能够完全平衡。

一个曲柄销和它左右两个曲柄臂及主轴颈构成一个曲拐。直列发动机曲轴的曲拐数目等于气缸数，V 形发动机曲轴的曲拐数等于气缸数的 1/2，单缸发动机的曲轴则只有一个曲拐。

曲轴主轴颈、曲柄臂和曲柄销中钻有互通的油孔，如图 2-3-3 所示。机油经机体内的油道进入主轴承润滑主轴颈，再由主轴颈上的径向油孔经曲柄臂内斜油道流入曲柄销表面，或进入曲柄销中空中，在离心力的作用下杂质被甩到空腔壁面上，洁净的机油通过插在孔中的油管进入曲柄销表面。

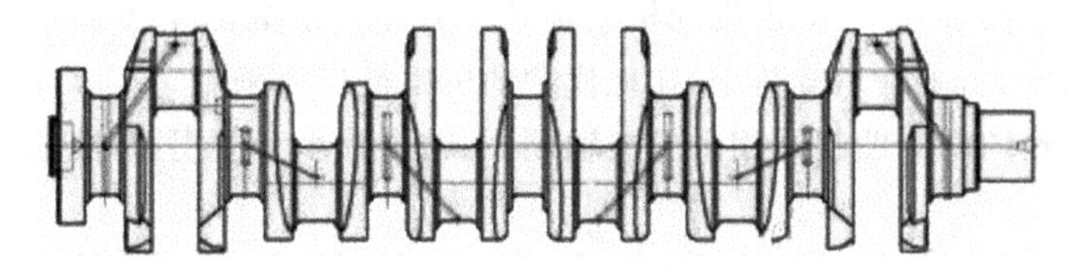

图 2-3-3　曲轴油道与油孔

曲轴前端伸出机体外，为阶梯式的轴段，又称为正时机构驱动端或自由端，加工有键槽和螺纹或螺纹孔，以安装正时齿轮、链轮、扭转减震器，以及驱动风扇、水泵或压气机及其他装置的带轮等，如图 2-3-4 所示。在中小功率发动机的曲轴前端还装有用于人力启动的启动爪。

曲轴后端伸出机体外，端部有用于安装飞轮的法兰盘，又称为飞轮端或动力输出端。在后端主轴颈与法兰盘之间有挡油凸缘、回油螺纹或卸油槽等，如图 2-3-5 所示。

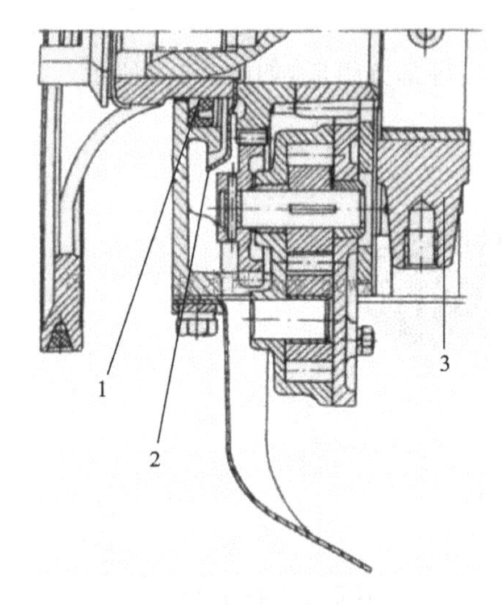

图 2-3-4 曲轴前端

1—自紧式橡胶油封；2—甩油盘；3—第一主轴承盖

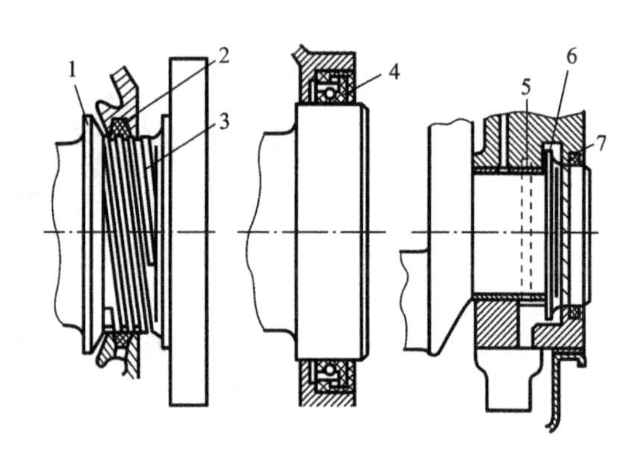

图 2-3-5 曲轴后端

1，6—挡油凸缘；2，7—密封填料；3—回油螺纹；4—油封；5—卸油槽

为防止机油沿主轴颈外漏，曲轴前后端都装有油封和甩油盘或挡油凸缘，如图 2-3-4 和图 2-3-5 所示。甩油盘随着曲轴转动，抛落在它上面的机油被甩到齿轮室盖内壁上，回流到油底壳中。

(3) 曲轴的分类。

① 按其各组成部分的连接情形，曲轴分为整体式和组合式两种。

整体式曲轴的各组成部分铸或锻成一个整体。其结构简单、紧凑，质量小，在车用发动机上广泛应用。

组合式曲轴的各组成部分分开加工，然后组合在一起。其结构复杂，拆装不便，但若使用中某一单元损坏，不必报废整根曲轴。

② 按主轴颈数的不同，曲轴可分为全支承曲轴和非全支承曲轴两种。

全支承的曲轴在相邻两个曲拐间都有一个主轴颈。显然，直列式发动机全支承曲轴的主轴颈总数比气缸数多一个，V 形发动机主轴颈总数比气缸数的 1/2 多一个。这种曲轴的优点是刚度和强度大，主轴承载荷小，在现代发动机中被广泛采用。

非全支承曲轴的两个曲拐共用一个主轴颈，主轴颈数小于曲拐数，曲轴长度缩短。

2) 飞轮

(1) 飞轮的作用。

飞轮的主要作用是储存做功行程中的部分能量，并在其他行程中释放出来，使活塞顺利地越过上、下止点，以保持曲轴旋转平稳。另外，飞轮也是动力输出、输入的传递部件，是离合器的主动盘。

（2）飞轮的结构。

飞轮是一个外缘做得宽而厚，具有很大转动惯量的圆盘，采用铸铁制造，用螺栓固定在曲轴后端。

飞轮外缘过盈套装一个齿圈，可与启动机的驱动齿轮啮合。汽车离合器装在飞轮外端面上，飞轮是摩擦式离合器的主动盘。

飞轮外缘有各种定时记号（刻线或孔），如第一缸压缩上止点记号、供油和点火提前角记号等，以便调整和检验相关的正时相位和气门间隙等。

有的电控喷射式汽油机飞轮上还要装上止点信号和转速信号发生器等。

飞轮与曲轴要一起做动平衡试验。为了在拆装时不破坏原有的平衡状态，应严格按定位销或不对称螺栓限定的位置安装飞轮。

3）曲轴扭转减震器

当发动机稳定工作时，各缸的燃气压力和往复惯性力周期性地冲击在曲拐上，使各曲拐间产生相对扭转的现象称为扭转振动，简称扭振。扭振会消耗能量，引起曲轴变形和噪声，破坏配气正时，严重时甚至发生曲轴断裂现象。所以现代发动机多在扭振较大的曲轴前端装设扭转减震器，以吸收曲轴扭转振动的能量。

汽车发动机多采用橡胶扭转减震器、硅油减震器和硅油-橡胶减震器。如图 2-3-6 所示为与带轮组合在一起的橡胶减震器，在构成带轮的金属盘之间的夹缝中镶入橡胶，利用橡胶的黏弹性吸收和抑制振动。

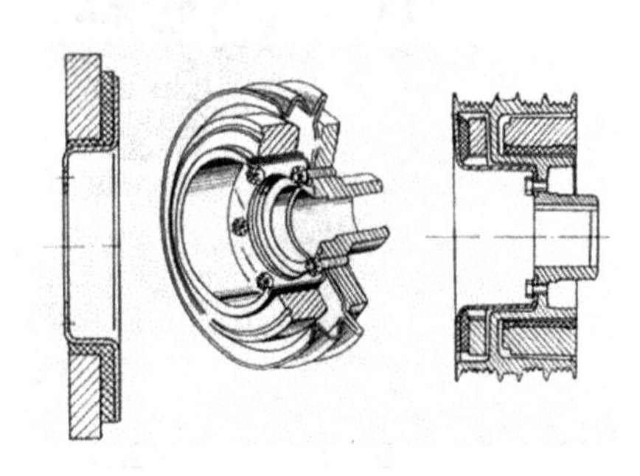

图 2-3-6　橡胶扭转减震器

4）曲轴常见损伤形式

曲轴常见的损伤形式主要是各轴颈的磨损，曲轴弯曲和扭曲变形、裂纹甚至断裂等。

（1）轴颈的磨损。

由于轴颈表面受力的不同及作用时间的差异，其磨损是不均匀的，表现为轴颈失圆并呈锥形。主轴颈的磨损主要是失圆，最大磨损部位是靠近连杆轴颈的一侧。连杆轴颈的磨损比主轴颈的磨损严重，其失圆磨损的最大部位是靠近曲轴中心线的一侧，呈锥形磨损的最大部位是背离油道倾斜方向的一端。

磨损会使轴颈与轴承间隙过大，机油压力显著下降，并出现异响。

（2）曲轴弯曲与扭曲变形。

主轴颈的同轴度误差大于 0.05 mm，称为弯曲。连杆轴颈的分配角误差大于 0.5°，称为扭曲。

引起曲轴弯扭变形的主要原因是：个别气缸工作不良或不工作，各主轴承松紧度不一致、间隙过大，主轴承孔同轴度误差增大，发动机超负荷或在爆燃条件下工作，烧瓦、抱轴，活塞卡缸，拖带挂车时起步过猛或急制动时未踩下离合器，超速超载等。曲轴弯曲变形后，会加剧活塞连杆组与气缸的磨损、曲轴轴颈和轴承的磨损，严重时会导致曲轴疲劳折断。曲柄夹角因扭曲变形而发生改变,会直接影响配气正时和点火或喷油正时。

(3) 曲轴的断裂。

曲柄臂与轴颈之间的过渡圆角处及油孔处是裂纹极易产生的部位。前者是横向裂纹,严重时会使曲轴断裂;后者是纵向裂纹,沿斜置油孔的锐边轴向发展。曲轴的裂纹主要是应力集中而引起的。磨轴时,过渡圆角磨得太小或曲轴变形,都会使曲柄与轴颈过渡区的应力剧增,加大曲轴的疲劳断裂倾向。

2.3.3 项目实施步骤

1. 操作步骤

1) 拆卸前的准备工作

准备科鲁兹台架(见图 2-3-7)、拆装工具(见图 2-3-8)等。

图 2-3-7 科鲁兹台架

图 2-3-8 拆装工具

2) 拆装部位描述

(1) 拆卸时由外到内,由上至下。

(2) 安装时由内到外,由下至上。

3) 拆卸曲轴飞轮组

(1) 安装 EN-652 飞轮固定工具,如图 2-3-9 所示。

图 2-3-9 安装飞轮固定工具

(2) 松开 6 个飞轮螺栓，并拆下 EN-652 飞轮固定工具，如图 2-3-10 所示。

图 2-3-10　松开飞轮螺栓

(3) 拆卸飞轮，如图 2-3-11 所示。

图 2-3-11　拆卸飞轮

(4) 拆卸曲轴编码器，如图 2-3-12 所示。

注意：曲轴编码器不能接触到外部磁场区域或尖锐的金属物体；不能跌落；不能损坏编码器橡胶导轨。否则可能会导致部件损坏。

图 2-3-12　拆卸曲轴编码器

(5) 拆下曲轴位置传感器，如图 2-3-13 所示。

(6) 拆下曲轴后油封壳体，如图 2-3-14 所示。

图 2-3-13 拆卸曲轴位置传感器

图 2-3-14 拆卸曲轴后油封壳体

（7）拆卸最后一道轴承盖，如图 2-3-15 所示。

图 2-3-15 拆卸轴承盖

（8）取下曲轴后油封，如图 2-3-16 所示。

（9）拆卸其余 8 个曲轴轴承盖螺栓，并拆卸主轴承盖，如图 2-3-17 所示。

（10）抬下曲轴并拆下主轴承，如图 2-3-18 所示。

4）安装曲轴飞轮组

（1）安装主轴承，如图 2-3-19 所示。

图 2-3-16　拆卸曲轴后油封

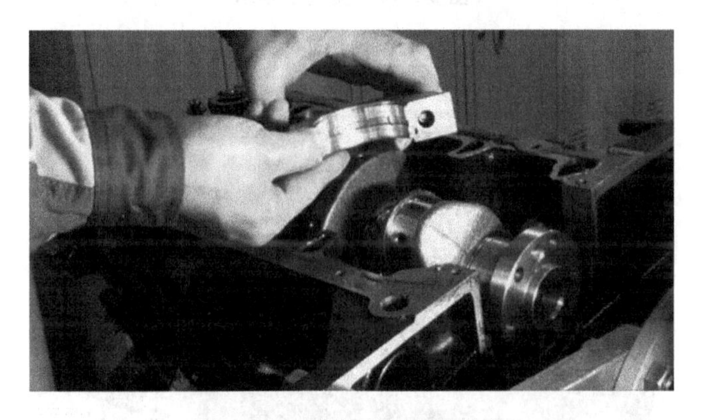

图 2-3-17　拆卸曲轴主轴承盖

图 2-3-18　抬下曲轴

(2) 在曲轴主轴颈上涂上机油,并将曲轴安装在缸体上,如图 2-3-20 所示。

(3) 安装曲轴轴承盖,在每一道曲轴主轴承上涂机油,背面不能涂机油,如图 2-3-21 所示。

(4) 安装 8 个新的曲轴轴承盖螺栓,如图 2-3-22 所示。

注意:轴承盖按 1～5 的序号安装,不得装错。中间一道主轴承是带有翻边的(推力轴承)。

图 2-3-19　安装主轴承

图 2-3-20　安装曲轴

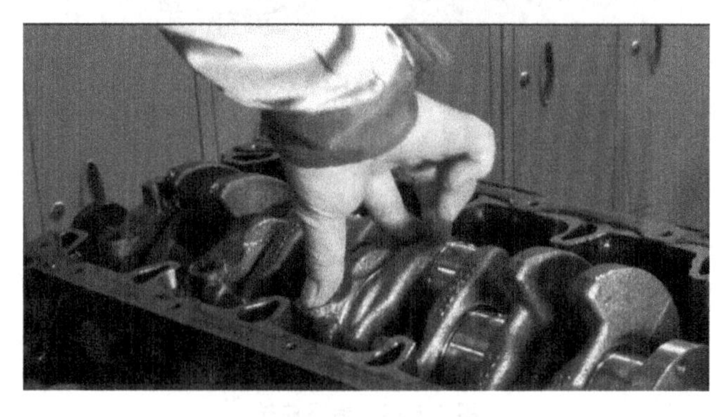

图 2-3-21　安装轴承盖

（5）安装曲轴后油封，如图 2-3-23 所示。

（6）将黑色黏合密封胶涂抹在 5 号曲轴轴承盖上（见图 2-3-24），并安装 5 号曲轴轴承盖。

（7）用扭矩扳手分三次紧固所有曲轴轴承盖螺栓，分别拧紧至 50 N·m、+45°、+15°（请使用扭矩扳手+角度扳手），如图 2-3-25 所示。

（8）测量主轴颈与主轴承之间的间隙，间隙允许值为 0.005～0.059 mm，如图 2-3-26 所示。

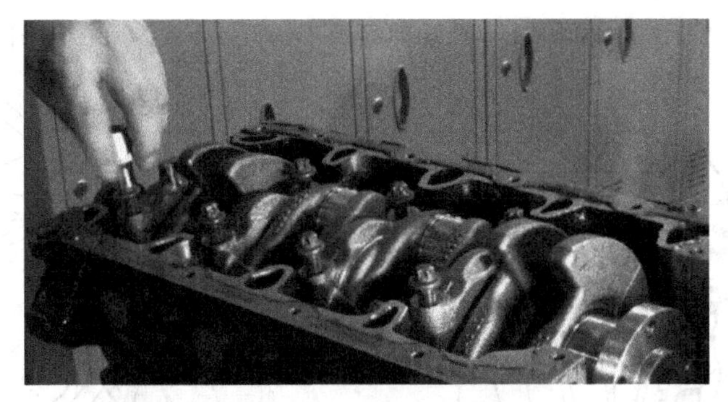

图 2-3-22　安装轴承盖螺栓

图 2-3-23　安装曲轴后油封

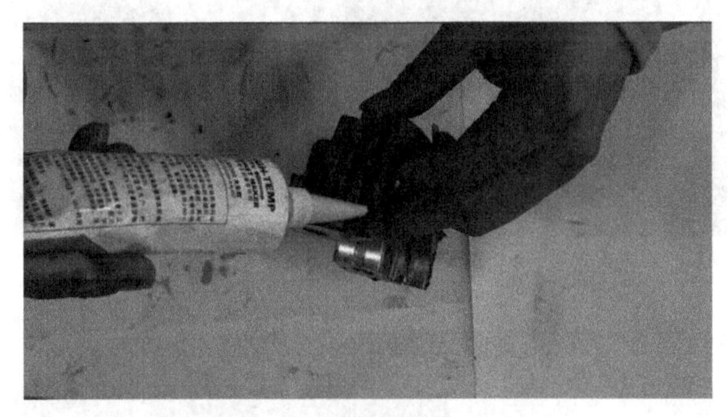

图 2-3-24　涂抹黑色黏合密封胶

图 2-3-25　紧固曲轴轴承盖螺栓

(9) 用百分表测量曲轴的轴向间隙,轴向间隙应为 0.1~0.2 mm,如图 2-3-27 所示。

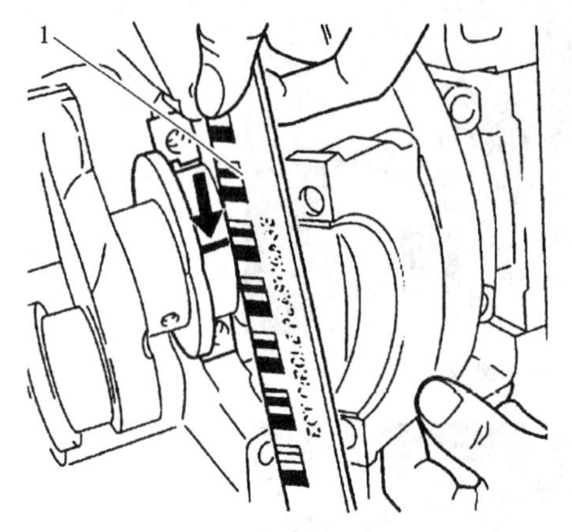

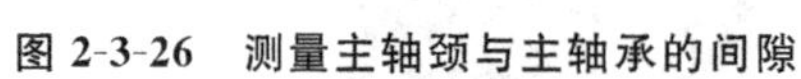

图 2-3-26 测量主轴颈与主轴承的间隙

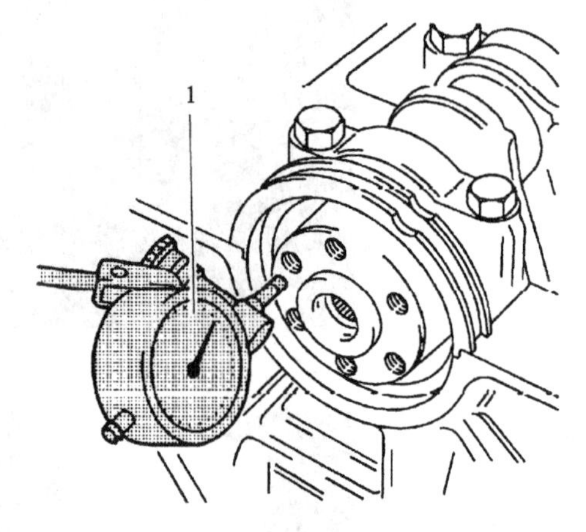

图 2-3-27 测量曲轴的轴向间隙

(10) 连接曲轴位置传感器线束接头,并安装曲轴位置传感器线束支架,如图 2-3-28 所示。

图 2-3-28 安装曲轴位置传感器线束支架

(11) 安装曲轴编码器并安装飞轮,如图 2-3-29 所示。

图 2-3-29 安装飞轮

2. 检验方法

汽车发动机在工作过程中,曲轴轴颈与轴承之间若产生很大的摩擦,尤其在发动机低速运转或启动时，由于润滑油膜难以建立而产生干摩擦，会使轴承产生磨损。磨损严重时，会导致发动机工作有噪声，机油压力下降。

1）连杆轴颈、主轴颈间隙测量的工具

测量工具为间隙规，如图 2-3-30 所示。

2）连杆轴承间隙测量的操作步骤

（1）清洁曲轴连杆轴颈（见图 2-3-31）和活塞连杆组（见图 2-3-32）。

图 2-3-30　间隙规

图 2-3-31　清洁曲轴连杆轴颈

图 2-3-32　清洁活塞连杆组

（2）将活塞连杆组装入气缸，如图 2-3-33 所示。

图 2-3-33　安装活塞连杆组至气缸中

（3）安装间隙规（见图 2-3-34），安装连杆轴承盖（见图 2-3-35）。

图 2-3-34 安装间隙规

图 2-3-35 安装连杆轴承盖

(4) 将连杆螺栓拧紧至 35 N·m、+45°～+15°(使用扭矩扳手+角度扳手),如图 2-3-36 所示。

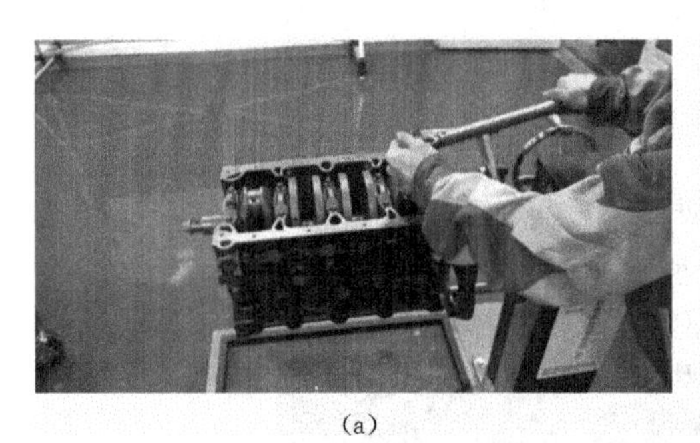

(a)

(b)

图 2-3-36 紧固连杆轴承盖螺栓

(5) 松开连杆轴承盖螺栓,取下轴承盖,如图 2-3-37 所示。

(6) 检查间隙值,如图 2-3-38 所示。

注意:连杆轴颈与轴瓦间隙允许值为 0.019～0.071 mm。

3) 主轴承间隙测量的操作步骤

(1) 清洁曲轴轴承,如图 2-3-39 所示。

(2) 安装曲轴,如图 2-3-40 所示。

(3) 安装间隙规,以备检查,如图 2-3-41 所示。

图 2-3-37　取下连杆盖

图 2-3-38　检查间隙值

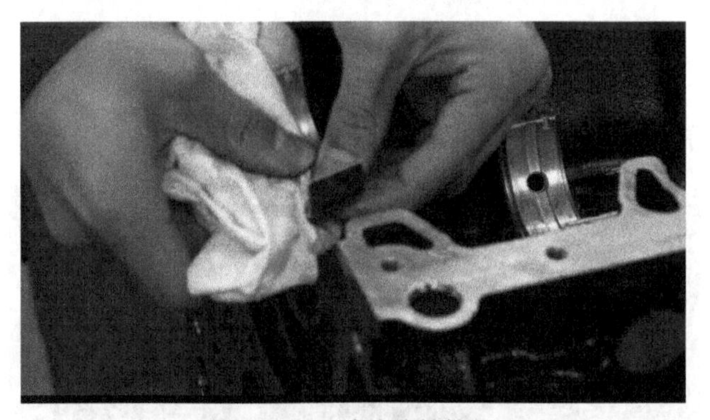

图 2-3-39　清洁曲轴轴承

图 2-3-40　安装曲轴

图 2-3-41 安装间隙规

(4) 将螺栓拧紧至 50 N·m、+45°～+15°(使用扭矩扳手+角度扳手)，如图 2-3-42 所示。

(a)

(b)

图 2-3-42 紧固曲轴轴承盖螺栓

(5) 松开主轴承盖螺栓，取下主轴承盖，如图 2-3-43 所示。

图 2-3-43 拆卸主轴承盖

(6) 检查间隙值，如图 2-3-44 所示。

注意：曲轴主轴承间隙允许值为 0.005～0.059 mm。

4) 曲轴轴向间隙的测量

检测时，先用撬棍将曲轴撬挤向一端，再用百分表测量曲轴轴向移动的距离，如图 2-3-45所示。新装配时间隙值为 0.07～0.17 mm，磨损极限为 0.25 mm。如曲轴轴向间隙过大，应更换止推垫。

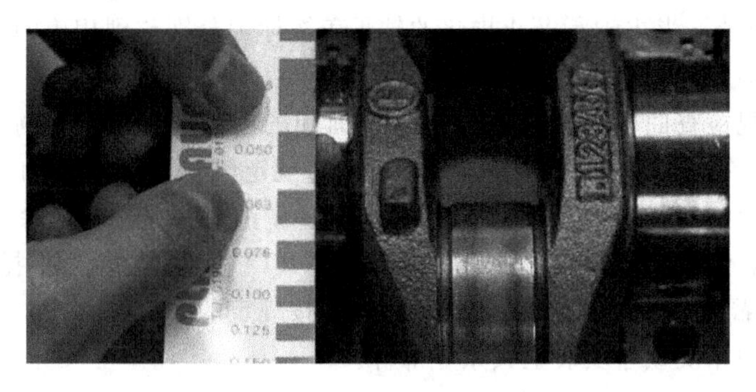

图 2-3-44　检查间隙值

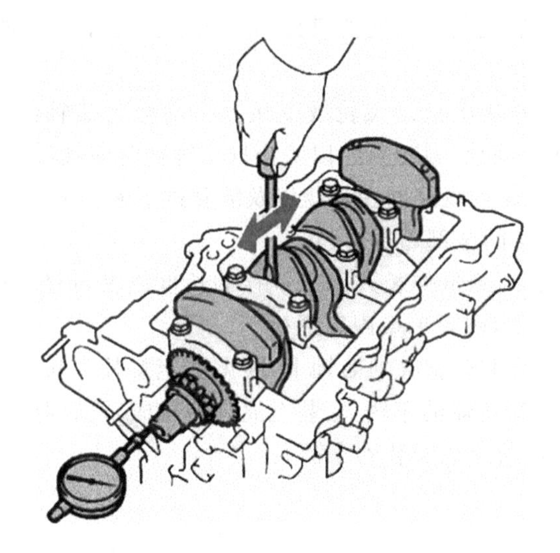

图 2-3-45　曲轴轴向间隙的测量

3. 注意事项

1) 拆卸注意事项

(1) 从车辆上拆下发动机与变速器总成，然后把发动机与变速器分离开来。再拆下缸盖、油底壳、正时室盖、正时传动带(或链条)组件、飞轮或变扭器主动盘以及连杆活塞总成。

(2) 拆下螺栓并卸下曲轴后油封支架，然后取下油封。

(3) 检查主轴承盖的编号及其顺序。如果没有编号，则做上相应的顺序标记。

(4) 拧下主轴承盖固定螺栓，并取下带有下半主轴承的轴承盖，然后取出曲轴止推垫。

(5) 在全部带有下半主轴承的轴承盖卸下之后，平行地向上提出曲轴，然后再取出上轴承座上的曲轴止推垫。

(6) 清洁缸筒、曲轴和轴承，然后进行仔细的检查。

2) 安装注意事项

(1) 把上半主轴承按编号分别放到相应的轴承座上。

(2) 把上止推垫放到规定的轴承座的两侧，并使带油槽的一面向外。

(3) 在各个上半主轴承上和曲轴的主轴颈上涂适量的机油，平行地把曲轴放到上半主轴承上；然后把下止推垫装入相应的轴承盖，保证其凸台与轴承盖的凹槽啮合，并使带油槽的一面朝外；再把带下半主轴承及止推垫的轴承盖按标记分别放到相应的轴承座上。

(4) 装上主轴承盖固定螺栓，并按规定的次序和扭矩拧紧固定螺栓。

(5) 用间隙规检查曲轴止推垫与曲轴颈侧面间的间隙。如果装有标准尺寸的新止推垫，那么其间隙应在规定的范围之内；如果间隙超过规定值，则选用厚度加大的止推垫。

(6) 从曲轴后油封托架上拆下旧油封，然后装上新油封并在其唇部涂上多用途润滑脂。

(7) 在曲轴后油封托架器与缸体配合面上涂上 RTV 密封胶，然后把托架平移向缸体并使油封通过曲轴靠到缸体上，拧上托架固定螺栓并按规定的力矩拧紧。

(8) 按拆卸的相反顺序安装上其余零部件。

3) 飞轮或变扭器主动盘的拆卸与安装

(1)拆下发动机，然后使其与变速器或自动变速器分离开来。对于手动变速器的车辆，卸下离合器总成。

(2) 以对角线方式分几次松开飞轮或变扭器主动盘与曲轴的固定螺栓。在拧松螺栓时，在齿圈的齿与缸体之间放一块角铁，以防止拧松螺栓时曲轴转动。

(3) 拆开螺栓，把飞轮或变扭器主动盘以及隔套拆下来。

(4) 仔细检查拆下来的全部零部件。

(5) 在安装之前，必须测量伸长式固定螺栓的长度以及直径，然后与标准值进行比较，如果其直径小于下限公差，则要更换固定螺栓。

(6) 把飞轮或变扭器主动盘放到曲轴上，装上固定螺栓并按对角线方式分几次拧紧固定螺栓。对于装有手动变速器的车辆，安装上离合器总成，然后对接上变速器。

(7) 把发动机、变速器总成安装到车辆上。

2.3.4 项目拓展

1. 典型问题

问题一：发动机曲柄连杆机构常见的故障有哪些？

答：曲轴弯曲，活塞连杆弯曲，活塞磨损、严重变形，活塞环扭曲断裂，拉缸，曲轴瓦烧损，连杆瓦烧损，连杆头部断裂，活塞销断裂，缸套磨损严重，缸套漏水，曲轴油封漏油，以及磨损间隙过大，导致发动机声音过大，严重的导致发动机无法工作。

问题二：曲轴主轴承间隙过大与发动机异响、机油灯常亮的关系有哪些？

答：(1) 如果曲轴的轴向间隙过大，则曲轴将前后窜动，在曲轴前后端产生异常响声，主轴承内的润滑油不容易保持，机件的磨损加速。

(2) 发动机曲轴是工作条件极为苛刻的部件之一，承受周期性的作用力，间隙过大，必然会产生撞击，致使曲轴轴颈磨损严重。同时，影响发动机功率输出的平稳性，产生过大振动(特别是曲轴的扭转振动)。

(3) 轴向间隙过大，运转时会产生晃动和噪声；轴向间隙过小，当曲轴膨胀时会卡住。防止措施：一般是在曲轴一端装卡环或挡圈限位，而另一端轴向自由。

(4) 曲轴前后窜动带动连杆，连杆侧面摩擦曲轴轴柄，使发动机产生异响。发动机曲轴容易损伤的部位主要就是与连杆瓦接触的工作面，机油压力过低，润滑不良，机轴过脏都会引起曲轴异常磨损。

(5) 曲轴与大、小瓦之间的配合间隙不当，过紧会使机油压力升高，过松会使机油压力降低。

2. 知识能力拓展

曲柄连杆机构的故障主要是由磨损、连接松动、装配不当、配合间隙不当等导致的各种异响。借助于异响的特征及机油压力等其他信号判断异响发生部位成为故障诊断与排除的关键。

1) 曲轴主轴承异响

(1) 特征。

① 连续的“咚、咚、咚”响声，钝重而沉闷，怠速时突然加大油门开度响声更明显。

② 转速越高，声响越大；负荷增大，声响加剧。

③ 单缸断火时，响声变化不大；相邻两缸同时断火时，响声明显减弱。

④ 声响与发动机温度无关，但机油压力明显下降，发动机振抖。

(2) 原因及诊断。

① 主轴承松旷。使发动机低速运转，轻踩油门，若有明显沉闷的响声，且在油门增大的瞬间响声明显，则为主轴颈与轴承间隙过大或轴承盖紧固螺栓松动所致。也可通过断火试验判断：若单缸断火时响声变化不大，相邻两缸同时断火时响声明显减弱，则为两缸间主轴承异响；若第一缸或最后一缸分别断火后响声明显减弱，则分别为第一主轴承或最后一缸主轴承异响。

② 轴瓦减摩合金层烧毁或脱落。若高速运转时机体有较大振动，机油压力显著下降，则为主轴承松旷或轴瓦减摩合金烧毁脱落所致。

③ 曲轴轴向间隙过大时轴向窜动，产生沉重的“咯噔、咯噔”响声；踩下离合器踏板并保持不动，响声明显减弱或消失。

④ 其他：曲轴弯曲、机油压力过低。怠速或低速运转时响声明显，高速时很杂乱，可能是曲轴弯曲所致。

2) 连杆轴承异响

(1) 特征。

① 比曲轴主轴承异响轻、短，为连续、短促、坚实的“铛、铛、铛”敲击声。

② 转速越高，声响越大；负荷增大，声响加剧。

③ 单缸断火时，响声明显减弱或消失，但复火时即出现。

④ 轴承松旷严重时，发动机在怠速或中速以下运转，响声就很明显。

(2) 原因及诊断。

连杆轴承异响的原因主要是连杆轴承盖螺栓松动或折断，轴瓦合金烧毁脱落或磨损，致使轴承与轴颈间隙过大。

① 变换车速，先使发动机怠速运转，然后由怠速向低速、中速、高速运行，随着油门的增大和转速的升高，响声增大，在增大油门的瞬间响声突出。

② 进行逐一单缸断火，若某缸断火后响声明显减弱或消失，而复火的瞬间响声立即出现，则为此缸连杆轴承异响。

3）活塞敲缸响

（1）特征。

① 怠速或低速运转时，气缸上部发出“嗒、嗒、嗒”有节奏且清脆的金属敲击声。

② 冷车响声明显，温度升高后响声减弱或消失。

③ 单缸断火时，响声明显减弱或消失。

（2）原因及诊断。

活塞敲缸响的主要原因是活塞与气缸壁间隙过大、气缸壁润滑不良、连杆变形。根据特征，结合下列方法诊断。

① 使发动机低速运转，逐缸断火，若某缸断火后响声减弱或消失，复火后又恢复响声，则为该缸活塞敲缸响。

② 将发动机熄火，卸下火花塞，从火花塞孔向气缸内注入少量机油，再装回火花塞后启动发动机。若敲缸声减弱或消失，但短时间后又出现，则为该缸活塞与气缸壁间隙过大导致敲缸。

③ 用听诊器或螺钉旋具触及发动机机体一侧中上部听诊，若响声明显，并略有振动感，则为活塞敲缸响。

4）活塞销响

（1）特征。

① 发动机怠速或低速运转时，气缸部发出有节奏、较尖锐、清脆的“嗒、嗒”金属敲击声。

② 转速升高，响声增大，加速时响声更大。

（2）原因及诊断。

活塞销响的主要原因是活塞销与连杆小头松旷或活塞销与活塞销座孔配合松旷。

① 怠速时急速抖动油门，每抖动油门加速一次，尖脆的“嗒、嗒”声随之增大并加快。

② 将发动机稳定在响声最明显的转速下，逐缸断火，若某缸断火后响声减弱或消失，复火后又恢复响声，则为该缸活塞销异响。

③ 用听诊器或螺钉旋具触及气缸体一侧，气缸上部声响较下部明显。

3. 参考文献与网上学习

（1）张金柱.图解汽车原理与构造[M].北京：化学工业出版社，2016.

（2）于增信.汽车发动机构造、原理与维修[M].北京：机械工业出版社，2015.

（3）周晓飞.汽车构造与原理百日通[M].北京：化学工业出版社，2017.

（4）陈家瑞.汽车构造（上册）[M].3版.北京：机械工业出版社，2009.

（5）沈云鹤.汽车发动机构造与维修[M].北京：高等教育出版社，2014.

（6）https://v.qq.com/x/page/v01721lsu7h.html。

（7）http://new-play.tudou.com/v/588674982.html。

（8）2013年雪佛兰克鲁兹维修手册。

2.3.5 项目组织实施

1. 组织方式

每四个同学一组，使用相关工具完成曲轴飞轮组的拆装和检修，并对相关部件进行维修或更换。每组作业时间为45 min。

2. 生产准备

每组同学配备设备及工具如下。

(1) 车辆:科鲁兹发动机台架。

(2) 耗材:曲轴飞轮组和机油壶。

(3) 设备:拆装工具、工具箱、发动机拆卸工具、百分表、外径千分尺、直尺、塞尺、间隙规和扭矩扳手等。

2.3.6 项目评价

评 分 表

姓名:　　　　　　学号:

作业开始时间:　时　分　　　作业结束时间:　时　分　　　作业用时:

序号	项目	评分项目	学生自评	学生互评	教师评价
1	时间要求	按规定时间完成项目作业(10分)			
2	拆卸曲轴飞轮组	拆卸飞轮和曲轴编码器(5分)			
3		拆卸曲轴位置传感器和后油封壳体(5分)			
4		拆卸曲轴轴承盖(5分)			
5		拆卸曲轴和曲轴轴承(5分)			
6	安装曲轴飞轮组	安装曲轴和曲轴轴承(5分)			
7		安装曲轴轴承盖(5分)			
8		安装曲轴位置传感器和后油封壳体(5分)			
9		安装飞轮和曲轴编码器(5分)			
10	检修要求	连杆轴颈的测量(5分)			
11		主轴颈的测量(5分)			
12		连杆轴承间隙的测量(10分)			
13		主轴承间隙的测量(10分)			
14	工单填写	数据填写正确(5分)			
15		找出活塞环的故障处(5分)			
16	工具、场地整理	规范使用工具(5分)			
17		结束后整理工具和场地(5分)			

考评员签字:　　　　　　　　　　　　　日期

※ 若发生重大事故(人身和设备安全事故)、严重违反维修原则和存在情节严重的野蛮操作等,由指导教师决定取消相关人员的实操资格。

2.4 检修配气机构

2.4.1 项目要求

1. 时间要求

45 min 内，在保证操作规范和满足质量要求的前提下，完成气门机构的拆装和检修，并对相关部件进行维修或更换。

2. 知识要求

掌握配气机构的组成和气门的作用。

3. 其他要求

严格按照安全操作规程、文明生产规则及环境保护要求进行项目作业。

2.4.2 项目分析

1. 经典案例

一辆雪佛兰克鲁兹轿车在发动机低速运转时，发出有节奏的“嗒、嗒”声音，发动机的转速提高，声音也会越来越大，中速以上声音无规律、嘈杂；启动时发动机功率不足，气缸压力不足，摇转曲轴时阻力减小，排放性能变差。

2. 故障现象及分析

1）判断异响

发动机怠速时发出连续不断的、有节奏的“嗒、嗒”（在气门脚处）声或“啪、啪、啪”（在气门座处）的敲击声，转速升高时响声也随之升高，温度变化或单缸断火时响声不变。若有多只气门响，则声音比较乱。

这种故障主要是气门间隙过大导致碰撞所致。若凸轮磨损严重，凸轮顶起摇臂并发出碰撞声，检修时，将发动机分别开到低、中、高三挡进行声音测听，如果都存在问题且响声频率随速度变化而变化，则可以认为是气门异响，此时需要拆下气门室罩，检查并调节气门间隙。

检查气门间隙时，如间隙过大，应调整到标准值后，再启动发动机。若响声消失，说明是气门脚响；若响声无变化，说明是气门座响。如果是座圈松动造成气门座响，那么响声不如气门脚响坚实，但会带有破碎声。造成汽车这种现象的原因一般是进排气门的开启时刻不准确，也可能是凸轮、推杆磨损造成气门间隙过大。如果气门太小，密封不严，也会造成这种情况。

2）判断气缸压缩压力不足

气缸压缩压力不足的原因主要有气缸充气不足和气缸密封性不好两方面，而导致气缸充气不足和密封性不好的原因又是多方面的，其中有配气机构方面的原因，也有曲柄连杆机构和进排气系统方面的原因。配气机构的常见故障主要有：气门关闭不严，配气的失准和气门响。

气门关闭不严、配气相位失准是造成气缸压缩压力不足的重要原因。另外，气缸活塞组的零件磨损或出现其他的故障（如活塞环的断裂、拉缸等），也会使气缸的密封性变差，造成气缸压力不足。

（1）气缸体密封不严 。由于发动机的缸体是由上、下两个主要部分组成的，再加上缸盖、油底壳，整个的缸体共有三道密封衬垫，而气缸衬垫与上、下缸体间衬垫非常重要，如果存在密封不严，将会容易引起发动机不启动、排气冒白烟，发动机不正常运转、功率不足，发动机过热、油耗高等问题。对于密封不严的问题，首先应该对气缸盖与气缸体螺栓的拧紧力进行检查，按照顺序坚固到位。故障无法根除时，需要拆卸缸体，检查气缸的衬垫，甚至更换缸体。

（2）进气系统密封不严。进气系统密封不严会造成气压不够，充气效率低，引起发动机功率下降、加速性能不佳以及运转不正常等问题，此时要对进气系统的密封性进行检查，重新密封。

（3）气门积炭。气门积炭与气门结构设计与燃烧过程有关，同时也与所使用燃油的品质有关，它是配气机构常见故障之一。气门积炭有可能会引起发动机难以启动，或者自然熄火、排气冒黑烟等。对于气门积炭的检查方法是：要在发动机例行维护中检查气门是否有积炭的产生，有积炭的存在时，要及时进行清洗，甚至更换气门。

（4）排气门烧蚀。在汽车使用不合理的情况下，非常容易出现排气门烧蚀，它会造成汽车发动机自然熄火。造成排气门烧蚀的原因主要是：发动机长时间超负荷运转，气门磨损严重，同时伴有气缸盖、气门座的变形，气门密封性降低；汽车的冷却系统不良，发动机长时间处于高温状态，引起燃油发生化学变化；因为气门弹簧弹力过小，或气门间隙调整不当。在使用过程中应该注意保养、检查，避免长时间超负荷运转，及时清理积炭。

通过对上述案例故障现象的分析，本项目最主要的就是对配气机构中气门机构进行检修。在进行实际操作前，首先需要了解配气机构相关的知识，以及检修的操作步骤。

3. 理论基础

1）配气机构作用和结构

配气机构的作用是据发动机工作循环或点火次序的要求，定时打开和关闭各气缸的进、排气门，使新鲜空气可及时进入气缸，废气及时从气缸排出，保证发动机在各种工况下工作时发挥最好的性能。

配气机构由气门组和气门传动组构成。气门组包括气门、气门导管、气门座及气门弹簧等零件，如图 2-4-1 所示。气门组的作用是保证实现对气缸的可靠密封，为此要求气门头部与气门座贴合严密，气门导管对气门杆的往复运动导向良好，气门弹簧两端与气门杆中心线相互垂直，气门弹簧的弹力保证气门关闭时紧压在气门座上。气门传动组主要包括凸轮轴、正时齿轮、挺柱，此外还有推杆和摇臂机构等零部件，如图 2-4-2 所示。气门传动组的作用是使进、排气门能按照配气正时规定的时刻开闭，且保证有足够的开度。

2）维护保养

配气机构是发动机重要的组成部分。在实际使用过程中，气门、气门座、气门导管等主要机件寿命都较短。一旦零部件出现磨损或故障，将直接影响发动机的性能好坏，因此，要定时定期对配气机构各部件进行维护和检修。

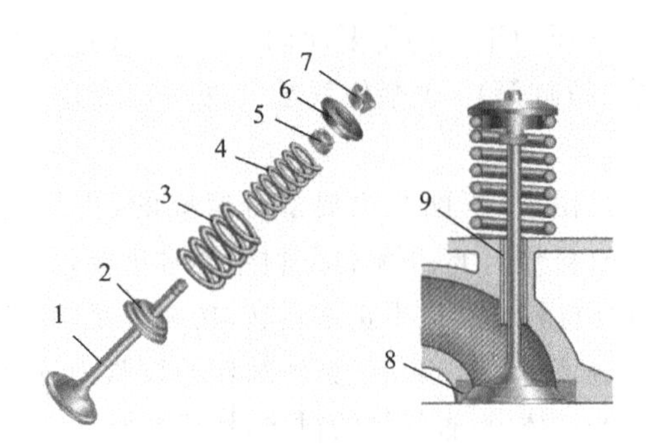

图 2-4-1 气门组结构

1—气门；2，6—弹簧座圈；3—外弹簧；4—内弹簧；
5—油封；7—锁片；8—气门座圈；9—气门导管

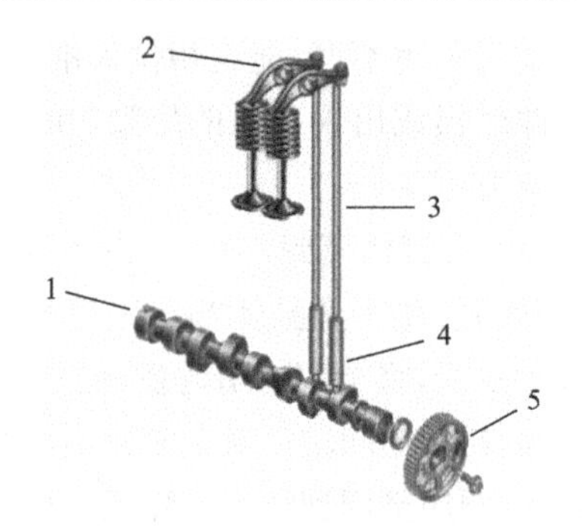

图 2-4-2 气门传动组结构

1—凸轮轴；2—摇臂；3—推杆；
4—挺柱；5—正时齿轮

2.4.3 项目实施步骤

1. 操作步骤

(1) 拆下进、排气门凸轮轴(见图 2-4-3)。

图 2-4-3 拆卸进、排气门凸轮轴

(2) 用吸棒取下气门挺柱。

(3) 拆下气门定位器、气门头、气门弹簧和气门杆密封件(见图 2-4-4)。

(4) 用软毛刷清洁气门头上的积炭，用溶剂彻底清洗气门并将其擦干(见图 2-4-5)。

(5) 对气门各部位进行检查和检测。

(6) 安装气门杆密封件、气门弹簧、气门头和气门定位器。

(7) 安装气门挺柱。

(8) 安装进、排气门凸轮轴。

2. 检验方法

1) 气门外观目视检查

目视检查气门各个部位(见图 2-4-6)是否存在以下状况，若任一部位出现状况，则需更

(a)

(b)

图 2-4-4 气门定位器、气门头和气门弹簧的拆卸

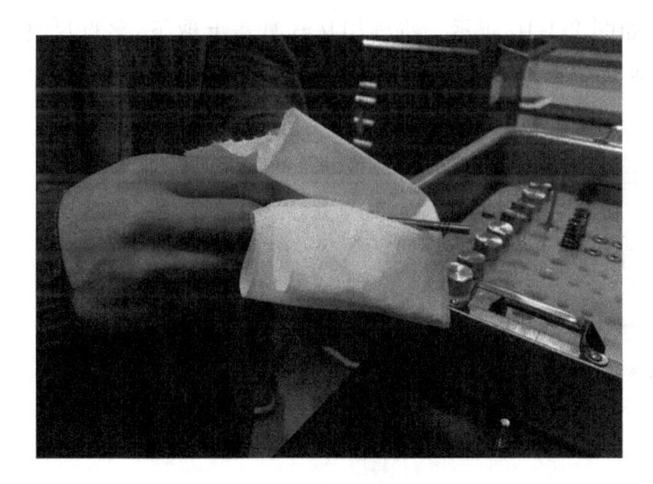

图 2-4-5 清洁气门

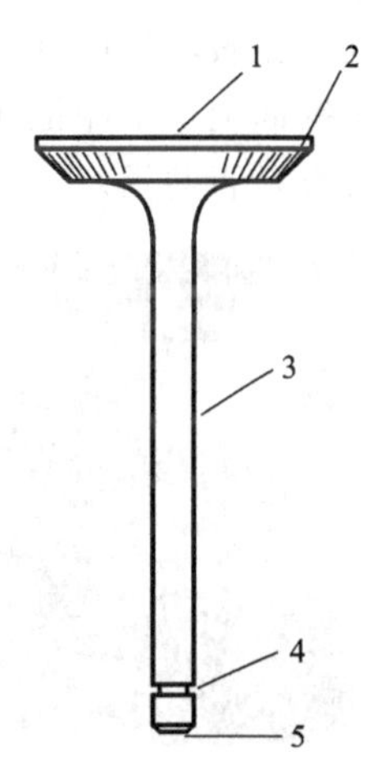

图 2-4-6 气门目视检查部位

1—气门座;2—头部;3—杆部;4—锁片槽;5—杆顶端

换气门。

① 气门座部位点蚀。

② 头部余量厚度不足。

③ 杆部弯曲。

④ 杆部点蚀或磨损严重。

⑤ 锁片槽磨损。

⑥ 杆顶端磨损。

2) 气门长度的检测

使用高度游标卡尺检测气门长度,如图 2-4-7 所示。与标准尺寸对照检查是否磨损。

3) 气门头部直径检测

使用外径千分尺检测气门头部直径,如图 2-4-8 所示。与标准尺寸对照检查是否磨损。

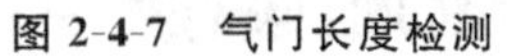

图 2-4-7 气门长度检测

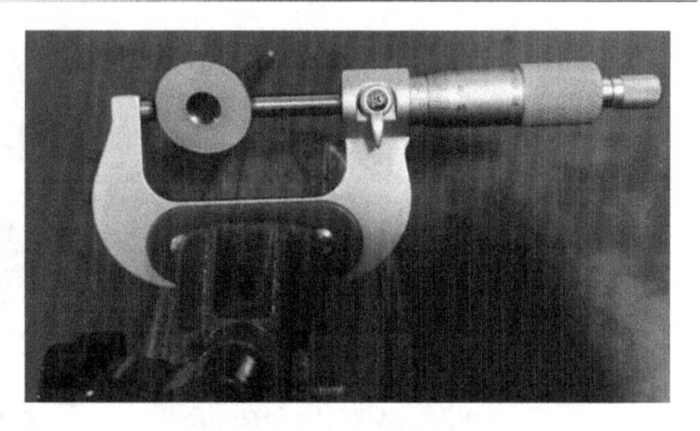

图 2-4-8 气门头部直径检测

4）检测气门锥面上的接触面宽度

在气门锥面上用红印做好标记，如图 2-4-9 所示。将气门安装到气缸盖上，用足够的压力抵着气门座转动气门，以磨去红印，如图 2-4-10 所示。将气门从气缸盖上取下，拿直尺测量气门座锥面上留下印记部分宽度，即气门锥面上的接触面宽度，如图 2-4-11 所示。与标准对照检查是否磨损。

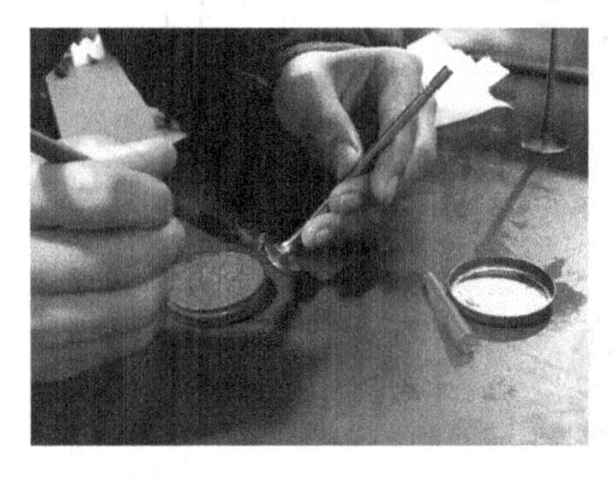

图 2-4-9 在气门锥面上做标记

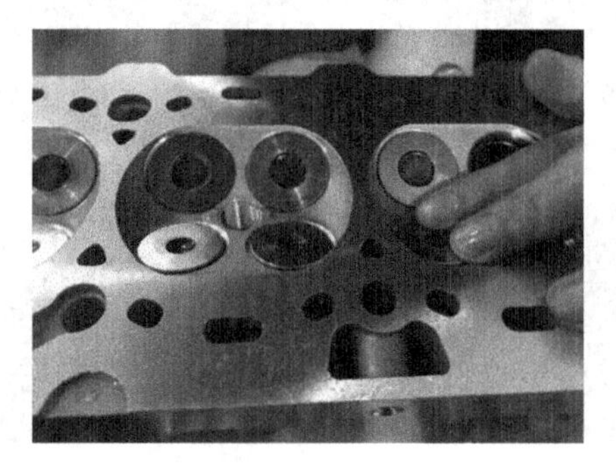

图 2-4-10 转动气门

5）检测气门座的接触面宽度

用直尺测量气缸盖上留下印记部分宽度，即进行气门座的接触面宽度测量，如图 2-4-12 所示。并与标准对照，检查是否磨损。

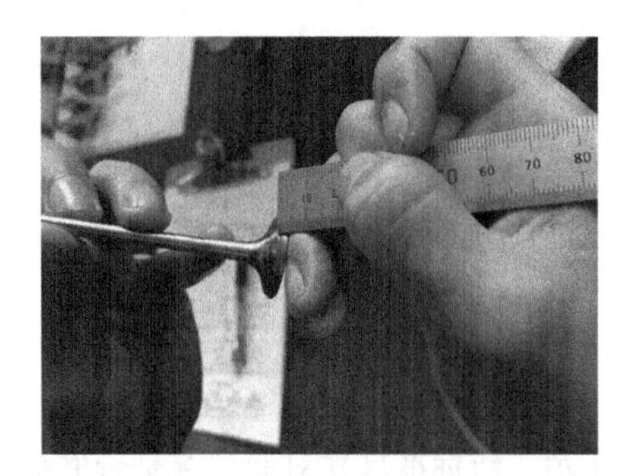

图 2-4-11 气门锥面上的接触面宽度测量

图 2-4-12 气门座的接触面宽度测量

6）进、排气门对气门座的同心度检查

擦除气门上的红印标记，将气门安装到气缸盖上。用足够的压力抵着气门座转动气门，以磨上红印。取下气门，检查印痕是否完整无偏斜，若印痕完整无偏斜，则气门锥面和气门杆是同心的。

7）气门锥面位置检查

用直尺测量气门座接触面，即印痕位置是否距离气门外径 5 mm 以上。

上述 7 项对气门机构的检测中，如果有任 1 项不符合标准，则需对气门进行修整。

3. 注意事项

（1）如果需要修整气门座，则必须修整气门锥面。

（2）如果使用经过表面修整的气门，则使用细磨剂将气门研磨装入气门座。表面修整和气门座修整操作应使整修表面光滑如新，因此需要进行最低限度的研磨。

（3）如果使用的是新气门，在任何情况下都不得研磨气门。

（4）切勿研磨气门杆顶端。气门杆顶端经过硬化处理，如果研磨则会清除硬化表面，从而引起气门杆过早磨损并可能导致发动机损坏。

（5）切勿使用垫片来调节气门杆高度。如果使用垫片，将使气门弹簧在凸轮凸角到达最大升程前就压缩到底，可能损坏发动机。

2.4.4 项目拓展

1. 典型问题

问题一　在哪些项目失效的情况下，需要研磨气门？

答：气门座宽度、圆度或同心度超出规格时，必须研磨气门座，以确保适当的散热量并防止气门座上形成积炭。

问题二　如果过度研磨气门，会导致什么结果？

答：过度研磨将使气门锥面出现沟痕，从而在热态时无法实现良好的座合。

2. 知识能力拓展

（1）简述气门外观目视检查的部位，并说明各部位损坏导致的后果。

（2）在配气机构中除了气门组还有哪些会导致气缸压力过低？如何进行检修？

3. 参考文献与网上学习

（1）陈家瑞. 汽车构造（上册）[M]. 3 版. 北京：机械工业出版社，2009.

（2）http://www.qcwxjs.com/fdjgzzd/8860.html。

（3）https://wenku.baidu.com/view/362d902010661ed9ad51f31f.html。

（4）http://v.youku.com/v_show/id_XMzg3ODY0MTA4.html。

（5）http://www.pps.tv/w_19rt8w1azp.html。

（6）2013 年雪佛兰克鲁兹维修手册。

2.4.5 项目组织实施

1. 组织方式

每四个同学一组，使用相关工具完成气门机构的拆装和检修，并对相关部件进行维修或更换。每组作业时间为45 min。

2. 生产准备

每组同学配备设备及工具如下：

(1) 车辆：发动机台架。

(2) 耗材：进、排气门。

(3) 设备：气门专用工具、工具箱、发动机拆卸工具、外径千分尺、高度游标卡尺、直尺、扭矩扳手。

2.4.6 项目评价

评 分 表

姓名： 学号：

作业开始时间： 时 分 作业结束时间： 时 分 作业用时：

序号	项目	评分项目	学生自评	学生互评	教师评价
1	时间要求	按规定时间完成项目作业(10分)			
2	气门机构拆装步骤	凸轮轴拆装操作规范(10分)			
3		气门挺柱操作规范(5分)			
4		气门定位器、气门头、气门弹簧和气门杆密封件拆装操作规范(15分)			
5	检修要求	气门外观目视检查(10分)			
6		气门长度检测(5分)			
7		气门头部直径检测(5分)			
8		气门锥面上的接触面宽度(5分)			
9		气门座的接触面宽度测量(5分)			
10		进、排气门对气门座的同心度检查(5分)			
11		气门锥面位置检查(5分)			
12	工单填写	数据填写正确(5分)			
13		找出气门故障处(5分)			
14	工具、场地整理	规范使用工具(5分)			
15		结束后整理工具和场地(5分)			

考评员签字： 日期

※ 若发生重大事故(人身和设备安全事故)、严重违反维修原则和存在情节严重的野蛮操作等，由指导教师决定取消相关人员的实操资格。

2.5　更换汽油滤清器

2.5.1　项目要求

1. 时间要求

50 min 内，在保证操作规范和满足质量要求的前提下，完成汽油滤清器、燃油泵、喷油器的更换。

2. 知识要求

掌握燃油供给系统的组成及作用。

3. 其他要求

严格按照安全操作规程、文明生产规则及环境保护要求进行项目作业。

2.5.2　项目分析

1. 经典案例

一辆朗逸 2.0L 轿车行驶了 50000 km 后，出现怠速时发动机抖动，加速无力，负荷运载吃力，有时候启动困难，冷机直接无法启动等故障现象，发动机的曲轴在启动电动机的驱动下较长时间旋转，但燃油供给系统压力过低，甚至没有压力。

2. 故障现象及分析

引起燃油供给系统压力过低的一般为汽油滤清器、汽油泵、油泵继电器、油压调节器等相关元件的电路。电路故障的处理方法一般为检修，元件故障的处理方法一般为更换。

燃油供给系统汽油压力低故障诊断流程如图 2-5-1 所示。

通过对故障现象的分析，在维修当中最主要的就是对汽油滤清器、汽油泵及喷油器等进行维修，所以在维修前应先做好作业前的相应准备工作，准备好作业过程中所需要用到的常用维修工具及备件，然后按照规范的作业流程进行更换操作。

在进行实际操作前，先了解有关汽油滤清器、汽油泵、喷油器等的相关知识，以及和维护作业有关的作业流程。

3. 理论基础

1）燃料供给系统的组成

汽油机燃油供给系统一般由油箱、汽油泵、汽油滤清器、喷油器、各类传感器及电控单元组成。

2）汽油滤清器的作用

汽油滤清器的作用就是把含在汽油中的氧化铁、粉尘等固体杂质或是水过滤掉，一方面可以减少喷油器被杂质堵住的概率，另一方面也可以保证流入燃油供给系统的汽油油质。如果汽油滤清器不能很好地起到过滤的效果，就会对发动机内的喷油器、燃油泵、燃油管路

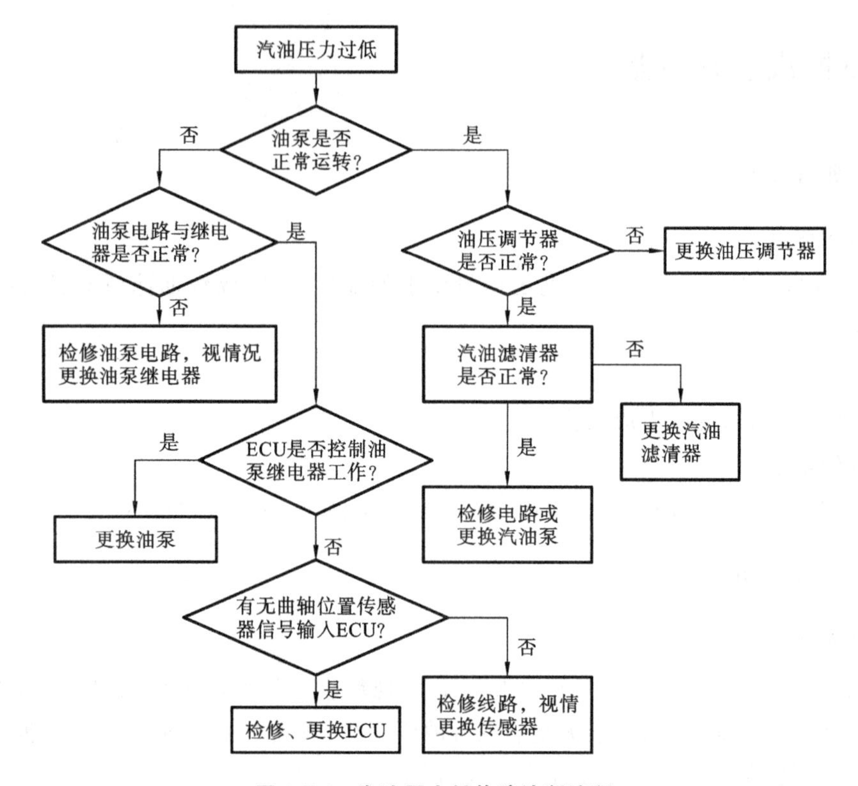

图 2-5-1　汽油压力低故障诊断流程

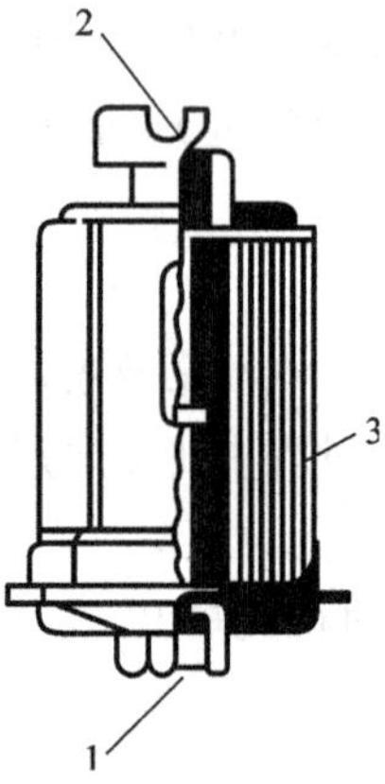

等部件造成损害，从而影响燃油供给系统的正常工作。

3）汽油滤清器的工作原理

汽油滤清器的作用是将汽油中的水分和杂质滤除。发动机工作时，燃油在汽油泵的作用下，经过进油管进入滤清器的沉淀杯。由于此时容积变大，流速变小，比油重的水及杂质颗粒便沉淀于杯的底部，轻的杂质随燃油流向滤芯，而清洁的燃油从滤芯的微孔渗入滤芯的内部，然后经油管流出。

汽油滤清器由入口、出口及滤芯等组成，如图 2-5-2 所示。滤芯有多孔陶瓷和纸质的两种。纸质滤芯由经树脂处理过的微孔滤纸制成，滤清效率高，成本低廉，更换方便，因此得到广泛应用。

图 2-5-2　汽油滤清器结构图

1—入口；2—出口；3—滤芯

一般汽车每行驶 20000～40000 km 或 1～2 年，应更换汽油滤清器。更换汽油滤清器时，应首先释放燃油系统压力，并注意汽油滤清器壳体上的箭头标记为燃油流动方向。

4）汽油泵的作用及结构

现在汽车上所用的汽油泵多数为电动汽油泵。电动汽油泵是一种由小型直流电动机驱动的汽油泵，其作用是给燃油喷射系统提供具有一定压力的燃油。电动汽油泵按安装位置不同，可分为内置式和外置式两种。

内置式电动汽油泵安装在油箱中，具有噪声小、不易产生气阻、不易泄漏、安装管路较简单等优点，应用更为广泛。

外置式电动汽油泵串接在油箱外部的输油管路中，优点是容易布置，安装自由度大，但其噪声也大，且燃油供给系统易产生气阻，所以只在少数车型上应用。

目前各车型装用的电动汽油泵按结构的不同，有涡轮式、滚柱式等结构。内置式汽油泵多采用涡轮式结构，如图 2-5-3 所示。外置式汽油泵则多数为滚柱式，如图 2-5-4 所示。

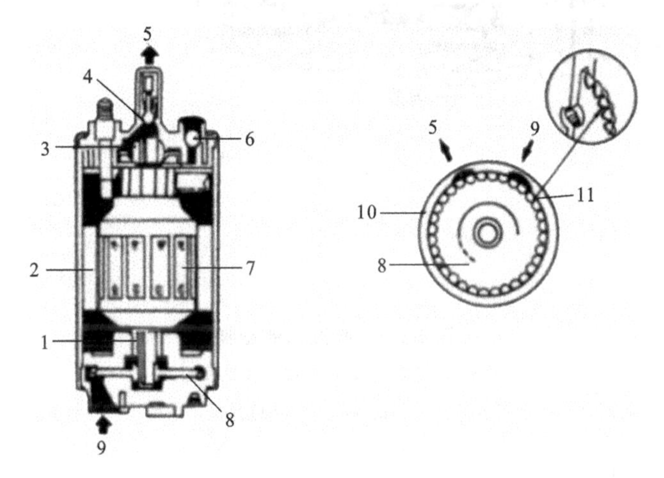

图 2-5-3　涡轮式电动汽油泵

1—前轴承；2—油泵电动机定子；3—后轴承；4—出油阀；5—出油口；
6—卸压阀；7—油泵电动机转子；8—叶轮；9—进油口；10—泵壳体；11—叶片

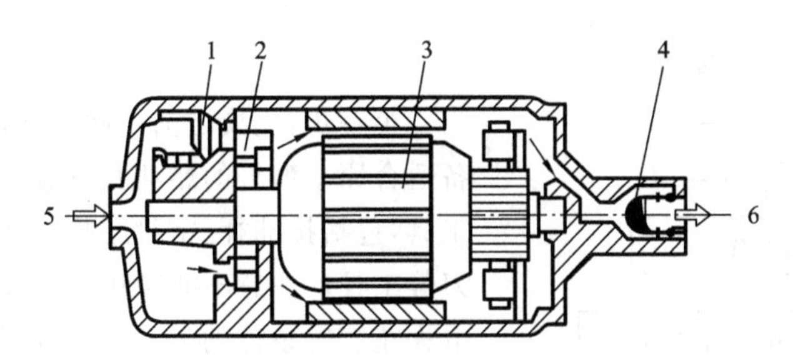

图 2-5-4　滚柱式电动汽油泵

1—卸压阀；2—滚柱泵；3—油泵电动机；4—出油阀；5—进油口；6—出油口

5）喷油器的作用及结构

喷油器的功用是根据 ECU 的指令，控制燃油喷射量。电控燃油喷射系统全部采用电磁式喷油器，单点喷射系统的喷油器安装在节气门体空气入口处，多点喷射系统的喷油器安装在各缸进气歧管或气缸盖上的各缸进气道处。

按喷油口的结构不同，喷油器可分为孔式和轴针式两种，如图 2-5-5 所示。喷油器主要由滤网、线束连接器、电磁线圈、回位弹簧、衔铁和针阀等组成，针阀与衔铁制成一体。轴针式喷油器的针阀下部有轴针伸入喷口。

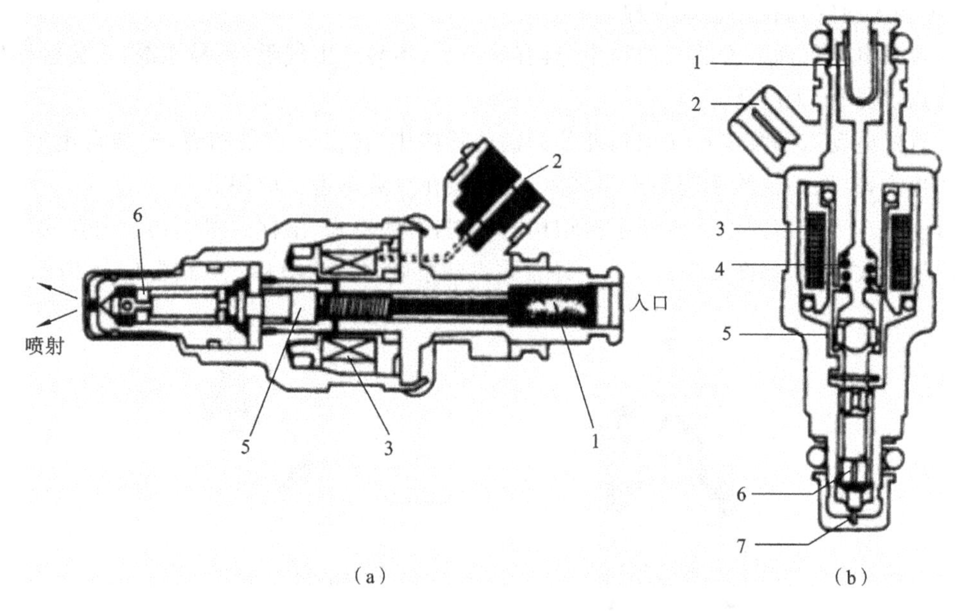

图 2-5-5 喷油器的结构

(a) 孔式喷油器;(b) 轴针式喷油器

1—进油滤网;2—线束连接器;3—电磁线圈;4—回位弹簧;5—衔铁;6—针阀;7—轴针

2.5.3 项目实施步骤

1. 更换汽油滤清器

1) 操作步骤

更换汽油滤清器流程如图 2-5-6 所示。

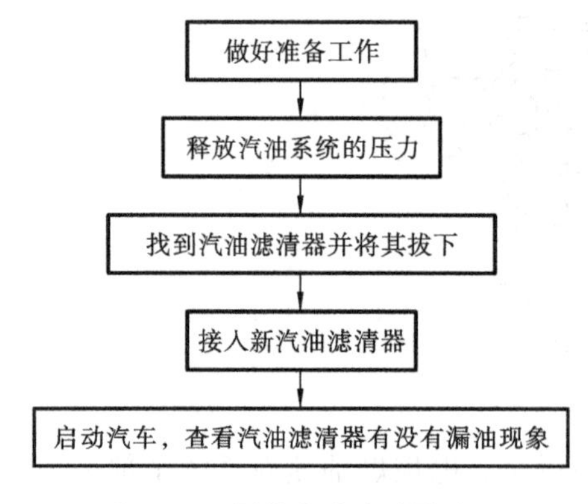

图 2-5-6 更换汽油滤清器流程

第一步:更换之前要做好准备工作。首先要准备适合原车型号的燃油滤清器,其次要准备使用的工具,包括接油杯、密封红胶、油管卡箍、钳子、螺丝刀等工具。注意不能穿化纤衣服,以防静电引起放电火花。有条件的话最好在手腕上绑条接地的地线,以防止静电。

第二步:由于燃油系统内有压力存在,为避免在拆卸滤清器时发生喷油或起火事故,在断开燃油管路前必须释放燃油系统中的压力。在更换汽油滤清器时最好选在次日早晨(处于冷车状态下)进行比较好,因为此时燃油系统中油压小,拆卸汽油滤清器时流出来的汽油较少。

第三步:找到汽油滤清器的安装位置,将汽油滤清器从安装支架上拔下来。将接油杯放在油管下方,并用钳子拆掉原来两边的一次性管箍。

第四步：将汽油滤清器进油口处的管子拔下，这时管内的汽油会溢出来，将里面的油引入杯子中。当流量变小后，要套上管箍并尽快把新汽油滤清器的进油口接上，新汽油滤清器的出油口暂时堵上(安装汽油滤清器时，要分清进油口和出油口，一般出油口在滤清器上部，进油口在滤清器下部，在滤清器上用箭头表示汽油流动方向)。同时将旧滤清器的进油口堵上。

第五步：将旧滤清器的出油口管子拔下，接入新滤清器。用螺丝刀拧紧管箍，防止漏油。再把换好的汽油滤清器安装回原位。

第六步：启动汽车并怠速运行一段时间，查看汽油滤清器接口部位是否有漏油等现象，若没有则表明安装良好，可以上路行驶了。

若发现滤清器软管出现由泥尘、机油等污垢造成的老化或裂痕，需要及时更换该软管，以保证行车安全。

2) 检验方法

滤清器大多采用纸质滤芯并用硬塑料外壳封闭，从外表就可以观察到其内部油面情况，所以通过观察油面上升情况，就可以判断出滤清器是否堵塞。如果滤清器采用金属外壳，应拆下油管，通过油泵供油量大小来检查判断滤清器是否堵塞。也可拆下滤清器，在油箱一侧的进油管接头端口用嘴吹进行检查：吹气时若彻底不通气或用力吹才通气，均表明滤清器已堵塞。

3) 注意事项

(1) 一般建议每行驶 15000 km 更换一次汽油滤清器。

(2) 更换汽油滤清器或者对燃油系统进行养护时，严禁吸烟和使用明火。

(3) 如果在养护操作过程中需要使用照明灯，则一定要确保所使用的照明灯是符合职业安全标准的。

(4) 更换汽油滤清器必须在发动机冷机状态下进行，因为发动机热机时从排气管排出的高温废气也能够把燃油点燃。

(5) 在更换汽油滤清器之前，应该按照汽车制造商指定的操作规程释放燃油系统中的压力。

(6) 劣质汽油滤清器往往导致供油不畅，汽车动力不足甚至熄火。杂质没有过滤，时间长了，油路和燃油喷射系统也会腐蚀受损。

2. 更换汽油泵

1) 操作步骤

以内置式汽油泵为例，说明更换汽油泵的步骤。首先需要准备以下工具：活动扳手、螺丝刀、钳子、专用旋转工具、抹布。详细步骤如下。

第一步：将车辆水平放置，点火开关置于 OFF 位置，拉好驻车制动器，装好车轮挡块。

第二步：拆卸后排座位座椅，油箱就在座椅下边。拆卸后检修孔盖，轻轻翘起，不要用蛮力，孔盖连接着线束。

第三步：将电缆从蓄电池负极端子断开，拔下的油管用保鲜膜包住，以防止弄脏；记住安装位置，用抹布清洁汽油泵总成上部边缘。

第四步：燃油系统卸压，断开油泵电源，启动发动机数次。

第五步：拆卸汽油泵。

(1) 用头部缠有保护胶带的螺丝刀，脱开两个卡爪，拆下1号吸油管支架。

(2) 用头部缠有保护胶带的螺丝刀，脱开燃油压力调节器上的两个卡爪和汽油泵滤清器支架上的卡爪，取下汽油泵滤清器。

(3) 断开汽油泵滤清器软管。

(4) 向下拿出汽油泵，用手按压下端锁止扣，断开汽油泵线束，拆下汽油泵O形圈，把汽油泵放置在清洁零件盘中，从燃油吸油管总成上取出线束。

(5) 用头部缠有保护胶带的螺丝刀撬出燃油压力调节器，从压力调节器总成上拆下两个O形圈，放置在清洁零件盘中。

2) 检验

检查汽油泵是否漏油，检查汽油泵压力，安装后检修孔盖。

3) 注意事项

(1) 拆装时旁边千万不能有明暗火。

(2) 油泵底座正中两侧有两个很小的泄油孔，拆装时小心不要滴油。

(3) 由于油泵长时间浸泡在汽油里，所以密封圈很容易老化，装油泵时，一定要检查进出油管上密封圈是否老化磨损，一定要装到位。

3. 喷油器维护

1) 喷油器拆卸步骤

(1) 事前准备好场地和喷油器衬套拆装工具等常用工具。

(2) 燃油系统泄压(参考更换汽油滤清器时燃油系统泄压方法)。

(3) 从蓄电池负极端断开电缆。

(4) 拆气缸盖罩。

(5) 拆卸发动机线束。先拆下搭铁线，然后断开喷油器总成连接器，再拆线束支架。

(6) 拆燃油管总成。先拆燃油管卡夹，旋下燃油管接头；再拆燃油管固定螺栓；取下螺栓与燃油管总成。

(7) 拆卸喷油器总成。从燃油管总成中拉出喷油器总成；在喷油器上贴上标签；用塑料袋将喷油器包起来，以防异物进入；拆卸喷油器隔振垫。

2) 检测方法

(1) 用触摸法检查喷油器针阀工作状况。

运转发动机，用手触摸各缸的喷油器。如果手指有强烈而均匀的振动感，则说明针阀开闭良好，喷油器工作正常；否则为喷油器有故障。

(2) 听声法检查喷油器工作状况。

启动发动机，使其怠速运转，待发动机热车后，用长螺丝刀或听诊器听喷油器工作的声音。如果听到喷油器发出清脆而均匀、有节奏的“嗒、嗒”振动声，说明喷油器可以在电脉冲的作用下正常喷油；若听不到某一缸喷油器工作的声音或发出的声音很小，则为该缸的喷油器有故障，应及时检查喷油器的控制线路或电磁线圈，倘若喷油器控制线路和电磁线圈工作都良好，则为喷油器针阀卡滞，应进行清洗性修理。

(3) 断缸法检查喷油器工作状况。

启动发动机并使其怠速运转，待发动机热车后，依次拔下各缸喷油器的线束插头，使喷油器停止喷油。如果拔下某缸喷油器的线束插头后，发动机转速明显下降，则表明该缸喷油器工作正常；如果拔下某缸喷油器的线束插头后，发动机转速无明显变化，表明该缸喷油器工作不良或不工作，应进行修理或更换。

(4) 测电阻法检查喷油器电磁线圈状况。

拔下喷油器的线束插头，用万用表电阻挡检查喷油器两接线端之间的电阻。如果测得的电阻非常大(为∞)，说明喷油器的电磁线圈已经断路，应予以更换。如果两端子之间导通，说明喷油器电磁线圈未断路，但电阻应符合规定阻值。对于电压驱动型的高电阻型喷油器，其电阻值一般为 12～16 Ω；对于电压驱动型的低电阻型喷油器，其电阻值应为 3～5 Ω；对于电流驱动型的低电阻型喷油器，其电阻值一般为 2～3 Ω。

3) 安装方法

(1) 安装隔振垫。将喷油器隔振垫安装到喷油器总成中，在喷油器总成 O 形圈接触面上涂上一层汽油，不要扭曲 O 形圈，安装喷油器后确定它们可以平稳转动，如果不能平稳转动，需换上新的 O 形圈。安装 4 个喷油器总成，向左和向右转动喷油器总成，若转动平稳，则说明已将其安装到输油管总成上。

(2) 安装燃油管隔垫。

(3) 安装燃油管总成。先安装燃油管总成，再安装燃油管接头并装上卡夹，然后装上燃油管固定螺栓，固定发动机线束支架。

(4) 连接发动机线束。连接喷油器总成连接器，连接搭铁线。

(5) 连接曲轴箱通风软管。

(6) 将电缆连接到蓄电池负极端子上。

(7) 检查燃油是否泄漏。

(8) 安装气缸盖罩。

(9) 整理工位。

4) 注意事项

(1) 定期清洗喷油器，一般每行驶 20000～30000 清洗一次。清洗中不可用锐器刮铲，更不能用钢针捅量孔。

(2) 使用优质无铅汽油，严格控制油源，并定期更换汽油滤清器。

(3) 在维修前必须用清洁的汽油或金属清洗剂清洗喷油器的表面，特别是喷油器的进油口，防止脏物、油垢掉入油管或进入气管。

(4) 更换喷油器要注意规格和型号，最好更换一组，不要单个更换。

(5) 维修安装喷油器时，O形密封圈切勿重复使用，必须更换，并涂少许汽油在喷油器上，切不可采用润滑油或其他油来润滑。

(6) 有些车型拆卸喷油器时会涉及较多的拆卸部位和零部件，应做好记号，以防装错和漏装。

(7) 按规定力矩 42～50 N·m 拧紧喷嘴盖形螺母。

2.5.4 项目拓展

1. 典型问题

问题一　在更换汽油滤清器时进、排油口装反了怎么办？

答：在汽油滤清器上有进出油口箭头标记，一定要仔细观察。若装反了，要及时进行更换及调整正确的进出油口方向。

问题二　汽油滤清器行驶多少里程必须更换一次？

答：汽油滤清器每行驶 30000 km 左右更换一次。若燃料杂质含量大时，行驶距离应相应缩减。

问题三　在更换喷油器时，可以更换单个喷油器吗？

答：更换喷油器要注意规格和型号，最好更换一组，不要单个更换。

2. 参考文献与网上学习

(1) 石玲. 汽车发动机构造[M]. 南京：江苏大学出版社，2016.

(2) 童剑峰. 电控发动机喷油器常见故障检修与维护[J]. 汽车电器，2010，5.

(3) https://zhidao.baidu.com/question/289638640。

(4) http://www.icauto.com.cn/baike/tlist-513832.html。

(5) https://zhidao.baidu.com/question/1577358825041254580。

(6) http://xue.jinjingshop.com/az/qcwx/。

2.5.5 项目组织实施

1. 组织方式

每 5 个同学一组，协作完成汽油滤清器、燃油泵、喷油器的更换，按照企业岗位进行作业。每组作业时间为 50 min。

2. 生产准备

每组同学配备设备及工具如下：

(1) 车辆：朗逸 2.0L 待保养车辆一台。

(2) 耗材：汽油滤清器一个、汽油泵一个、喷油器四个。

(3) 设备：接油器、专用工具、常用维修工具一套等。

2.5.6　项目评价

评　分　表

姓名：　　　　　　　　　学号：

作业开始时间：　时　　分　　　　　作业结束时间：　时　　分　　　　　作业用时：

序号	项目	评分项目	学生自评	学生互评	教师评价
1	时间要求	按规定时间完成项目作业(10分)			
2	质量要求细化	更换汽油滤清器操作规范(10分)			
3		更换汽油泵操作规范(10分)			
4		更换喷油器操作规范(10分)			
5	安全要求	防护设备准备和使用(10分)			
6		规范操作使用工具(10分)			
7	文明、环保要求	按文明生产规则进行操作(10分)			
8		更换旧件放入规定回收桶(5分)			
9		用汽油收集器回收汽油(5分)			
10		项目结束工位整理干净(5分)			
11	知识点掌握要求	燃油系统组成(5分)			
12		汽油滤清器作用及结构(5分)			
13		汽油泵及喷油器作用及结构(5分)			

考评员签字：　　　　　　　　　　　　　　　　　　　日期

※若发生重大事故(人身和设备安全事故)、严重违反维修原则和存在情节严重的野蛮操作等，由指导教师决定取消相关人员的实操资格。

2.6　更换机油和机油滤清器

2.6.1　项目要求

1. 时间要求

45 min内，在保证操作规范和满足质量要求的前提下，能够熟练快速完成机油滤清器的更换。

2. 安全文明环保要求

严格按照安全操作规程、文明生产规则及环境保护要求进行项目作业。

3. 知识要求

掌握机油供给系统的组成及作用。

2.6.2 项目分析

1. 经典案例

一辆朗逸 2.0L 轿车在加速状态下，转速超过 2 500 r/min 以后，仪表中机油压力突然降到 0 bar，并报警提示。组合仪表板保养灯亮，车辆需进行 5000 km 保养作业。

2. 故障现象及分析

发动机润滑系统中，机油泵通过机油滤清器将机油送到发动机中需要润滑的各零部件。如果缺少机油润滑，将加速运动部件磨损。车辆的保养灯亮，说明汽车的行驶里程或时间已经接近车辆的维护保养期。维护当中最主要的就是需要更换机油及机油滤清器，在更换前应先做好作业前的相应准备工作，准备好作业过程中所需要用到的常用维修工具及备件，然后按照规范的作业流程进行操作。

在进行实际操作前，先了解机油及机油滤清器的相关知识，以及和更换作业有关的作业流程。

3. 理论基础

1）润滑系统的作用

润滑系统在发动机工作时连续不断地把数量足够、温度适当的洁净机油输送到全部传动件，并在之间形成油膜，起到润滑、冷却、清洗、密封、防锈蚀等作用。发动机润滑方式主要有压力润滑和飞溅润滑两种。

2）润滑系统的组成

润滑系统一般由机油泵、油底壳、机油滤清器、机油散热器、各种阀、传感器和机油压力表、温度表等组成，如图 2-6-1 所示。

3）机油滤清器的作用

汽车机油滤清器的作用是对来自油底壳的机油中有害杂质进行滤除，将洁净的机油供给曲轴、连杆、凸轮轴、增压器、活塞环等运动副，起到润滑、冷却、清洗等作用，保证发动机正常运转，并延长这些零部件的寿命。

4）机油滤清器分类

机油滤清器按结构分有可换式、旋装式、离心式；按在系统中的布置可分为全流式、分流式。机油滤清器所使用的过滤材料有滤纸、毛毡、金属网、非织造布等。

2.6.3 项目实施步骤

1. 更换机油、机油滤清器

1）操作步骤

更换机油、机油滤清器步骤如图 2-6-2 所示。

第一步：检查机油油位及品质。

热机熄火后等待 5 min，拔出机油尺，用布清洁干净，插回到机油尺孔中，再次拔出机油尺进行检查。检查时，机油尺沿水平向下呈 45°左右角度放置且顶端放在纱布上面，水平目视检查机油液位是否在油位计的低油位和满油位标记之间，如图 2-6-3 所示。

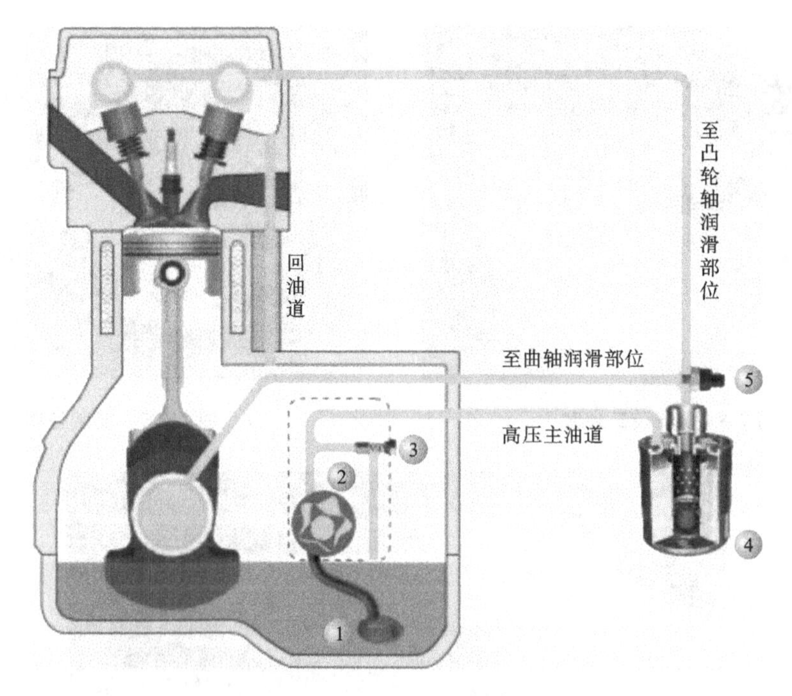

图 2-6-1　汽车润滑系统组成

1—集滤器；2—机油泵；3—溢流阀；4—机油滤清器；5—机油压力传感器

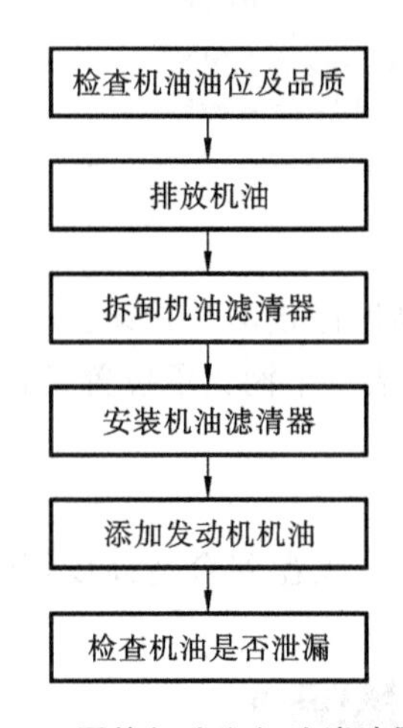

图 2-6-2　更换机油和机油滤清器流程

图 2-6-3　机油油位检查

第二步：排放机油。

(1) 安装三件套(座套、方向盘套、挡杆套)，如图 2-6-4 所示。

(2) 打开机舱盖，安装垫布，如图 2-6-5 所示。

(3) 打开发动机机油加注口盖。

用手拧开发动机机油加注口盖，拧松后取下机油加注口盖，清洁并检查机油加注口盖的密封圈有无老化及螺纹有无损坏，如有则予以更换。检查完将机油加注口盖放回机油加注口，无须拧上，如图 2-6-6 所示。

图 2-6-4 安装三件套

图 2-6-5 安装垫布

图 2-6-6 打开机油加注口盖

（4）举升车辆。

按下举升按钮举升车辆（见图 2-6-7），升到适合操作的高度停止举升并锁止。

在举升之前要检查车辆四周是否无人员，检查举升机支架与车辆支承位置是否放好，检查车辆中心是否对正而无偏斜，检查车辆有无负重。

（5）准备好机油收集器。

将机油收集器推到发动机油底壳放油螺塞正下方，调整接收盘到合适高度，如图 2-6-8 所示。

图 2-6-7 举升车辆

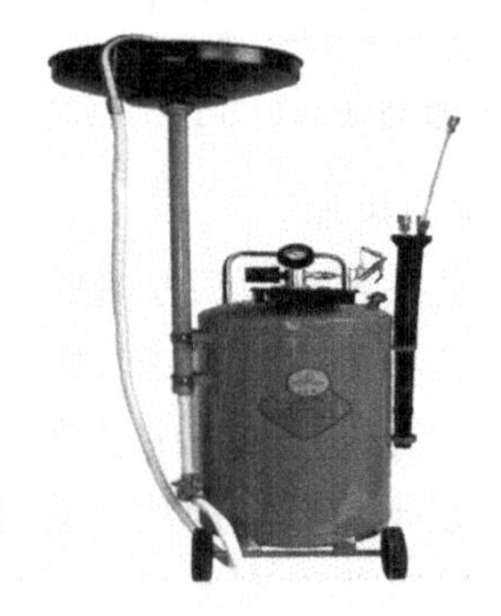

图 2-6-8 准备机油收集器

（6）排放机油。

首先清洁放油螺塞处。然后选用 14 mm 套筒和棘轮扳手将放油螺塞拧松，用手缓慢将放油螺塞旋出来，目视螺纹处开始有机油渗漏、螺纹有松旷感觉时，用手轻轻压住螺栓，迅速旋转并移开螺栓，开始排放机油，如图 2-6-9 所示。

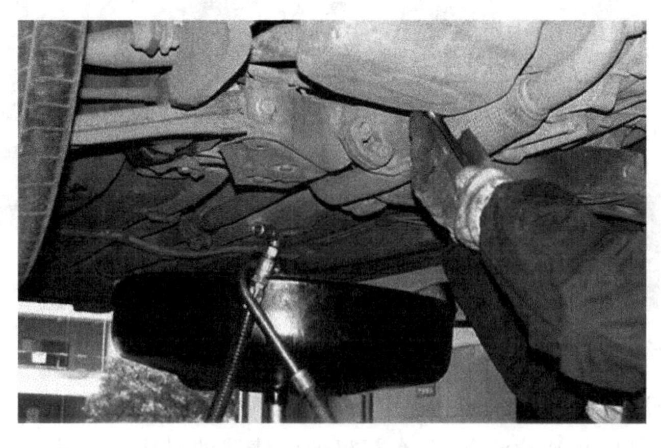

图 2-6-9 排放机油

① 热机后的发动机，机油还保持一定的温度，排放时，必须佩戴防护手套，注意机油不要流到手上，以免烫伤手。

② 废机油中含有多种有害物质，不要长时间接触。

③ 手上接触废机油后，一定要及时用肥皂和水清洗，或用免水型洗手剂清洗手上的机油。

④ 排放机油时，要排放干净。

⑤ 将废弃的机油按照环保要求妥善处理。

（7）安装发动机油底壳放油螺塞。

先清洁并检查放油螺塞，如有损坏则更换放油螺塞。安装时先更换密封垫圈，接着安装放油螺塞，然后用手扭紧，最后使用扭力扳手及套筒以 37 N·m 的扭矩紧固发动机油底壳放油螺塞。

密封垫圈必须更换。

（8）清洁放油螺塞处的油污。

选用干净的布清洁发动机油底壳放油螺塞处油污。

第三步：拆卸机油滤清器。

把机油收集器移到机油滤清器正下方，选用机油滤清器专用工具配合棘轮及加长杆拧松机油滤清器，松动后取下专用工具及棘轮扳手，然后用手将机油滤清器旋出来，放置在专用的环保桶里。

（1）拆卸机油滤清器时，必须佩戴防护手套。

（2）操作时注意不要使机油流到手上，以免烫伤手，如图 2-6-10 所示。

第四步：安装机油滤清器。

（1）检查并清洁机油滤清器底座。

用干净的布清洁机油滤清器底座上的油污。不能使用棉丝清洁滤清器底座。

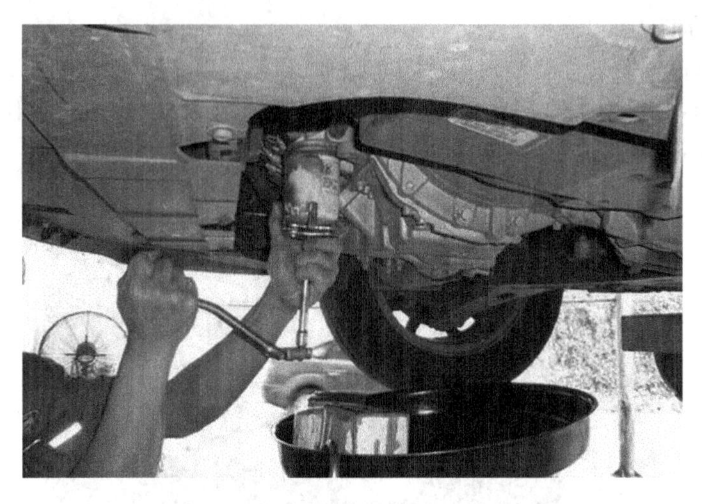

图 2-6-10 拆卸机油滤清器

(2) 更换机油滤清器。

取来同一型号新的机油滤清器,并在新机油滤清器的衬垫上涂抹一层干净的发动机机油,如图 2-6-11 所示。

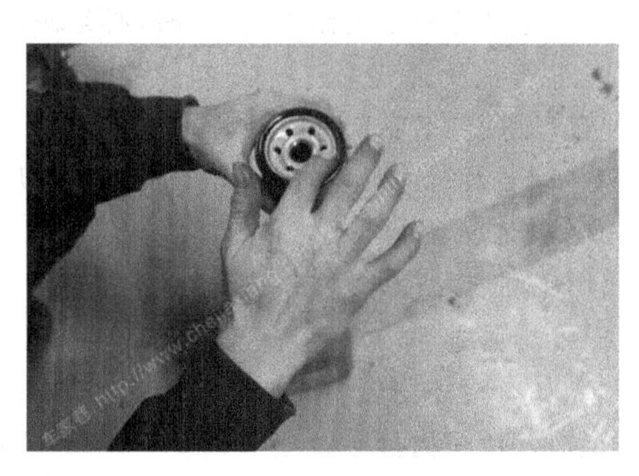

图 2-6-11 涂抹机油

(3) 安装新的机油滤清器。

将新的机油滤清器安装到机油滤清器底座上。安装时,要对好螺纹并轻轻地旋转入扣,直到衬垫开始接触机油滤清器底座为止。添加新机油,如图 2-6-12 所示。

(4) 紧固机油滤清器。

选用机油滤清器专用工具,配合扭矩扳手及加长杆以 18 N·m 的力矩紧固机油滤清器。

紧固机油滤清器时,如果没有足够的空间使用扭矩扳手,则可用棘轮配合套筒将机油滤清器紧固 3/4 圈。

(5) 清洁机油滤清器。

选用干净的布清洁机油滤清器安装位置处的油污。

(6) 机油收集器归位。

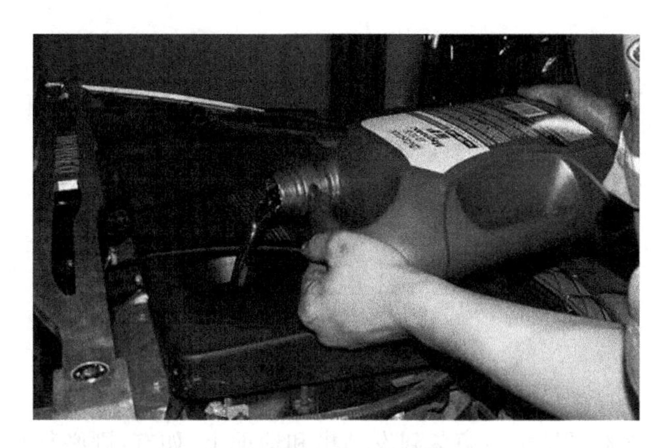

图 2-6-12 添加新机油

把机油收集器推放到原先工位。

(7) 降下车辆。

降下车辆至地面。车辆降下前要检查车辆四周是否无人员。

第五步:检查机油是否泄漏。

(1) 发动机热机。

启动发动机热机,机油指示灯熄灭,水温上升至正常温度,发动机怠速、中速、高速运转,然后将发动机熄火。

发动机热机后,操作时注意不要烫伤。

(2) 举升车辆。

按下举升按钮举升车辆,升到适合操作的高度时停止举升并锁止。

在举升之前要检查车辆四周是否无人员,检查举升机支架与车辆支承位置是否放好,检查车辆中心是否对正而无偏斜,检查车辆是否无负重。

(3) 机油泄漏检查。

目视检查油底壳放油螺塞处及机油滤清器与底座结合处有无渗漏,然后使用干净的布再检查油底壳放油螺塞结合处、机油滤清器与底座结合处有无机油渗漏。

操作时注意不要被烫伤。

(4) 降下车辆。

降下车辆至地面。车辆降下前要检查车辆四周是否无人员。

(5) 启动发动机热机。

启动发动机,保持怠速运行,并打开暖风开关至最高挡位进行热机。在热机过程中要观察仪表盘水温表,水温上升至正常温度(80～93 ℃)后,关闭发动机。

(6) 检查发动机机油液位。

暖机熄火后等待 5 min,拔出机油尺,用布清洁干净,插回到机油尺孔中,再次拔出机油尺进行检查。检查时,机油尺沿水平向下呈 45°左右角度放置且顶端放在纱布上面,水平目视检查机油液位是否在油位计的低油位和满油位标记之间,如图 2-6-13 所示。检查完把机油尺插回机油尺孔中。

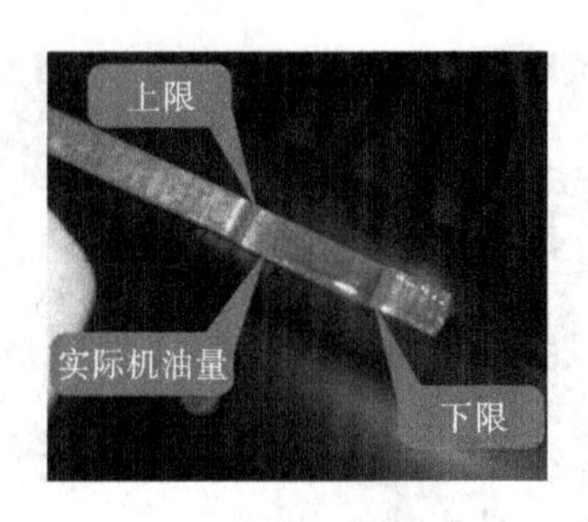

图 2-6-13 检查机油液位

2）注意事项

（1）检查时，注意不要将机油滴落到发动机和地面上，如有，则必须马上清洁。

（2）检查时，如液位低于规定范围，则必须添加到规定范围。

（3）检查时，如液位高于规定范围，则必须排放掉部分油液，直到液位在规定范围内。

2.6.4 项目拓展

1. 典型问题

问题一　在排放机油时，机油排放速度比较慢怎么办？

答：检查机油加油口盖是否打开。

问题二　在加油过程中，加注机油的量过多怎么办？

答：将车辆举升起来，排放掉适量机油，并迅速拧紧。

2. 参考文献与网上学习

（1）沈云鹤．汽车发动机构造与维修[M]．北京：高等教育出版社，2004.

（2）http://www.jignge.com。

（3）http://www.iqiyi.com/w_19ruee6wx9.html。

（4）http://my.tv.sohu.com/us/301503534/88409668.shtml。

（5）QC/T 999-2015 汽车用分流式机油滤清器总成技术条件。

（6）QC/T 919-2013 汽车用机油滤清器试验方法。

2.6.5 项目组织实施

1. 组织方式

每两位同学一组，协作完成机油及机油滤清器的更换，然后两人交换工作任务，按照企业岗位进行作业。每组作业时间为 25 min。

2. 生产准备

每组同学配备设备及工具如下。

（1）车辆：待保养朗逸 2.0L 车辆一台。

（2）耗材：机油一桶、机油滤清器一个。

（3）设备：接油器、专用工具、常用维修工具一套。

2.6.6　项目评价

评　分　表

姓名：　　　　　　　　学号：

作业开始时间：　时　分　　　　作业结束时间：　时　分　　　　作业用时：

序号	项目	评分项目	学生自评	学生互评	教师评价
1	时间要求	按规定时间完成项目作业(5 分)			
2	质量要求细化	选择正确规格的机油(5 分)			
3		加注适当机油量(5 分)			
4		检查发动机机油油品(5 分)			
5		检查发动机油液位高度(5 分)			
6		选择规定型号的机油滤清器(5 分)			
7		更换前先在机油滤清器注入机油(5 分)			
8		机油滤清器密封圈涂抹机油(5 分)			
9		检查车辆运行时机油渗漏情况(10 分)			
10		更换后保养灯归零(5 分)			
11	安全要求	防护设备准备和使用(5 分)			
12		规范操作举升机(10 分)			
13		规范使用扭矩扳手(5 分)			
14		车辆下部有人时不得操作举升机(5 分)			
15	文明	按文明生产规则进行操作(5 分)			
16	环保要求	更换旧件放入规定回收桶(5 分)			
17		用机油收集器回收废机油(5 分)			
18		擦除滴落在地面和机舱表面的机油(5 分)			

考评员签字：　　　　　　　　　　　　　日期

※ 若发生重大事故(人身和设备安全事故)、严重违反维修原则和存在情节严重的野蛮操作等,由指导教师决定取消相关人员的实操资格。

2.7　检查更换冷却水泵

2.7.1　项目要求

1. 时间要求

50 min 内,在保证操作规范和满足质量要求的前提下,完成冷却水泵的更换。

2. 知识要求

掌握冷却系统的组成及功用。

3. 其他要求

严格按照安全操作规程、文明生产规则及环境保护要求进行项目作业。

2.7.2 项目分析

1. 经典案例

一辆行驶里程为65 000 km的雪佛兰科鲁兹，车主发现汽车在启动后转速不稳定，如果阻力非常大还可能发生熄火的现象，尤其在冬季常发生。车辆停放一晚后，地上有液体泄漏痕迹。将车开进4S店进行检修，经维修人员检查后发现，汽车水泵出现明显的噪声现象，而且水泵处漏水，更换水泵后，故障排除。

2. 故障现象与分析

水泵为汽车冷却系统正常循环工作的重要部件，水泵损坏或连接密封处泄漏都会造成车辆无法正常行驶。水泵是发动机冷却系统的动力之源，其工作正常，可保证发动机温度保持在正常的范围内，保证内部机件良好的润滑，一旦损坏，发动机温度就会迅速上升，冷却系统失灵，水温报警，并伴有"开锅"等现象。如果发现得早，并采取适当的措施，就会避免因冷却不良而造成的拉缸等更大的故障损失；所以，必须在发现水温过高、报警灯亮、"开锅"等现象时，尽快停车检查故障根源，必要时请维修站解决。

(1) 冷却系统分析。在发现水温过高等现象时，如果发现水箱中的水足够，而发动机上下水管温度都很低，水温表温度却迅速上升，表明水泵已完全损坏，失去泵水能力，叶轮在转轴上松脱。

如果上下水管都是热的，冷却风扇也正常运转，冷却水箱也是畅通的，节温器也能正常打开，但水温上升快，可以判断水泵叶轮已在转轴上打滑了。温度低时，故障现象不明显，温度一高叶轮就会明显打滑，致使泵水能力下降，冷却液的循环能力下降，其散热的效果就会大大下降。这时要更换新的水泵。

(2) 出现怠速问题分析。由于汽车水泵是与传动带相连接抽取水箱里面的冷水，如果水泵的转动阻力受到影响，会直接影响到发动机的转速，并且会出现车速不稳定的状况，主要表现为水泵的泄漏。大部分汽车水泵最为多发的故障就是泄漏，发生泄漏的主要原因是密封性差，使冷却液渗到水泵的轴承上，从而对轴承上的润滑剂进行冲刷，导致轴承损坏，这样的泄漏属于内部泄漏。而外部泄漏也是导致水泵损坏的主要原因之一，包括发动机密封件和垫片长期使用老化而导致泄漏、加热器的内部发生泄漏、油冷却器发生泄漏等情况。

(3) 出现噪声现象分析。汽车水泵出现明显的噪声现象，那么说明水泵的内部开始损坏了。造成噪声现象的主要原因是轴承开始损坏或者是叶轮在旋转时开始松动，逐渐脱离转轴，从而出现噪声的现象。检查水泵的工作情况，看其是否有松旷、卡死、漏水等异常现象，必要时及时更换水泵。

在进行实际操作前，先了解冷却系统的相关知识，以及和更换作业有关的作业流程。

3. 理论基础

1) 冷却系统的作用

冷却系统的功用是使发动机在所有工况下都保持在适当的温度范围内。同时，还要保证发动机在冷态下启动后能迅速升温，尽快达到正常的工作温度。

汽车发动机冷却系统为强制循环水冷系统，其能利用水泵提高冷却液的压力，强制冷却液在发动机中循环流动。冷却液的循环路径受节温器的控制，根据发动机工作温度由低到高的变化，冷却液的循环分为小循环、混合循环、大循环。

2）冷却系统的组成

水冷却系统以水为冷却介质，它主要由散热器、水泵、节温器、冷却风扇、补偿水箱、气缸盖体水套以及其他附属装置等组成，如图 2-7-1 所示。

3）水泵的结构

汽车发动机多采用离心式水泵，并安装在发动机下部。离心式水泵主要由水泵皮带轮、水泵轴、水泵轴承、水泵盖、密封组件、水泵叶轮等部件组成。

水泵一般由曲轴通过普通 V 带或带肋的 V 带带动，水泵壳体上铸有进、出水管，进水管与散热器出水管相连，出水管与水套相连。水泵叶轮上有 6～8 个径向直叶片或后弯叶片，其结构如图 2-7-2 所示。

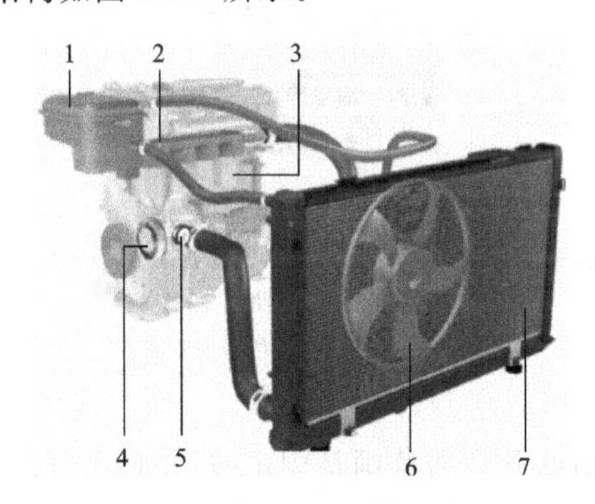

图 2-7-1　汽车冷却系统示意图

1—补偿水箱；2—气缸盖水套；3—气缸体水套；
4—水泵；5—节温器；6—冷却风扇；7—水箱

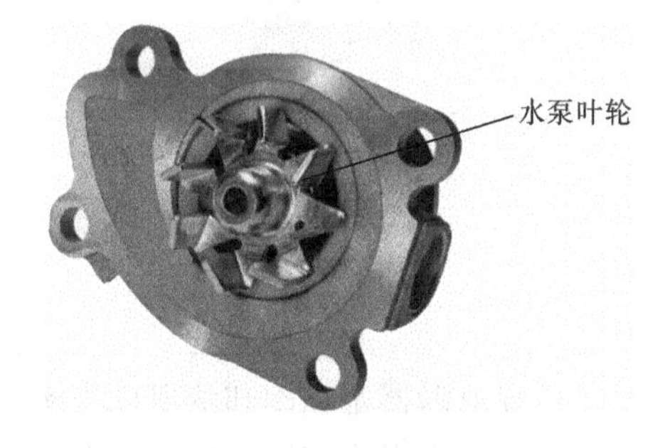

图 2-7-2　汽车冷却水泵

4）离心式水泵的作用及原理

离心式水泵对冷却水加压，让冷却水强制循环起来。水泵叶轮旋转时，冷却液在离心力作用下被甩向叶轮边缘，叶轮边缘压力升高，冷却液被压送至出水管；同时在叶轮中心处压力降低，冷却液在负压的作用下从进水管进入叶轮中心。

5）冷却液的成分及功用

冷却液主要由软水、防冻剂、添加剂等三部分组成。软水可以防止发动机水套中产生水垢；防冻剂可以是酒精、甘油或乙二醇，最常用的是乙二醇。防冻剂用以防止冷却液的冻结，并提高冷却液的沸点；添加剂包括防锈剂、泡沫抑制剂和着色剂。

冷却液所起的作用有：防冻、防沸、防腐、防锈、防垢。

6）蜡式节温器的结构和功用

蜡式节温器主要由主阀门、副阀门、蜡管、推杆、支架、弹簧等组成，如图 2-7-3 所示。节温器有两种常见布置形式，第一种布置在发动机出水管路中；第二种布置在散热器的出水管路中。

节温器是控制冷却液流动路径的阀门。它根据冷却液温度的高低，打开或关闭冷却液通向散热器的通道。以科鲁兹为例：蜡式节温器安装在气缸盖上，内含有蜡球，蜡球根据冷却液温度膨胀或收缩，带动主弹簧和密封片机械移动，进而控制冷却液的流动路径，节温器在 90 ℃开始打开，并在 105 ℃时完全打开，冷却液进入大循环。

7)电子节温器的结构和简单原理

电子节温器一般由节温器加热器、水温传感器、节温器、壳体等组成，如图2-7-4所示。

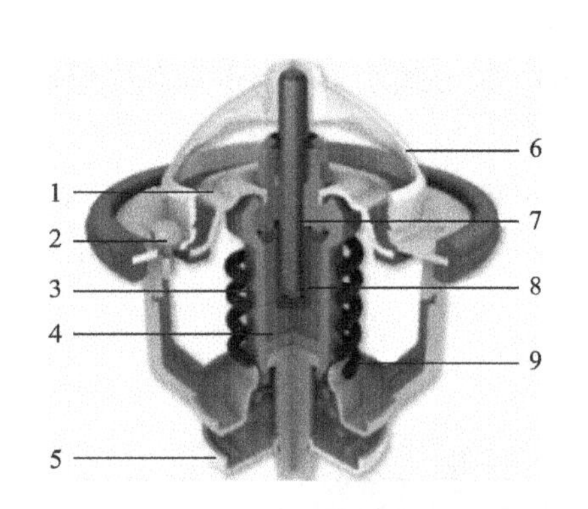

图 2-7-3 蜡式节温器结构

1—主阀门；2—通气孔摆锤；3—蜡管；4—石蜡；5—副阀门；6—支架；7—推杆；8—胶管；9—弹簧

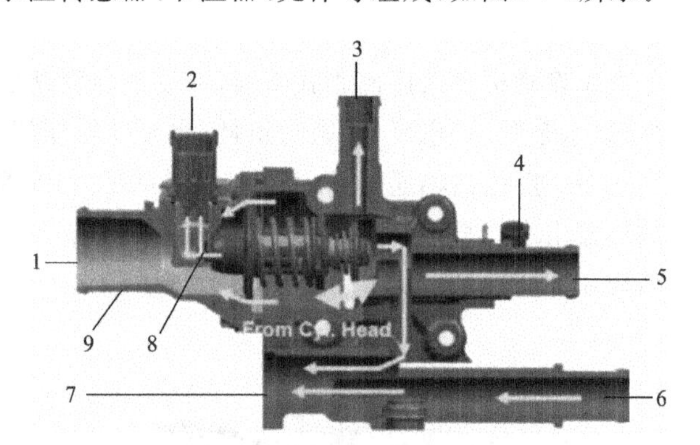

图 2-7-4 电子节温器结构图

1—通往散热器；2—节温器加热器；3—通往节气门体
4—水温传感器；5—通往加热器芯；
6—来自加热器芯；7—通往旁通管路
8—节温器；9—壳体

传统节温器是靠冷却液温度来实现开启的，温度开启的范围是固定的，并且不可调整。电子节温器则由冷却液温度控制开启和由 ECM 通过电子加热方式开启。ECM 利用脉宽调制信号(PWM)控制电子节温器加热线圈。因此，合理的水温可以使得车辆在城市道路驾驶或者低速巡航时有更好的燃油经济性 。

2.7.3 项目实施步骤

1. 操作步骤

1) 冷却液的排放

(1) 拧开冷却液缓冲罐盖，如图 2-7-5 所示。

(2) 打开散热器上的排放螺钉，如图 2-7-6 所示，排放冷却液。

2) 传动带及水泵带轮的拆卸

(1) 拆卸空气滤清器壳体，如图 2-7-7 所示。

(2) 松开三个水泵带轮螺栓，取下传动带，拆下螺栓，取下水泵带轮。

(3) 拆下五个水泵螺栓，拆下水泵及密封圈，如图 2-7-8 所示。

3) 传动带及水泵带轮的安装

(1) 清洁 5 个水泵螺栓螺纹。

图 2-7-5　冷却液缓冲罐盖

图 2-7-6　排放螺钉

图 2-7-7　空气滤清器壳体

图 2-7-8　水泵总成及密封圈

(2) 清洁水泵密封面。

(3) 装入新的水泵密封圈。

(4) 安装水泵(按对角线顺序安装水泵螺栓并用扭矩扳手紧固,力矩为 8 N·m)。

(5) 将水泵带轮安装至水泵上,安装 3 个水泵带轮螺栓。

(6) 安装传动带。

(7) 将 3 个水泵带轮螺栓用扭矩扳手紧固,力矩为 20 N·m。

4) 冷却系统的加注

(1) 关闭空调,闭合散热器上的排放螺钉。

(2) 当冷却液流出到松开的通风螺钉上时,闭合通风螺钉。

(3) 拆下散热器上的排放螺钉,并再次旋进螺纹。

(4) 加注冷却液至缓冲罐上排气口的底线。当冷却液停止下降时,加注冷却液至管口下方的底线,如图 2-7-9 所示。

(5) 启动发动机后立刻加满冷却液,并拧紧盖。

(6) 热机至散热器风扇工作。熄火,待冷却后检查冷却液是否到位,必要时予以添加。

2. 检验方法

1) 装配检查

水泵装配好后,用手转动一下,泵轴应无卡滞、叶轮与泵壳应无碰擦;检查水泵轴承是否

图 2-7-9 冷却液加注位置

转动灵活或有异常响声。然后检查水泵排水量，如有问题，应查找原因并排除故障。

2）冷却液液位及管路检查

（1）发动机冷却后，检查储液罐中发动机冷却液液位是否在“MIN”挡到“MAX”挡的范围内。

（2）检查冷却系统相关管路连接处是否有水迹及污垢。

3）冷却系统泄漏测试

将专用测试仪器连接到冷却膨胀箱，向冷却系统施加 100 kPa 压力，应无泄漏。

2.7.4 项目拓展

1. 典型问题

问题　更换水泵后，冷却系统仍存在泄漏该怎么办？

答：再次拆卸水泵，确保水泵密封接合面清洁，且密封圈安装到位。

2. 参考文献与网上学习

（1）陈家瑞. 汽车构造[M]. 北京：机械工业出版社，2014.

（2）蒋勇. 汽车发动机构造与拆装[M]. 北京：中国铁道出版社，2015.

（3）刘锐. 汽油发动机构造与维修[M]. 北京：人民交通出版社，2013.

（4）http://www.iqiyi.com/w_19rqwv47u9.html。

2.7.5 项目组织实施

1. 组织方式

每五个同学一组，协作完成冷却水泵的更换，按照企业岗位进行作业。每组作业时间为 50 min。

2. 生产准备

每组同学配备设备及工具如下。

（1）车辆：待保养科鲁兹（或其他相关车辆）车辆一辆。

（2）耗材：水泵及密封圈一套，冷却液一桶。

（3）设备：液体存放设备、专用工具、常用维修工具一套。

2.7.6　项目评价

评　分　表

姓名：　　　　　　　学号：

作业开始时间：　时　分　　　　作业结束时间：　时　分　　　　作业用时：

序号	项目	评分项目	学生自评	学生互评	教师评价
1	时间要求	按规定时间完成项目作业(10 分)			
2	质量要求细化	更换水泵操作规范(30 分)			
3	安全要求	防护设备准备和使用(10 分)			
4		规范操作使用工具(10 分)			
5	文明、环保要求	按文明生产规则进行操作(10 分)			
6		更换旧件放入规定回收桶(5 分)			
7		用专用设备回收冷却液(5 分)			
8		项目结束工位整理干净(5 分)			
9	知识点掌握要求	冷却系统功用(5 分)			
10		水泵功用(5 分)			
11		水泵工作原理(5 分)			

考评员签字：　　　　　　　　　　　　　　　日期

※若发生重大事故(人身和设备安全事故)、严重违反维修原则和存在情节严重的野蛮操作等，由指导教师决定取消相关人员的实操资格。

本章小结

本章在介绍发动机的基本结构及组成的基础上，分析了基于工作过程的 6 个典型项目，包括拆装检修活塞连杆组、检修曲轴飞轮组、检修配气机构、更换汽油滤清器、更换机油和机油滤清器、检查与更换水泵等。

通过对本章的学习，应掌握发动机(汽油机)的两大机构及五大系统组成的结构、工作原理和特点。两大机构是曲柄连杆机构和配气机构；五大系统是燃油系统、冷却系统、润滑系统、点火系统、启动系统。通过对 6 个典型项目的现象分析，应了解典型故障分析和诊断方法和流程；通过基于工作过程的项目组织实施和实际操作，掌握有关零部件的拆装、检测方法及更换发动机主要零部件的基本技能；培养分析问题、解决实际问题的能力和职业素养。

第3章　底盘部分典型项目

3.1　知识概要

在汽车上，底盘起着支承发动机系统，传递发动机转矩至驱动轮以使汽车产生前进动力，使汽车按驾驶员要求准确改变行驶方向和停车、倒车，以及支承车身平稳向前运动等作用，并保证正常行驶。底盘还保证成形汽车的整体造型，其总体构造如图3-1-1所示。

底盘由传动系统、行驶系统、转向系统、制动系统组成。

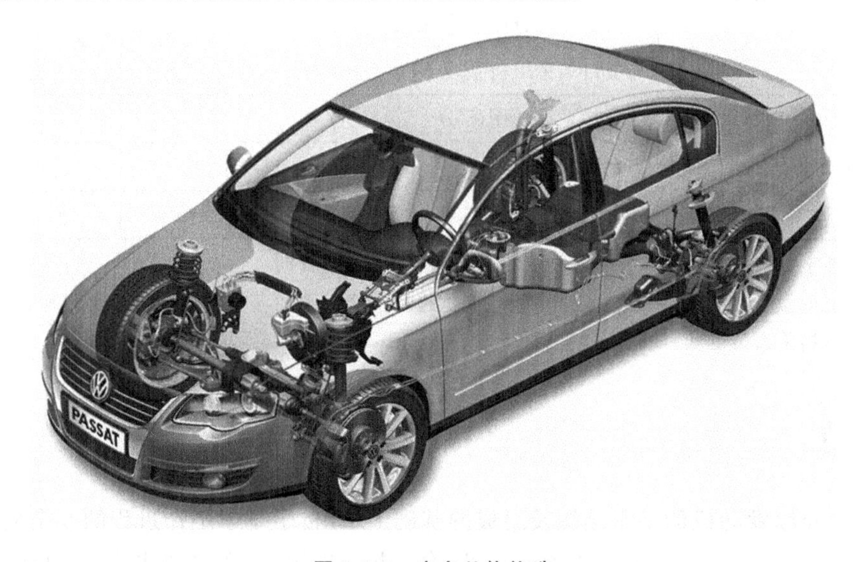

图3-1-1　底盘总体构造

3.1.1　传动系统的功用与组成

功用：变速变矩，使动力传递根据需要顺利接合和分离，实现倒车，具有差速功能。与发动机配合工作，能保证汽车在各种工况下的正常行驶，并具有良好的动力性和经济性。

组成：它由离合器、变速器、万向传动装置、传动轴、主减速器、差速器、半轴等组成，如图3-1-2所示。

3.1.2　行驶系统的功用与组成

功用：把来自传动系的扭矩转化为地面对车辆的牵引力；承受汽车所受外界力和力矩，保证汽车正常行驶；缓解路面不平度对车身造成的冲击；保持行驶的平顺性；与转向系协调

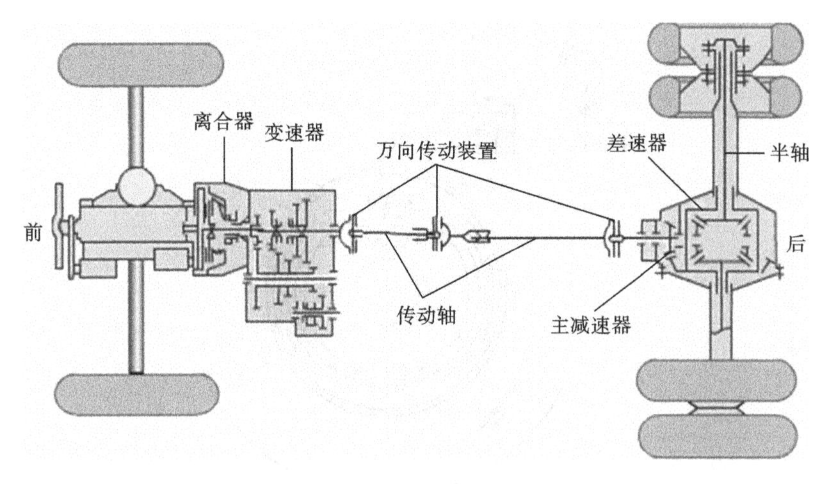

图 3-1-2　传动系统

配合，实现正确转向和良好的操稳性。

组成：它由车架、车桥、悬架及车轮组成，如图 3-1-3 所示。

3.1.3　转向系统的功用与组成

功用：使汽车按驾驶员选定的方向行驶。

组成：转向系统由转向操纵机构、转向器及转向传动装置等组成，如图 3-1-4 所示。

图 3-1-3　行驶系统

图 3-1-4　转向系统

3.1.4　制动系统的功用与组成

功用：使行驶中的汽车按照驾驶员的要求进行强制减速甚至停车；使已停止的汽车在各种道路条件下（包括在坡道上）稳定驻车；使下坡行驶的汽车速度保持稳定。

组成：任何制动系都由供能装置、控制装置、传动装置和制动器组成，其结构如图3-1-5 所示。

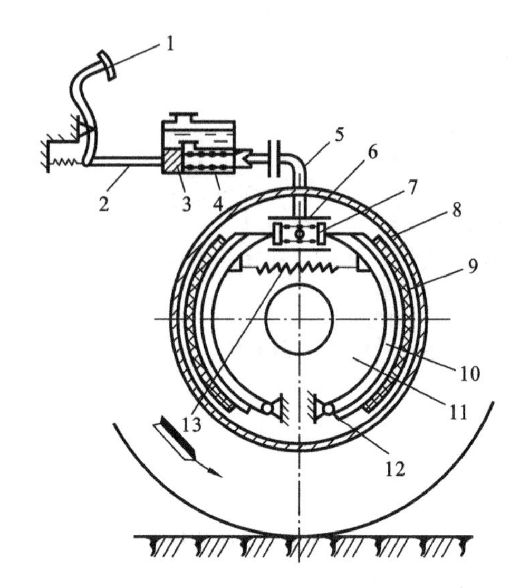

图 3-1-5 制动系统

1—制动踏板；2—推杆；3—主缸活塞；4—制动主缸；5—油管；6—制动轮缸；7—轮缸活塞；8—制动鼓；9—摩擦片；10—制动蹄；11—制动底板；12—支承销；13—制动蹄回位弹簧

3.2 检查维护变速箱

3.2.1 项目要求

1. 时间要求

45 min 内，在保证操作规范的前提下，熟练快速地识别自动变速箱异响故障并完成拆装更换工作。

2. 知识要求

掌握自动变速箱及其异响故障诊断的原理及方法。

3. 其他要求

严格按照安全操作规程、文明生产规则及环境保护要求进行项目作业。

3.2.2 项目分析

1. 经典案例

一辆雪佛兰科鲁兹轿车运行时，变速箱内部不断发出异响，而一旦停车并挂了空挡后，异响就消失了。

2. 故障现象及分析

1）故障原因

异响产生的原因有以下几种。

（1）油泵的过度磨损。

（2）液压油油面高度偏离标准容许值。

（3）锁止离合器、导轮、单向超越离合器的损坏。

（4）行星齿轮机构故障。

（5）换挡执行元件故障。

2）故障诊断排除方法

（1）对自动变速器液压油油面的高度进行检查。如果油面过高或者过低，均应对其进行调整，以使其位于标准容许范围内。

（2）使用举升机将汽车升至标准高度，进而启动发动机。随后，使变速器在空挡、前进挡、倒挡等工况下工作；一旦出现异响，就对异响发生的部位进行检查记录。

（3）在任意挡位下，如果异响是连续发生的，那么可以判断为油泵或变矩器出现故障。进而检查油泵与变矩器是否发生了严重的磨损，内部是否因磨损而残留了大量金属粉末。确定油泵与变矩器磨损后，应对油泵与变矩器进行更换。

（4）如果异响只在行驶过程中发生，则可判定行星齿轮机构出现了故障。进而，需拆解变速箱并检查行星排内部是否发生了严重磨损。如果齿轮出现了断裂，单向超越离合器出现了磨损、卡滞，轴承与止推垫片出现损坏，则应将其更换。

自动变速箱异响故障诊断流程如图 3-2-1 所示。

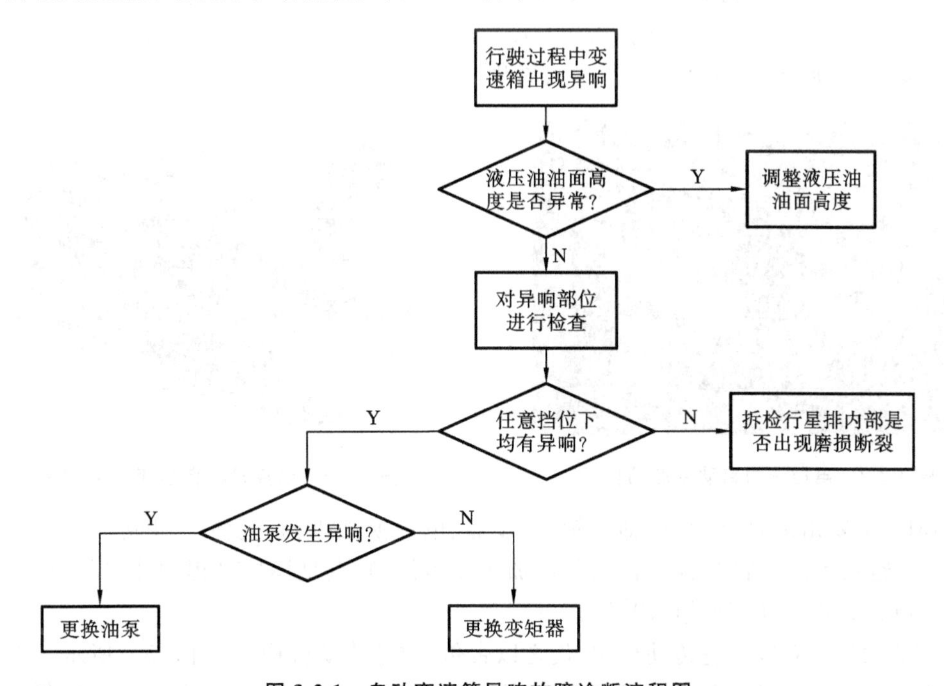

图 3-2-1　自动变速箱异响故障诊断流程图

通过对故障现象的分析，在维修当中最主要的就是检查调整液压油油面高度、检查异响部位、更换油泵或变矩器、拆检行星排等。

在进行实际操作前，首先要了解有关检查调整液压油油面高度、检查异响部位、更换油泵或变矩器、拆检行星排等的相关知识，以及维护作业流程。

3. 理论基础

1）自动变速箱的作用及分类

（1）作用。

① 通过速比的改变使发动机在最经济和动力性最佳的区域进行工作，以适应千变万化的行驶工况。

② 通过倒挡使汽车能够倒车运行。

③ 当需要中断发动机的动力输出时，可以利用空挡来使汽车起步与怠速时静止不动。

（2）分类。

① 电控液力自动变速箱（AT）。

AT 目前应用最广泛，如图 3-2-2 所示。因液力变矩器的自动无级变速特性，采用 AT 的汽车可以在不需要电控系统的前提下自动完成换挡。

AT 主要由变矩器、行星齿轮机构、离合器、油泵与阀体、壳体等组成。其主要优点是换挡过程平稳，冲击很小，有助于提高乘坐舒适性；缺点是结构复杂，制造成本高，燃油经济性差，动力传递效率不高。

② 电控机械自动变速箱（AMT）。

AMT 在手动变速箱的基础上，通过大量采用电控系统使得换挡过程能自动进行，进而提升了换挡品质，同时降低了换挡操作难度。AMT 的结构如图 3-2-3 所示。目前，AMT 主要在小排量车，如奔驰 SMART、名爵 3、雪佛兰小赛欧等上应用较多。

图 3-2-2 电控液力自动变速箱（AT）

图 3-2-3 电控机械自动变速箱（AMT）

AMT 主要由离合器、平行轴齿轮、同步器、电控换挡机构、壳体等组成。其主要优点是动力传递效率高、结构紧凑简单、制造加工成本低；缺点是换挡过程的冲击较 AT 明显。

③ 电控无级自动变速箱（CVT）。

CVT 取消了有级齿轮传动机构，代之以带传动/链传动机构，如图 3-2-4 所示。通过改变钢带与主动带轮、从动带轮的接触半径，实现速比的连续自动变化。辅之以精密的电控系统，可以实现最平稳的换挡和最理想的燃油经济性。

CVT 主要由钢带、主动带轮、从动带轮、前进挡离合器、倒挡离合器、电子控制阀、壳体等组成。其优点是具有较高的能量传递效率、良好的燃油经济性、简洁紧凑的变速箱结构、良好的平顺性；缺点是钢带限制了扭矩传递能力的进一步提升。

④ 电控双离合自动变速箱（DSG）。

DSG可视为由两个AMT系统并联而成的新型自动变速箱，如图3-2-5所示。DSG有干式和湿式两类。两个AMT分别控制奇数挡和偶数挡的离合器与挡位，以实现无冲击的理想换挡过程。

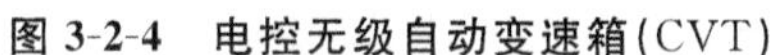

图3-2-4　电控无级自动变速箱(CVT)

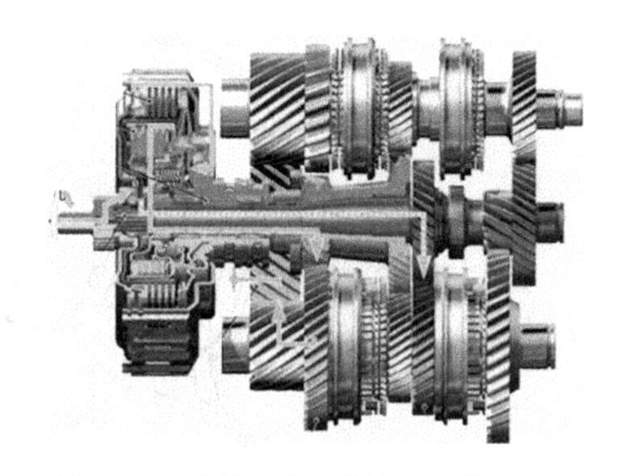

图3-2-5　电控双离合自动变速箱(DSG)

DSG主要由双离合器、平行轴齿轮、同步器、电控换挡机构、壳体等组成。其优点是无冲击换挡、高传动效率、良好的燃油经济性；其缺点是制造成本高于AMT且对控制软件的控制精度要求很高。

2）维护保养

在进行自动变速箱的性能检测时，首先要针对典型故障进行问诊；然后读取电子控制系统的故障码，确定故障的位置与性质；与此同时，需要进行基本常规检查，包括蓄电池电压和接线状况、发动机怠速性、自动变速器油的品质、节气门位置、变速杆的检查调整、空挡启动开关的状态等；检测维修完毕后，一般应进行机械系统测试，一般包括道路测试、油压测试、失速测试、时滞测试等。

3.2.3　项目实施步骤

1. 操作步骤

1）检查油面高度

(1) 将汽车水平放置，并拉紧手刹。

(2) 使发动机保持怠速运转。

(3) 踩刹车，每个挡位挂挡数秒以保证变矩器内充满油液。最后挂“P”挡。

(4) 拔出油尺并擦干净，将擦干后的机油尺全部插入加油管后再拔出，检查油面高度。

2）拆解自动变速箱(见图3-2-6)

(1) 将变速箱前的变矩器取出。

(2) 拆卸变速箱壳体上的各类附件。附件主要有加油管、挡位开关、车速传感器、输入轴传感器等。

(3) 拆卸自动变速箱前端的变矩器壳体。

(4) 拆解油底壳，并将机油滤网从阀板上拆卸下来。

(5) 拧开将阀板固定在自动变速箱壳体上的螺栓(见图3-2-7、图3-2-8)，并拆卸阀板总成。

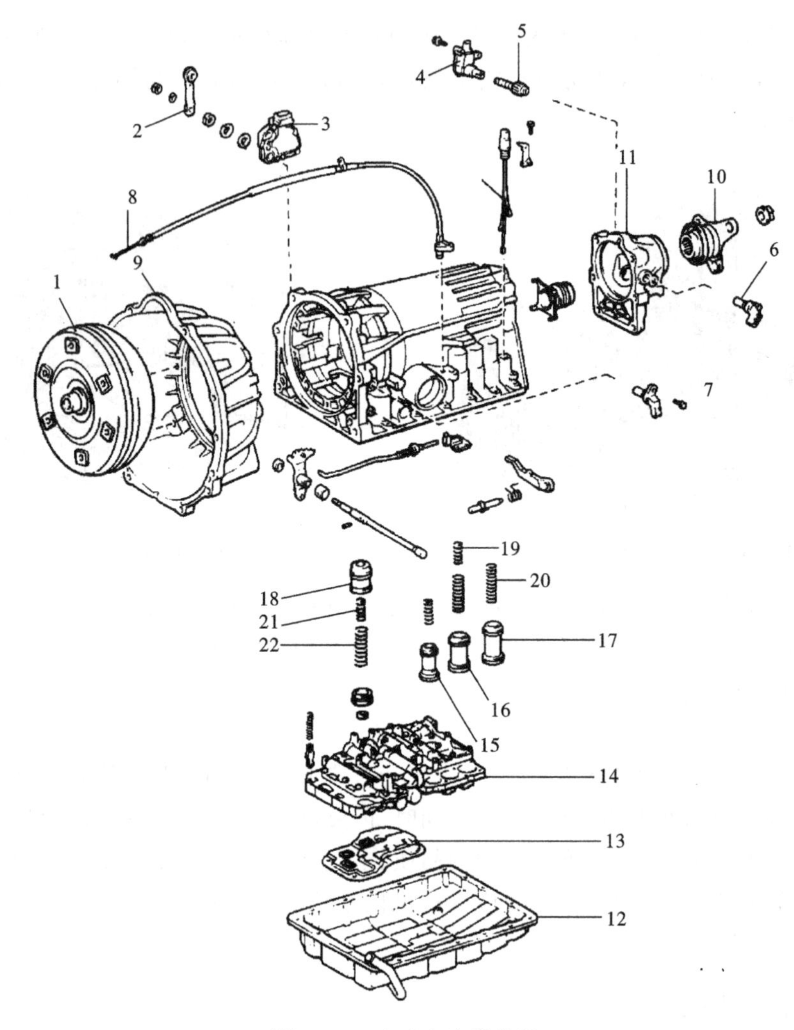

图 3-2-6 自动变速器分解

1—变矩器；2—手动阀摇臂；3—挡位开关；4—车速表传感器；5—车速表传感器驱动齿轮；6—车速传感器；7—输入轴转速传感器；8—节气门拉索；9—变矩器壳；10—输出轴凸缘；11—后端壳；12—油底壳；13—进油滤网；14—阀板；15，16，17，18—减震器活塞；19，20，21，22—减震弹簧

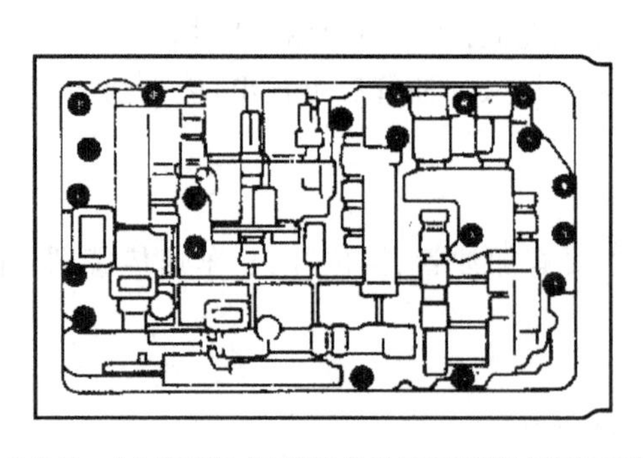

图 3-2-7 A341E 和 A342E 自动变速器阀板固定螺栓

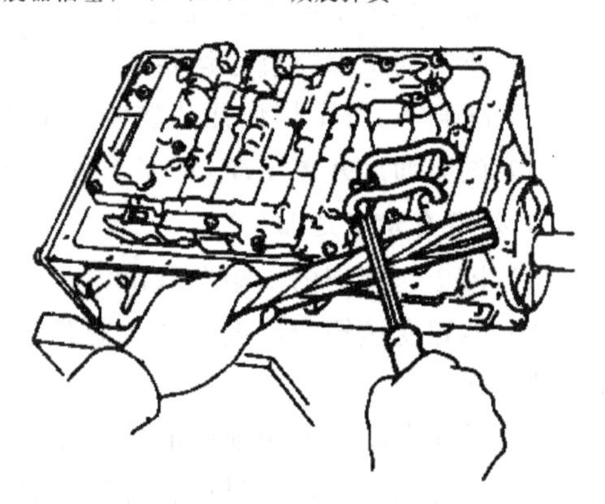

图 3-2-8 拆除阀板与壳体之间的油管

（6）拆解油道中的止回阀和弹簧（见图 3-2-9(a)）。

（7）向减震器活塞周围的油孔中注入高压空气，同时设法保持减震器活塞不动，以便将减震器活塞顺利取出（见图 3-2-9(b)）。

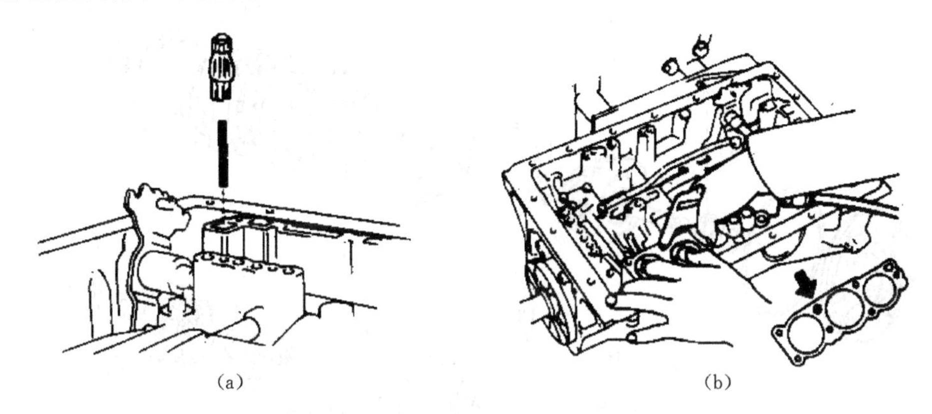

(a)　(b)

图 3-2-9　取出油道中的止回阀、弹簧和减震器活塞

3）拆解行星齿轮变速箱（见图 3-2-10）

（1）将位于变速箱前部的超速挡行星架、离合器以及超速挡齿轮齿圈取下。

（2）拆解出超速制动器钢片及摩擦片，拉出超速制动器的制动鼓（见图 3-2-11(a)）。

（3）向 2 挡强制制动带液压缸缸盖和活塞周围的油孔中注入高压空气，同时设法保持液压缸缸盖不动，以便将液压缸缸盖和活塞顺利取出（见图 3-2-11(b)）。

（4）将变速箱中间轴、各挡位离合器与前进离合器的组件拆解下来。

（5）拆解出 2 挡强制制动带。

（6）拆卸出前齿圈，并垂直放置变速箱进而将行星架卡环、前行星架、行星轮组和前行星排拆解出来（见图 3-2-12）。

（7）将太阳轮组件与单向超越离合器取出。

（8）拆解出 2 挡制动器的摩擦片、钢片及活塞衬套。

（9）拆出卡环，取出输出轴、后行星排、前进单向超越离合器、低挡及倒挡制动器和 2 挡制动器组件。

4）拆卸更换油泵总成

（1）拧下油泵的固定螺栓。

（2）使用专用拉具，将油泵总成直接拉出（见图 3-2-13）。

2. 一般性检查调整

1）油面高度检查

液压油的温度为室温或低于 25 ℃时，检查液压油油面高度是否在油尺刻线的下限附近；液压油温度已达 70～80 ℃时，检查油面高度是否位于油尺刻线的上限附近。

2）道路试验

整车道路试验主要用于检查是否有打滑、冲击、振动或异响等故障。

3. 注意事项

（1）拆解变速箱之前，需要彻底清洗其外部，并对行星排的安装位置进行详细记载。

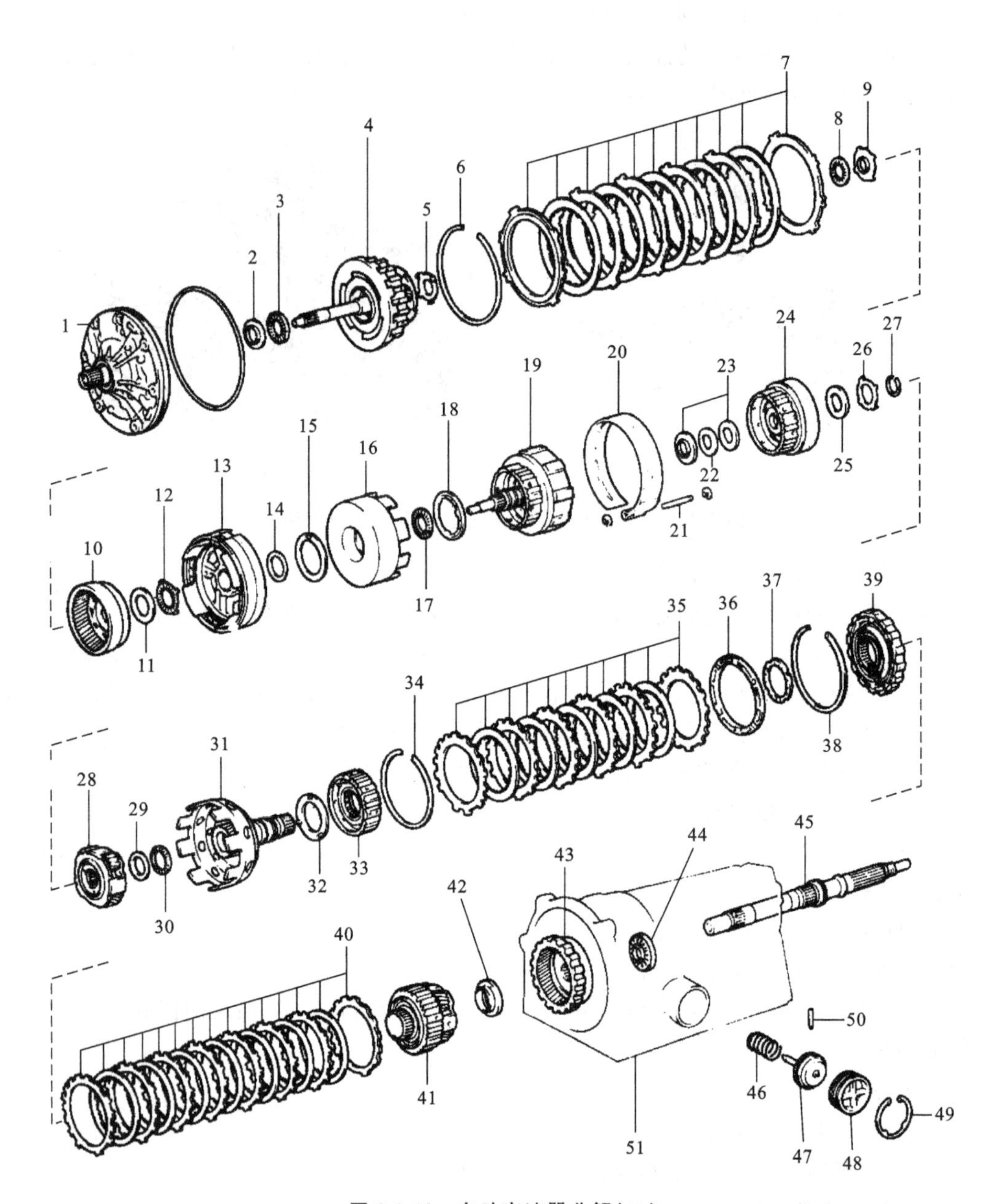

图 3-2-10 自动变速器分解(二)

1—油泵;2,5,9,11,14,23,26,29—止推垫片;3、8、12、17、22、25、30、42、44—止推轴承;
4—超速行星架和直接离合器组件;6、38、49—卡环;7—超速制动器钢片和摩擦片;10—超速齿圈;
13—超速制动器鼓;15、18、32、37—尼龙止推垫圈;16—倒挡及高挡离合器组件;19—前进离合器组件;
20—2挡强制制动带;21—制动带销轴;24—前齿圈;28—前行星架;31—前后太阳轮组件;33—2挡单向超越离合器;
35—2挡制动器摩擦片和钢片;36—活塞衬套;39—2挡制动器鼓;40—低挡及倒挡制动器摩擦片和钢片;
41—后行星架和行星轮组件;43—后齿圈;45—输出轴;46—弹簧;47—2挡强制制动带活塞;
48—2挡强制制动带液压缸缸盖;50—超速制动鼓进油孔油封;51—变速器壳体

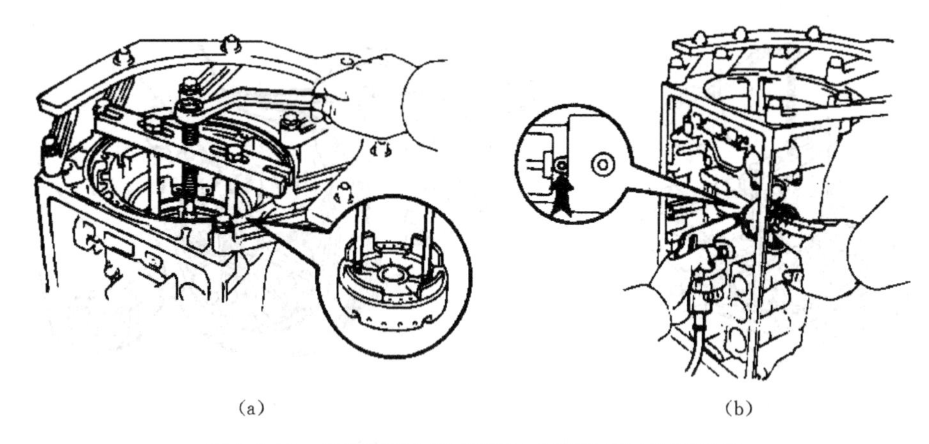

(a)　(b)

图 3-2-11　拆解超速制动器鼓和 2 挡强制制动带活塞

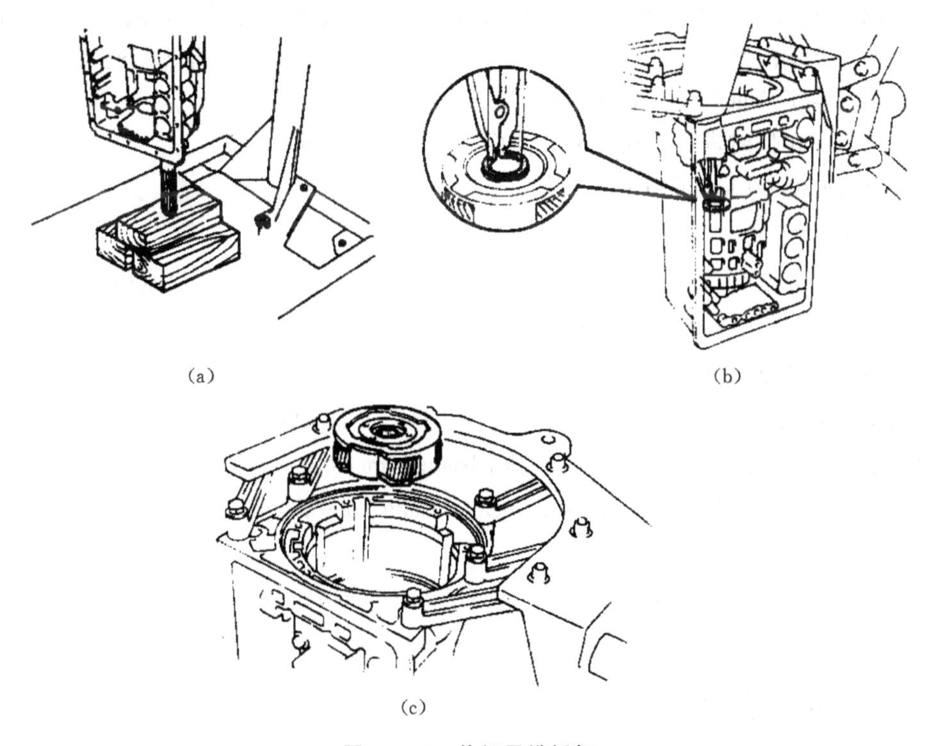

(a)　(b)

(c)

图 3-2-12　前行星排拆卸

(2) 在拆解变速箱的过程中，需要保证拆卸下的部件按拆解顺序摆放好。在拆解阀体总成时，需要保证阀芯与弹簧放置在一起。

(3) 为防止油道与油孔堵塞，需要认真清洗拆解下来的部件。

3.2.4　项目拓展

1. 典型问题

问题一　变速箱异响故障应该如何进行检测与排除？

答：对自动变速器液压油油面的高度进行检查；使变速器在空挡、前进挡、倒挡等工况下

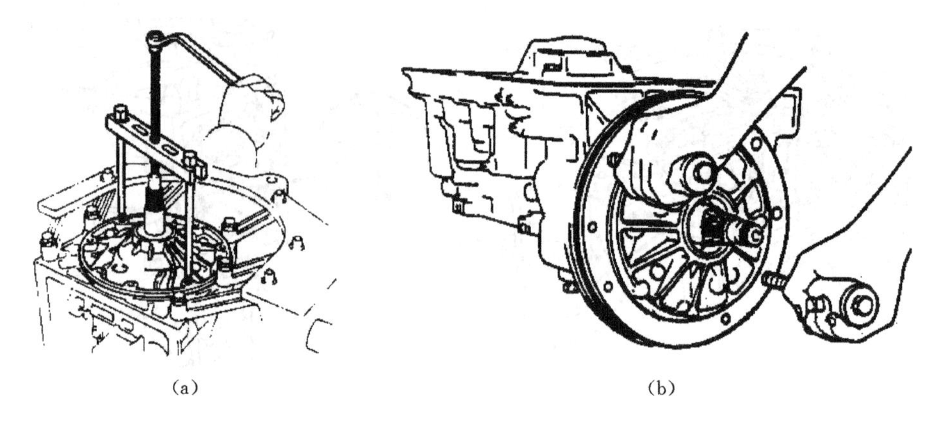

(a) (b)

图 3-2-13 拉出油泵总成

进行工作,对异响发生的部位和时间进行检查记录;对变速器进行拆检,并检查油泵与变矩器是否发生了严重的磨损,内部是否因磨损而残留了大量金属粉末;拆解变速器并检查行星排内部是否发生了严重磨损。如有异常,应予以更换。

问题二 应在何时进行变速器油的油面高度和品质的检查?

答:每行驶 20000 km 或每隔 6 个月。

2. 知识能力拓展

(1) 简单说明自动变速箱的功能与结构 ,并画出拆解与装配自动变速箱的流程图。

(2) 简单说明变速箱异响的故障发生机理,回答异响故障对应的排除方法。

3. 参考文献与网上学习

(1) 陈家瑞. 汽车构造(上册)[M]. 3 版. 北京:机械工业出版社,2015.

(2) 自动变速器拆检,https://wenku. baidu. com/view/816abc0ef78a6529647d5392. html。

(3) 汽车底盘基本结构认识,https://wenku. baidu. com/view/cd3dd23c524de518974b7dc0. html。

(4) 自动变速器的故障诊断,https://wenku. baidu. com/view/ba297fe219e8b8f67c1cb9bc. html。

3.2.5 项目组织实施

1. 组织方式

每五个同学一组,协作完成自动变速箱的异响故障识别、拆装和更换工作,按照企业岗位进行作业。每组作业时间为 50 min。

2. 生产准备

每组同学配备设备及工具如下。

(1) 车辆:待保养雪佛兰科鲁兹(或其他相关车辆)车辆一辆。

(2) 耗材:自动变速箱一台。

(3) 设备:自动变速箱异响故障识别及拆装专用工具设备等。

3.2.6 项目评价

评 分 表

姓名： 学号：

作业开始时间： 时 分 作业结束时间： 时 分 作业用时：

序号	项目	评分项目	学生自评	学生互评	教师评价
1	时间要求	按规定时间完成项目作业(10分)			
2	质量要求细化	自动变速箱异响故障识别操作规范(10分)			
3		自动变速箱拆解操作规范(10分)			
4		自动变速箱安装操作规范(10分)			
5	安全要求	防护设备准备和使用(10分)			
6		规范操作使用工具(10分)			
7	文明、环保要求	按文明生产规则进行操作(10分)			
8		更换旧件放入规定回收桶(5分)			
9		用变速器油收集器回收变速器油(5分)			
10		项目结束工位整理干净(5分)			
11	知识点掌握要求	自动变速系统组成(5分)			
12		自动变速箱作用及结构(5分)			
13		异响故障识别原理及方法(5分)			

考评员签字： 日期

※若发生重大事故(人身和设备安全事故)、严重违反维修原则和存在情节严重的野蛮操作等，由指导教师决定取消相关人员的实操资格。

3.3 检查更换半轴防尘套

3.3.1 项目要求

1. 时间要求

60 min 内，在保证操作规范的前提下，完成半轴防尘套更换。

2. 知识要求

掌握汽车传动系统的组成及作用。

3. 其他要求

严格按照安全操作规程、文明生产规则及环境保护要求进行项目作业。

3.3.2 项目分析

1. 经典案例

一辆上汽通用雪佛兰科鲁兹1.6 L轿车在行驶50000 km后，发现右前车轮处有轻微异响。在4S店维修保养时，发现右前车轮外半轴防尘套处有油渍，初步判断为半轴防尘套破损漏油。

2. 故障现象及分析

在车辆传动系统中，减速器和驱动轴的润滑剂在两个部位，彼此互不相通。因此，工程师一般使用半轴防尘套将需要润滑的球笼式万向节包裹其中，并添加润滑脂进行润滑。当车辆经过多年行驶后，橡胶材质的半轴防尘套难免会产生老化破损的情况，导致润滑脂泄漏，造成万向节润滑不良并产生异响，严重时会导致万向节损坏，影响车辆的正常行驶。

通过对故障现象的分析，车辆在维修保养当中应注重对半轴防尘套的检查。对已经损坏的防尘套应及时更换并重新添加润滑脂。

在进行实际操作前，首先要了解汽车万向传动装置的组成及作用，熟悉维修作业流程。车轮运转异响诊断流程如图3-3-1所示。

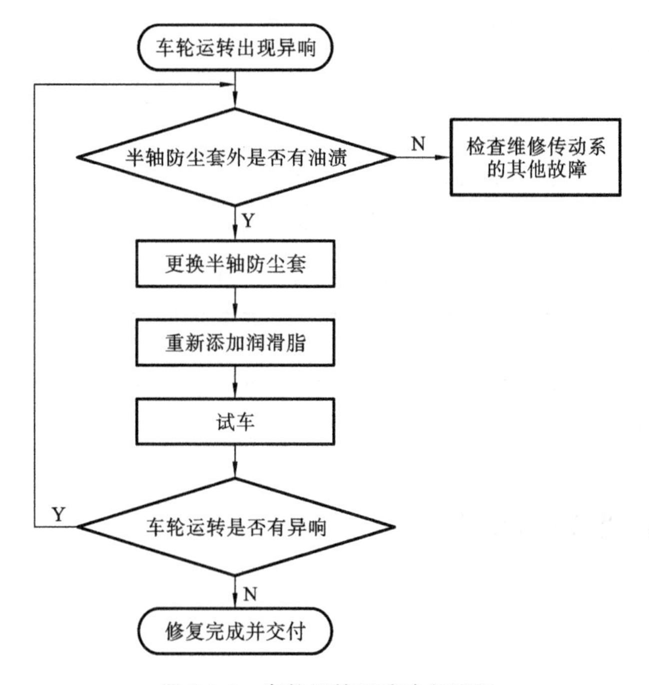

图3-3-1 车轮运转异响诊断流程

3. 理论基础

1）汽车万向传动装置的组成及作用

现代汽车发动机大都横置，因此万向传动装置一般为不等距布置。常见结构如图3-3-2所示。

发动机所产生的动力通过变速器、差速器输出到左右两根半轴上，驱动车轮。由于差速器的输出轴与车轮并不同心，因此在左右半轴上，各自需要增加两个万向节（内、外万向节）

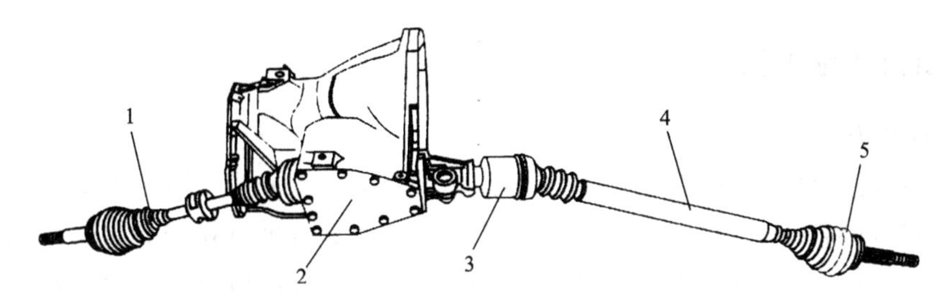

图 3-3-2 万向传动系统结构示意图

1—左半轴；2—差速器；3—内万向节；4—右半轴；5—外万向节

来实现动力的传递。

万向节根据传递速率特性可以分为不等速万向节和等速万向节。不等速万向节（例如十字轴式刚性万向节）极少用于普通乘用车，因此本章节主要介绍等速万向节。

常见的等速万向节有球笼式万向节和三轴式万向节。

球笼式万向节由主动轴、钢球、钢球座、从动轴、从动轴座组成，如图 3-3-3 所示。其从动轴座内表面有六条弧形凹槽，形成钢球滚道。动力由主动轴经钢球传递到从动轴座，最后通过从动轴输出。球笼式万向节在工作时，六个钢珠可以同时参与动力传递，具有承载能力强、结构紧凑的特点，因而被广泛应用。

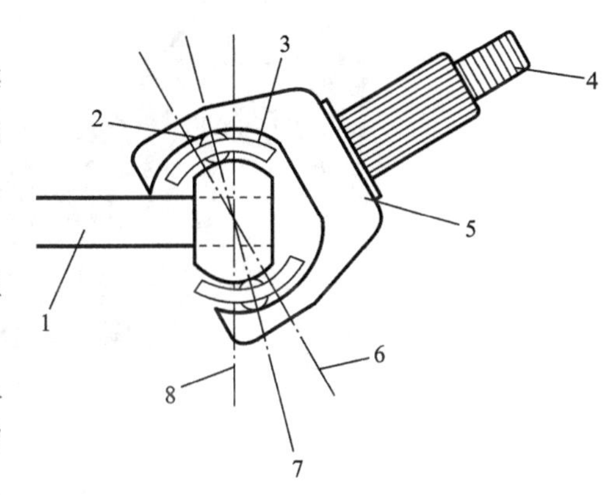

图 3-3-3 球笼式万向节结构示意图

1—主动轴；2—钢球；3—钢球座；
4—从动轴；5—从动轴座；6—从动轴中心线；
7—钢球中心线；8—主动轴中心线

三轴式万向节由主动轴、轴承、三轴架和从动轴架组成，如图 3-3-4 所示。

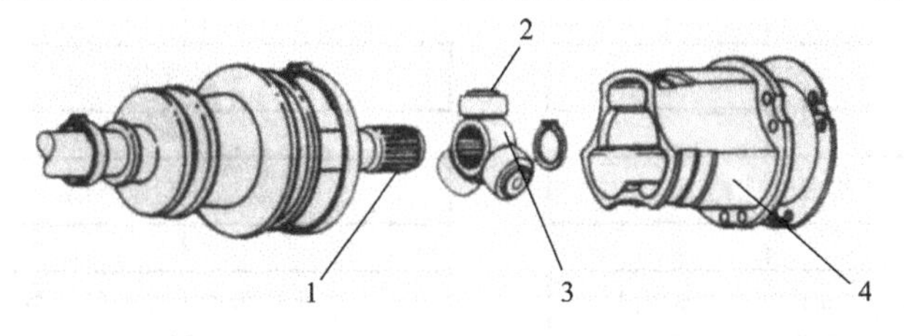

图 3-3-4 三轴式万向节结构示意图

1—主动轴；2—轴承；3—三轴架；4—从动轴架

2）维护保养

由于万向节需要传递高转速，并且需要承载较大的载荷，因此它需要良好的润滑条件。在汽车上，一般会将润滑脂涂抹在万向节上，并使用一个半轴防尘套将万向节包裹密封。因此，一旦防尘套出现破损，就会导致其中的润滑脂泄漏，从而引起万向节润滑不良，造成万向节的损坏，影响车辆的正常行驶。因此在车辆日常维护中，应经常检查半轴防尘套。如发现防尘套破损，应及时更换，避免球笼润滑不良而造成球笼及轴承的损伤。

3.3.3 项目实施步骤

1. 检验方法

由于半轴防尘套和万向节会随着半轴高速转动，因此如果半轴防尘套出现破损，其表面会有明显的润滑油脂渗出痕迹。在日常车辆检查中通过目视检查，可以轻松发现异常，如图 3-3-5 所示。若车辆在日常行驶中，其车轮处出现异响，也应重点检查半轴防尘套及万向节。

图 3-3-5 半轴防尘套漏油

2. 操作步骤

更换半轴防尘套步骤以雪佛兰 2013 款科鲁兹 1.6 L 轿车为例，流程见图 3-3-6。相关数据规格来源于上汽雪佛兰科鲁兹维修手册。

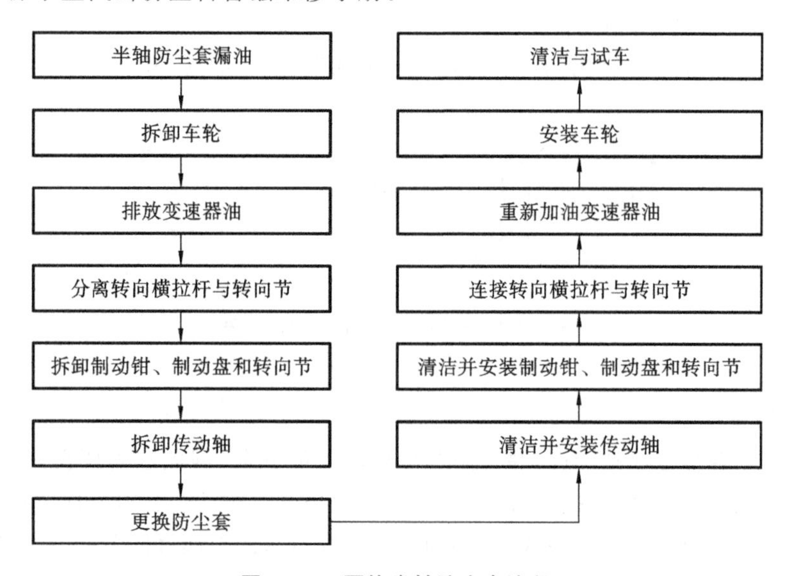

图 3-3-6 更换半轴防尘套流程

(1) 准备好新的半轴防尘套、固定夹箍、符合要求的润滑脂，如图 3-3-7 所示，并准备好相应的工具。

图 3-3-7　零件与耗材的准备

（2）预松车轮螺母，如图 3-3-8 所示。

图 3-3-8　预松车轮螺母

（3）举升车辆至合适的位置，拆卸车轮螺母，并取下车轮，如图 3-3-9 所示。

(a)

图 3-3-9　拆卸车轮

(b)

续图 3-3-9

(4) 找到并拆下变速器放油螺塞,排放变速器油,如图 3-3-10 所示。排放完毕后,重新安装放油螺塞并紧固,紧固力矩为 12 N·m。

(a)

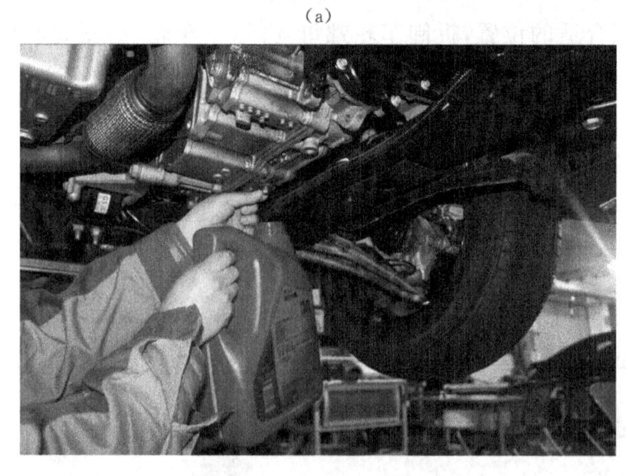

(b)

图 3-3-10　排放变速器油

(5) 将一把一字螺丝刀插入制动盘的散热孔,固定制动盘。拆卸车轮传动轴螺母并报废。抽出一字螺丝刀。如图 3-3-11 所示。

(a)

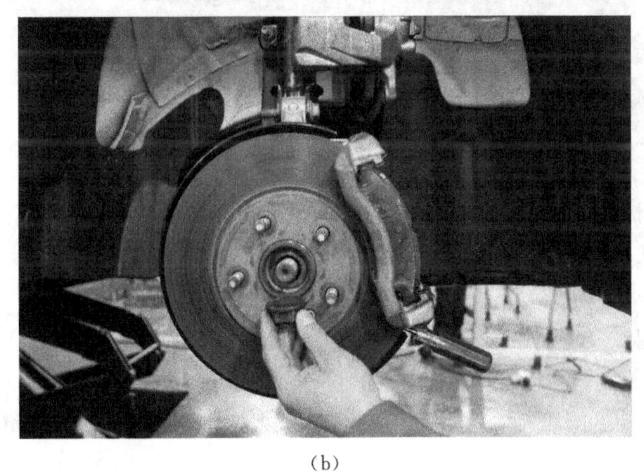

(b)

图 3-3-11　拆卸车轮传动轴螺母

(6) 拆下转向横拉杆螺母,拆卸转向横拉杆,如图 3-3-12 所示。

(a)

图 3-3-12　拆卸转向横拉杆

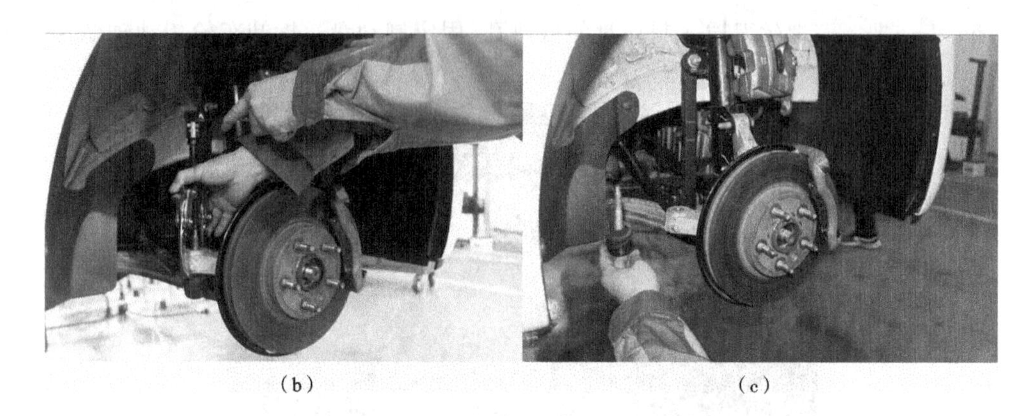

（b） （c）

续图 3-3-12

（7）拆卸车轮转速传感器及线束，如图 3-3-13 所示。

（a）

（b）

图 3-3-13 拆卸轮速传感器及线束

（8）拧松制动钳导销螺栓，将制动钳拆下并悬挂在减震弹簧上，如图 3-3-14 所示。

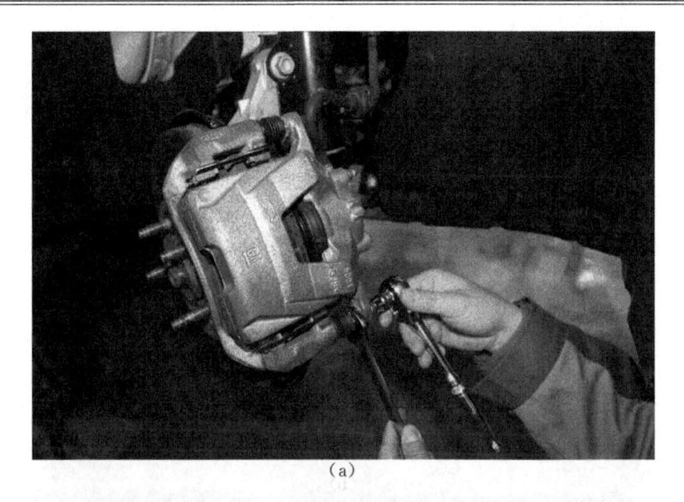

(a)

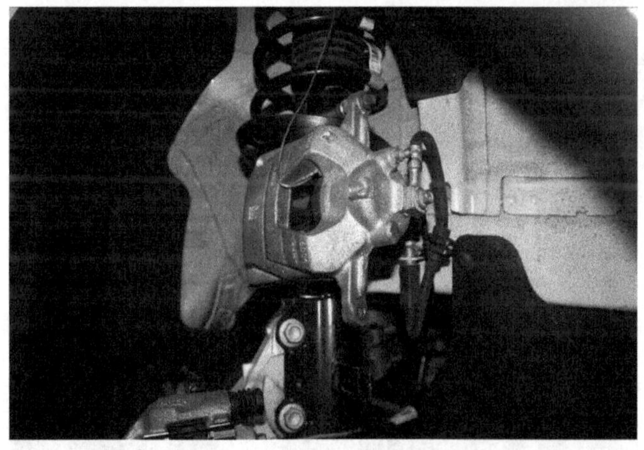

(b)

图 3-3-14　拆卸制动钳

(9) 拆下转向节与悬架之间的固定螺栓,如图 3-3-15 所示。

(a)

图 3-3-15　拆下转向节与悬架之间的固定螺栓

(b)

续图 3-3-15

(10) 拆下转向节与下摆臂之间的固定螺栓,如图 3-3-16 所示。

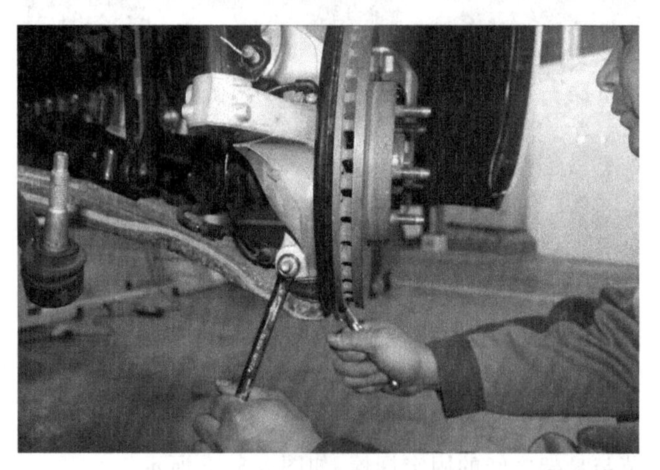

(a)

(b)

图 3-3-16 拆下转向节与下摆臂之间的固定螺栓

（11）将制动盘向外拉，使传动轴外球笼花键从轴承孔中拉出，并小心地将其放下，如图3-3-17所示。同时报废密封圈。

（a）

（b）

图3-3-17　将传动轴与制动盘分离

（12）使用撬棒或惯性锤，将车轮传动轴从车辆上拆下，如图3-3-18所示。

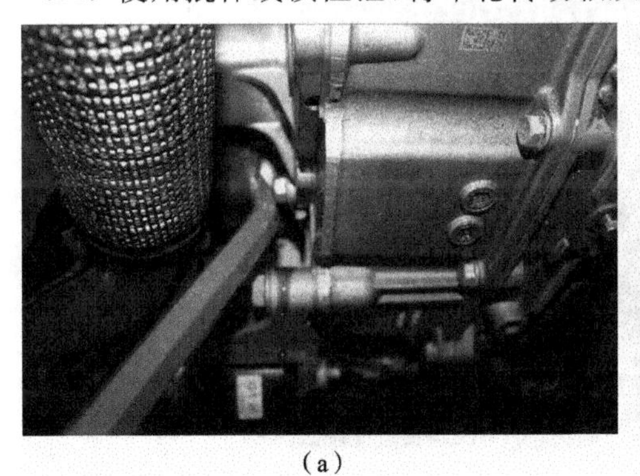

（a）

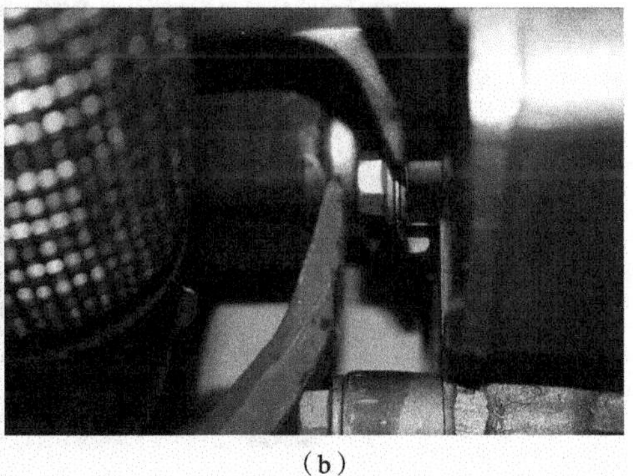

（b）

图3-3-18　拆下传动轴

(c)

续图 3-3-18

(13) 使用凿子和锤子,轻轻敲开内、外侧卡箍并报废,如图 3-3-19 所示。

(a)

(b)

图 3-3-19 敲开卡箍

(14) 将损坏的半轴防尘套推离万向节,如图 3-3-20 所示。

图 3-3-20　推开半轴防尘套

(15) 使用万向节拆装专用工具,将传动轴与万向节分离,如图 3-3-21 所示。注意,部分型号的传动轴可能装有卡环,要先使用卡环钳拆卸卡环后,再分离万向节。

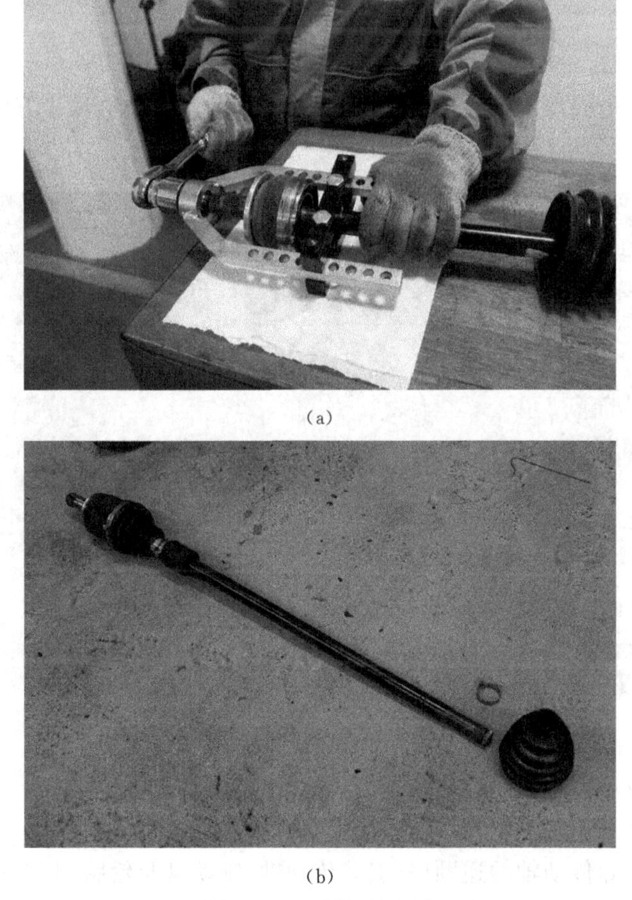

(a)

(b)

图 3-3-21　拆卸万向节

(16) 将万向节内的润滑脂擦拭干净。

(17) 在传动轴上依次套上内卡箍、新的防尘套、外卡箍，如图 3-3-22 所示。注意，卡箍应调整到可以调整的最小位置。卡箍过松可能引起防尘罩部位漏油。

图 3-3-22 套上新的防尘套及配件

(18) 将约一半的润滑脂涂抹于防尘罩内部，剩余的润滑脂涂抹于万向节上，如图3-3-23 所示。

图 3-3-23 涂抹润滑脂

(19) 将万向节小心地安装在传动轴上，注意不要损坏花键。

(20) 使用卡箍专用紧固工具，将内、外卡箍压紧，如图 3-3-24 所示。

(21) 按先前拆卸传动轴的逆顺序，安装传动轴、制动盘及轮胎，并重新添加自动变速器油。所有紧固件应按维修手册要求，紧固至标准力矩（详见半轴防尘套维修/更换作业单）。

(a)

(b)

图 3-3-24　压紧卡箍

3. 注意事项

(1) 拆卸过程中需要举升车辆。举升时应注意车架上的举升点，根据维修手册要求正确举升车辆并注意安全。

(2) 所有紧固件应按照维修手册要求，使用扭矩扳手紧固至规定力矩。不可凭感觉随意紧固。

(3) 根据维修手册要求，车轮传动轴螺母、万向节密封垫圈、半轴防尘套固定夹箍均应报废处理，并更换新的零件，不可重复利用。

(4) 拆装作业过程中，务必时刻注意人身安全。

4. 维修作业单

半轴防尘套更换/维修作业单

学生班级		学生姓名		学生学号	
车辆型号		故障描述	车辆行驶时有轻微异响、半轴防尘套破损漏油		
发动机型号		车辆识别代码			

一、维修内容

按维修规范要求完成：
车轮的拆卸、清洁、组装；
排放变速器油，并加注干净的变速器油；
分离转向横拉杆与转向节；
制动钳、制动盘、转向节及相关附件的拆卸、清洁、组装；
传动轴的拆卸、清洁、组装；
正确更换半轴防尘套；
填写《半轴防尘套更换/维修作业单》。
注：上面的顺序仅是整个维修需要完成的工作，不是实际的维修作业顺序。

二、更换/维修记录单

序号	项　　目	完成情况 （完成后打“√”；若该步骤存在异常情况，请以文字说明）
1	工具、零配件的准备，铺设外饰三件套	
2	拆卸车轮	
3	排放变速器油	
4	拆卸传动轴螺母并报废	
5	分离转向横拉杆与转向节	
6	拆下轮速传感器	
7	拆下制动钳	
8	分离悬架与转向节并报废螺栓与螺母	
9	分离下摆臂与转向节并报废螺栓与螺母	
10	拆下制动盘与转向节	
11	拆下传动轴	
12	拆卸万向节和防尘套	
13	向万向节中添加润滑剂	
14	安装更换新的防尘套	
15	清洁、安装传动轴	
16	清洁、安装制动盘与转向节	
17	连接下摆臂与转向节，并按规定紧固（第一遍紧固至 35 N·m，第二遍紧固至 +60°～+75°）	

续表

序号	项　　目	完成情况 (完成后打"√";若该步骤存在异常情况,请以文字说明)
18	使用新的螺栓螺母,连接悬架与转向节,并按要求紧固(第一遍,紧固至 90 N·m,第二遍紧固至+60°~+75°)	
19	清洁、安装制动钳	
20	清洁、安装轮速传感器	
21	使用新的螺栓螺母,连接转向横拉杆和转向节,并按要求紧固至 35 N·m	
22	安装新的传动轴螺母并按要求紧固(第一遍紧固至 150 N·m,第二遍松开至 45°;第三遍紧固至 250 N·m)	
23	加注 DEXRON Ⅵ变速器油 7.5 L	实际加注量:
24	安装车轮,并按要求紧固至 140 N·m	
25	清洁场地与试车	

3.3.4 项目拓展

1. 典型问题

问题一　列举可能造成半轴防尘套损坏的原因,并说明如何防范。

答:由于半轴防尘套在工作中需要高速旋转,橡胶材质的老化或坚硬物体的磕碰都会造成半轴防尘套的损坏。因此,对于半轴防尘套应该定期检查。若车辆工作环境较恶劣,则应缩短检查周期。发现防尘套有破损、漏油的情况,应及时更换。

问题二　为何在更换半轴防尘套前,需要排放变速器油?

答:由于更换半轴防尘套需要将传动半轴从差速器上分离,而差速器与变速器相连通。因此如果不将变速器油排放干净的话,在拆卸半轴时会造成油液泄漏,污染环境,同时也会对之后的操作带来安全隐患。

2. 知识能力拓展

在汽车发明之初,汽车是无法正常转弯的。直到 1937 年法国雷诺汽车创始人路易斯·雷诺发明了差速器,才真正解决了汽车转向问题。在现代汽车中,在左右驱动轴之间都会安装差速器。能够使左、右驱动轮实现不同转速运转。差速器主要由左右半轴齿轮、两个行星齿轮及齿轮架组成,如图 3-3-25 所示。汽车转弯时,内侧车轮和外侧车轮的转弯半径不同,外侧车轮的转弯半径要大于内侧车轮的转弯半径,这就要求在转弯时外侧车轮的转速要高于内侧车轮的转速。差速器的作用就是满足汽车转弯时两侧车轮转速不同的要求。差速器的这种调节是自动的,这里涉及能耗最小原理。左右车轮在转弯时,会自动趋向于能耗最低的状态,差速器便自动地按照转弯半径调整左右轮的转速。

(a)

(b)

图 3-3-25 差速器模型

3. 参考文献

(1) 蒋勇.汽车底盘构造与拆装[M].北京:中国铁道出版社,2016.
(2) 左适够.汽车修理基本技能[M].北京:高等教育出版社,2015.

3.3.5 项目组织实施

1. 组织方式

每五个同学一组,协作完成半轴防尘套的更换作业。每组作业时间为 60 min。

2. 生产准备

每组同学配备设备及工具如下。

(1) 车辆:上汽通用雪佛兰 2013 款科鲁兹 1.6 L 轿车一辆。

(2) 耗材：半轴球笼维修包一个(包括新的半轴防尘套一个、专用润滑脂一包、防尘套固定卡箍两个、密封圈一个)、传动轴固定螺母一个、DEXRON Ⅵ自动变速器油 7.5 L、无纺布若干。

(3) 设备：接油器(或壶)、专用工具、常用维修工具一套等。

3.3.6 项目评价

评 分 表

姓名： 学号：

作业开始时间： 时 分 作业结束时间： 时 分 作业用时：

<table>
<tr><th>序号</th><th>项目</th><th>评分项目</th><th>学生自评</th><th>学生互评</th><th>教师评价</th></tr>
<tr><td>1</td><td>时间要求(共 15 分)</td><td>按规定时间完成项目作业(共 15 分，每超出 5 min 扣 1 分，扣完为止)</td><td></td><td></td><td></td></tr>
<tr><td>2</td><td rowspan="3">质量要求细化
(共 35 分)</td><td>正确填写维修车辆信息(共 3 项，每空 1 分，共 3 分)</td><td></td><td></td><td></td></tr>
<tr><td>3</td><td>按维修记录单要求，完成每一步操作(共 25 项，每空 1 分，共 25 分)</td><td></td><td></td><td></td></tr>
<tr><td>4</td><td>正确填写维修记录单的操作部分(共 7 分，每填错 1 项扣 1 分，扣完为止)</td><td></td><td></td><td></td></tr>
<tr><td>5</td><td rowspan="2">安全要求(共 35 分)</td><td>安全完成维修作业(共 20 分，凡有不应出现的设备损伤或人员受伤，直接扣除全部分值)</td><td></td><td></td><td></td></tr>
<tr><td>6</td><td>规范操作使用工具(共 15 分，每一次不按规定使用工具扣 1 分，扣完为止)</td><td></td><td></td><td></td></tr>
<tr><td>7</td><td rowspan="2">文明、环保要求
(共 15 分)</td><td>更换旧件放入规定回收桶(共 5 分，每一次不按规定投放回收桶扣 1 分，扣完为止)</td><td></td><td></td><td></td></tr>
<tr><td>8</td><td>项目结束工位整理干净(共 10 分，若没有完成整理工作，直接扣除全部分值)</td><td></td><td></td><td></td></tr>
</table>

考评员签字： 日期

※若发生重大事故(人身和设备安全事故)、严重违反维修原则和存在情节严重的野蛮操作等，由指导教师决定取消相关人员的实操资格。

3.4 检查和调整转向盘的自由行程

3.4.1 项目要求

1. 时间要求

50 min 内，在满足质量要求的前提下，熟练快速地检查和调整转向盘的自由行程。

2. 知识要求

掌握汽车机械转向系的组成及功用。

3. 其他要求

严格按照安全操作规程、文明生产规则及环境保护要求进行项目作业。

3.4.2 项目分析

1. 经典案例

轿车转向不灵敏或转向过大，转向盘需要调整。

2. 故障现象及分析

1）故障现象

轿车在转向时，需用较大的幅度转动转向盘；直线行驶时，轿车行驶不稳定。

2）故障原因

转向盘自由转动量过大时转向不灵敏的可能原因如下。

（1）转向器固定螺栓松动。

（2）转向轴与转向盘配合松动。

（3）转向器内齿轮与齿条的啮合间隙过大。

（4）转向机构各连接部件间隙过大，或连接松动。

（5）转向节主销与衬套磨损、松旷；前轮毂轴承间隙过大。

3）故障诊断方法

转向不灵敏故障诊断流程如图 3-4-1 所示。

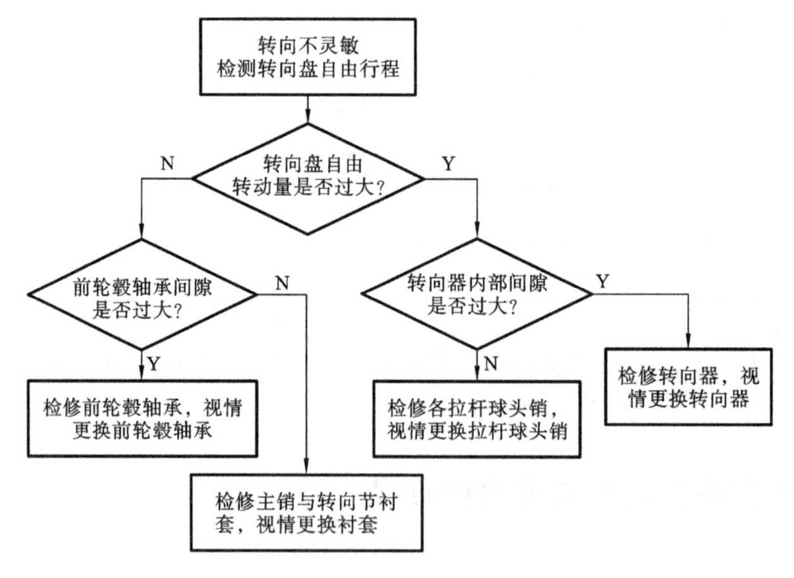

图 3-4-1 转向不灵敏故障诊断流程图

（1）诊断时，应先检查转向盘自由转动量。

（2）若转向盘自由转动的角度正常，则故障原因可能是：前轮毂轴承间隙过大、主销与转向节衬套间隙过大。此时应进一步架起前桥，而后用手扳动前轮以检查前轮毂轴承间隙、转向节主销与衬套的配合间隙，以确定故障部位。

(3) 若转向盘自由转动的角度过大,则故障部位在转向器内部或转向传动机构中,此时应采取分段检查法确定具体故障位置。

分段检查时,先使转向横拉杆(即与转向齿条相连接的拉杆)固定不动,再转动转向盘。

若自由转动量仍过大,则说明其转向器内部间隙过大。

若转向盘自由转动量不大,可放松转向横拉杆,再转动转向盘,并观察各拉杆球头销是否松旷。若转向盘自由转动量过大,则说明转向传动机构连接部件间隙过大或连接松动。

当汽车行驶不稳定,并伴有前轮胎异常磨损时,还应检查前轮定位值是否符合标准。

在进行实际操作前,首先要了解有关汽车转向系组成、转向盘自由行程及其检测等的相关知识,以及维护作业流程。

3. 理论基础

1) 汽车机械转向系统

汽车在行驶过程中,需按驾驶员的意志经常改变其行驶方向,即所谓汽车转向。就轮式汽车而言,实现汽车转向的方法是,驾驶员通过一套专设的机构,使汽车转向桥(一般是前桥)上的车轮(转向轮)相对于汽车纵轴线偏转一定角度。在汽车直线行驶时,往往转向轮也会受到路面侧向干扰力的作用,自动偏转而改变行驶方向。此时,驾驶员也可以利用这套机构使转向轮向相反的方向偏转,从而使汽车恢复原来的行驶方向。这一套用来改变或恢复汽车行驶方向的专设机构,即称为汽车转向系统。因此,汽车转向系统的功用是保证汽车能按驾驶员的意志而进行转向行驶。

机械转向系统以驾驶员的体力作为转向能源,其中所有传力件都是机械的。机械转向系统由转向操纵机构、转向器和转向传动机构三大部分组成。

图 3-4-2 所示为机械转向系统的组成和布置示意图。当汽车转向时,驾驶员对转向盘 1 施加转向力矩。该力矩通过转向轴 2、转向万向节 3 和转向传动轴 4 输入转向器 5,经转向器放大后的力矩和减速后的运动传到转向摇臂 6,再经过转向直拉杆 7 传给固定于左转向节 9 上的转向节臂 8,使左转向节和它所支承的左转向轮偏转。为使右转向节 13 及其支承

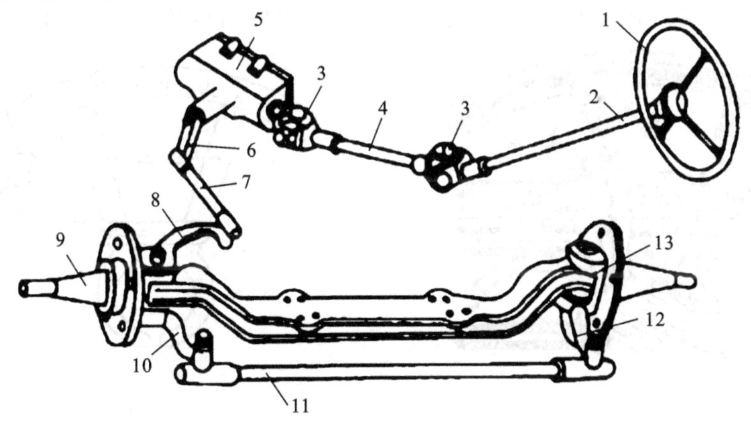

图 3-4-2　汽车转向系组成及布置

1—转向盘;2—转向轴;3—转向万向节;4—转向传动轴;5—转向器;6—转向摇臂;
7—转向直拉杆;8—转向节臂;9—左转向节;10、12—梯形臂;11—转向横拉杆;13—右转向节

的右转向轮随之偏转相应角度，还设置了转向梯形。转向梯形由固定在左、右转向节上的梯形臂10、12和两端与梯形臂作球链连接的转向横拉杆11组成。

从转向盘到转向传动轴这一系列部件和零件，均属于转向操纵机构。由转向摇臂至转向梯形这一系列部件和零件(不含转向节)，均属于转向传动机构。

目前，许多国内外生产的新车型在转向操纵机构中采用了万向传动装置(转向万向节和转向传动轴)，这有助于转向盘和转向器等部件和组件的通用化和系列化。只要适当改变转向万向传动装置的几何参数，便可满足各种车型的总布置要求。即使在转向盘与转向器同轴线的情况下，也可采用万向传动装置，以补偿由于部件在车上的安装误差和安装基体(驾驶室、车架)的变形所造成的二者轴线实际上的不重合。

2) 转向盘自由行程

转向盘自由行程指汽车转向轮位于直线行驶状态时，转向盘可自由转动的转角。当转向盘自由行程过大时，说明从转向盘至转向轮运动传递链中的若干配合副因磨损过度而出现松旷现象。因此转向盘自由行程为一综合诊断参数。

根据《机动车运行安全技术条件》(GB 7258—2017)的规定。机动车转向盘的最大自由转动量不允许大于表3-4-1所列的限值。

表 3-4-1 机动车转向盘的最大自由转动量

车辆类型	设计车速不小于100 km/h的机动车	三轮汽车	其他汽车
转向盘最大自由转角	15°	35°	25°

3) 转向盘自由行程的检测

(1) 采用简易转向盘自由行程检测。

简易转向盘自由行程检测仪由刻度盘和指针两部分组成，如图3-4-3所示。刻度盘通过磁座吸附在仪表板或转向柱管上，指针固定于转向盘外缘，亦可相反。检测转向盘自由行程时，汽车处于直线行驶位置，轻轻向左(或向右)转动转向盘，转至空行程极端位置(感到有

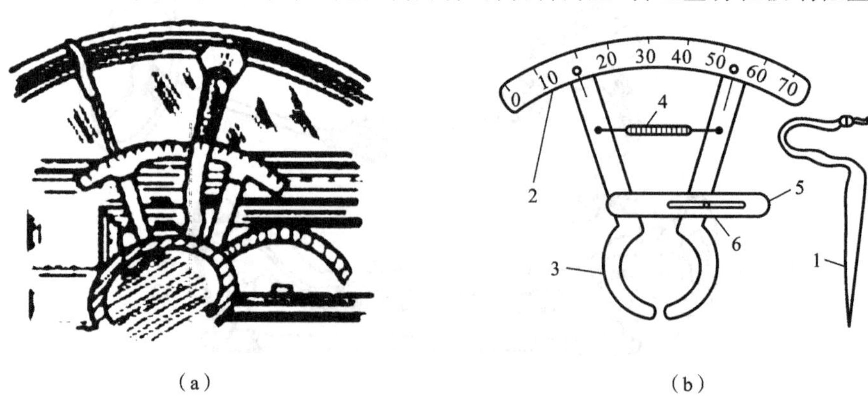

图 3-4-3 简易转向盘自由行程检测仪

(a) 检测仪的安装；(b) 检测仪

1—指针；2—刻度盘；3—夹臂；4—弹簧；5—连接板；6—固定螺钉

阻力)，调整指针使之指向刻度盘零度。而后把转向盘转至另一侧极限位置，其自由行程即为指针所指刻度。转向盘自由行程也可用转向参数测量仪或转向测力仪检测。

（2）采用转向参数测量仪检测。

图 3-4-4 所示为国产 ZC-2 型转向参数测量仪，该仪器由操纵盘、主机箱、连接叉和定位杆四部分组成，具有测试转向盘自由行程、转向角和转向力的功能。操纵盘实际上是一个附加转向盘，用螺栓固定于三爪底板上，底盘与连接叉间装有力矩传感器，以测出转向时的操纵力矩；连接叉通过装在其上的长度可伸缩的活动卡爪与被测转向盘连接；主机箱固定在底盘中央，内装力矩传感器、接口板、微机板、转角编码器、打印机和电池等；从底板下伸出的定位杆，通过磁座附在驾驶室内仪表固定螺盘上，其内端与装在主机箱下部的光电装置连接。

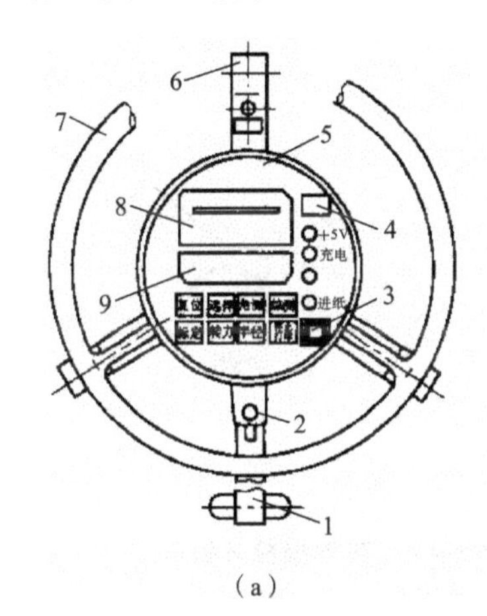

（a）

（b）

图 3-4-4　转向参数检测仪

（a）检测仪结构示意图；（b）检测仪实物图

1—定位杆；2—固定螺栓；3—电源开关；4—电压表；5—主机箱；6—连接叉；7—操纵盘；8—打印机；9—显示器

使用时，把转向测量仪对准被测转向盘中心，调整好三只伸缩爪的长度，使之与转向盘牢固连接后转动操纵盘的转向力通过底板、力矩传感器、连接叉传递到被测转向盘上，使转向轮偏转实现汽车转向。此时，力矩传感器把转向力矩转变成电信号，定位杆内端所连接的光电装置将转向角的变化转化为电信号。传感信号输送至主机箱后，由装在其内的微机自动完成数据采集、转角编码、运算、分析、存储、显示并打印出所测结果。

3.4.3　项目实施步骤

1. 转向盘自由行程检测

（1）使两前轮处于直线行驶的位置。

（2）将检查器的刻度盘和指针分别夹持在转向轴管和转向盘上，如图 3-4-5 所示。

（3）向左或向右转动转向盘至感到有阻力时，调整指针使之指向刻度盘零度，再向右或向左转动转向盘至感到有阻力时为止，此时指针在刻度盘上所划过的角度就是转向盘自由行程。

若发现转向盘自由行程过大应查明原因，及时调整。

2. 转向盘自由行程过大,检查原因并修理

检查转向操纵机构的杆件是否存在变形。目测转向轴,查看是否存在明显弯曲变形,若有,更换转向轴;查看转向盘,检查是否存在明显失圆,若有,更换转向盘。

用举升器将车辆顶起,进行以下检查:

(1) 目测转向传动机构的杆件,查看是否存在明显变形,若有,更换相应杆件。

(2) 如图 3-4-6,晃动转向横拉杆,查看是否松旷,若松旷,说明球形铰链(即球头)存在磨损导致间隙过大,应紧固横拉杆接头或更换横拉杆球头。检查横拉杆球头防尘套是否破裂,若破裂,应更换横拉杆球头。

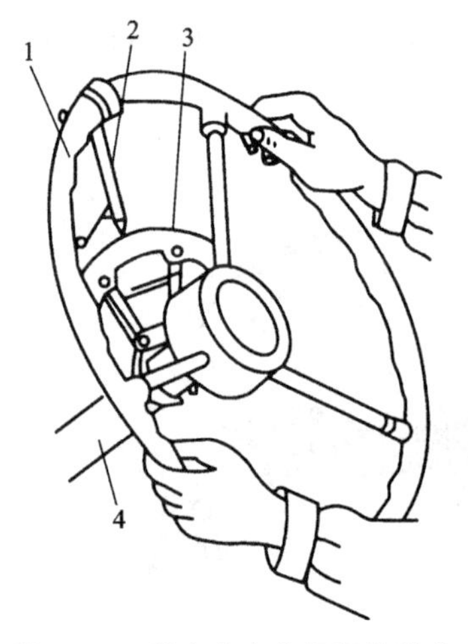

图 3-4-5 转向盘自由行程的检查

1—转向盘;2—检查器指针;

3—检查器刻度盘;4—转向轴管

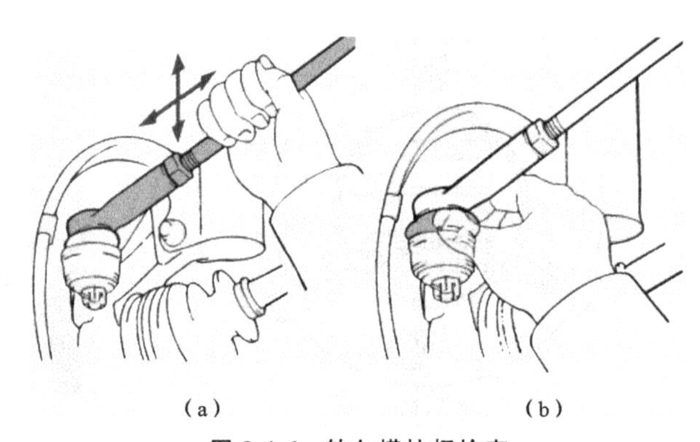

(a) (b)

图 3-4-6 转向横拉杆检查

(a) 松旷检查;(b) 防尘套检查

(3) 转动转向盘,使用手电筒照射,检查转向横拉杆防尘套有无裂纹,若有,应更换防尘套。

3. 调整转向盘的自由行程

对于采用除齿轮齿条式转向器以外的转向盘,其自由行程调整方法基本相同,主要是通过调整转向器传动副的啮合间隙来进行的。松开锁紧螺母,向里转动调整螺钉,使啮合间隙减小,自由行程变小;反之则增大。

采用的齿轮齿条式转向器(如桑塔纳轿车),其自由行程的调整可通过调整弹簧的压力,使齿条微量变形,实现无侧隙或小间隙啮合。

3.4.4 项目拓展

1. 典型问题

问题一 汽车转向系统的作用是什么?

答:在汽车行驶过程中改变其行驶方向,以保证汽车按驾驶员意图方向行驶。

问题二 汽车转向系统包括哪几部分?按转向动力源的不同,汽车转向系统分为哪两大类。

答:转向操纵机构、转向器和转向传动机构。按转向动力源的不同,汽车转向系统分为机械转向系统和动力转向系统两大类。

问题三　什么是转向盘的自由行程？为什么转向盘会留有自由行程？自由行程过大或过小对汽车转向操纵性能会有何影响？一般范围是多少？

答：转向盘的自由行程：转向盘在空转阶段中的角行程。

自由行程作用：

① 缓和路面冲击，避免出现“打手”现象。

② 避免驾驶员过度紧张。

③ 转向操纵柔和。

影响：过小不足以实现以上作用，过大使转向不灵敏。

范围：转向盘从相应于汽车直线行驶的中间位置向任一方向的自由行程最好不超过10°～15°。

2. 知识能力拓展

汽车动力转向系统大部分采用了液压式电控动力转向系统，它是在普通液压动力转向系统的基础上增加了一套电控系统形成的，普通液压动力转向系统由机械转向器、转向控制阀、转向动力缸、转向油泵和油管等组成，如图 3-4-7 所示，液压式电控动力转向系统组成如图 3-4-8 所示。但现在越来越多的车辆上采用了纯电动式电控动力转向系统。

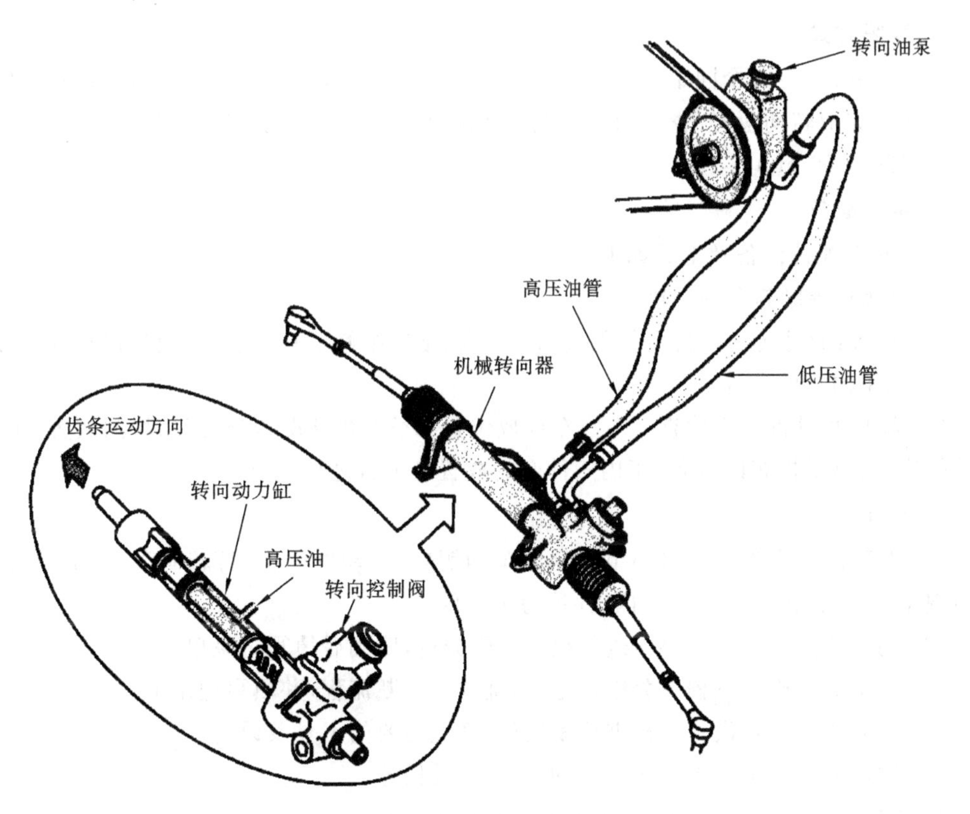

图 3-4-7　普通动力转向系统的基本组成

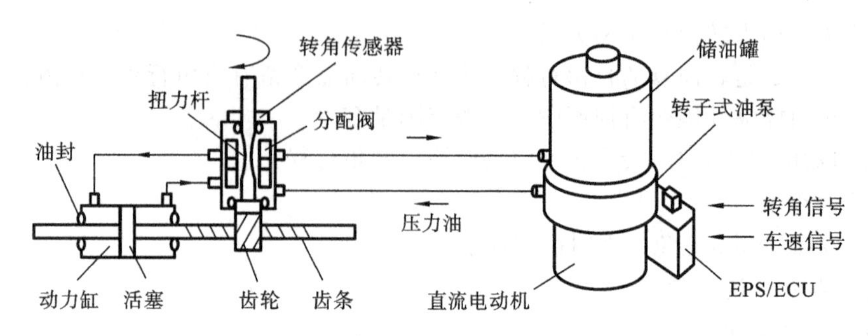

图 3-4-8 电控动力转向系统基本组成

3. 参考文献与网上学习

(1) 陈家瑞. 汽车构造(下册)[M]. 北京:机械工业出版社. 2010.

(2) 陈焕江. 汽车检测与诊断技术[M]. 北京:人民交通出版社. 2009.

(3) 董继明,等. 汽车检测与诊断技术[M]. 北京:机械工业出版社. 2008.

(4) http://www.qcwxjs.com/ddzl/7493.html。

3.4.5 项目组织实施

1. 组织方式

按学号分组,每五个同学一组,其中1号为组长,负责小组工具设备管理、成员考勤。每组同学协作完成转向盘自由行程检查、调整转向盘的自由行程,按照企业岗位进行作业。每组作业时间为 50 min。

2. 生产准备

每组同学配备设备及工具如下。

(1) 车辆:待保养车辆一辆。

(2) 设备:简易转向盘自由行程检测仪一套、常用维修工具一套;车辆防护装置一套(含翼子板布、车内三件套等)。

(3) 场地及设备初步检查。对汽车停放位置与举升机状况、车轮三角块的放置、尾气抽排管的连接、翼子板布的放置、车内三件套的放置等项目进行检查。

3. 计划

(1) 明确故障现象。各组小组长领取车辆钥匙,启动发动机,打转向盘,小组成员观察故障现象,然后讨论确定故障原因,并填写记录单。

(2) 明确故障原因。各小组进行故障原因分析,明确后填写记录单。

(3) 明确故障诊断流程。分组讨论,明确故障诊断流程,并填写记录单。

(4) 明确所需工具设备。根据诊断流程,确定需要的工具及设备。

(5) 明确成员分工。小组内分工,明确各成员任务。

4. 实施

根据诊断流程及成员分工,对车辆进行检测,获得诊断参数,分析、判断检测结果,并及时填写记录单。

5. 检查

（1）确认故障是否排除。小组长启动发动机，打转向盘，观察故障是否彻底排除。

（2）5S：整理场地及工具设备。

6. 小结

（1）各小组对诊断过程进行讨论、总结；

（2）各小组派代表对诊断过程进行汇报、交流。

（3）教师进行点评、小结。

3.4.6 项目评价

评 分 表

姓名：　　　　　　　学号：

作业开始时间： 时 分　　　　作业结束时间： 时 分　　　　作业用时：

序号	项目	评分项目	学生自评	学生互评	教师评价
1	时间要求	按规定时间完成项目作业(10 分)			
2	质量要求细化	转向盘自由行程检测操作规范(10 分)			
3		检查转向盘自由行程操作规范(10 分)			
4		调整转向盘的自由行程操作规范(10 分)			
5	安全要求	防护设备准备和使用(10 分)			
6		规范使用工具(10 分)			
7	文明、环保要求	按文明生产规则进行操作(10 分)			
8		项目结束工位整理干净(10 分)			
9	知识点掌握要求	汽车机械转向系组成(5 分)			
10		转向盘自由行程基本概念(5 分)			
11		转向盘自由行程检测方法(10 分)			

考评员签字：　　　　　　　　　　　　　　日期

※若发生重大事故(人身和设备安全事故)、严重违反维修原则和存在情节严重的野蛮操作等，由指导教师决定取消相关人员的实操资格。

3.5 检查更换车辆减震器

3.5.1 项目要求

1. 时间要求

100 min 内，在满足质量要求的前提下，能够快速、熟练地对减震器进行检查与更换。

2. 知识要求

掌握汽车减震器作用与组成；掌握汽车减震器的类型、结构与原理。

3. 其他要求

严格按照安全操作规程、文明生产规则及环境保护要求进行项目作业。

3.5.2 项目分析

1. 经典案例

一辆上海雪佛兰科鲁兹轿车，行驶 100 000 km 后，客户反映该车在行驶过程中颠簸感强烈、起步和刹车时不稳、刹车时制动距离增加、汽车容易跑偏、转向失灵。

2. 故障现象及分析

上述问题说明汽车的舒适性、操控性、平稳性出现了问题，能够对其产生影响的主要配件就是汽车悬架系统，特别是悬架系统上的减震器，因此，应先检查悬架系统的减震器，以确定减震器是否处于正常工作状态，如果减震器出现故障或已失效，应对其进行修理或更换。

先判断减震器是否存在故障，如确实出现故障，分析故障原因。减震器故障诊断流程参见图 3-5-1 和图 3-5-2。

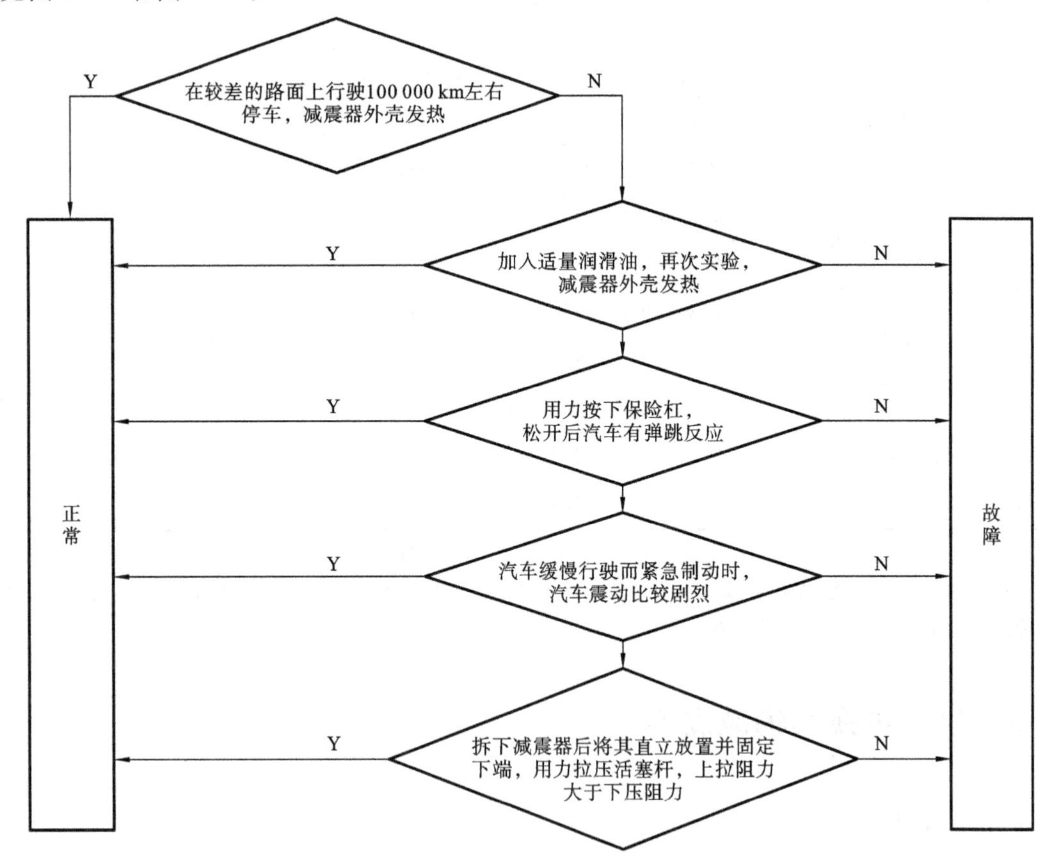

图 3-5-1 减震器故障诊断(一)

3. 理论基础

1）悬架的作用及结构

作用：悬架是汽车上车架（或承载式车身）与车桥（或车轮）之间弹性连接装置的总称。

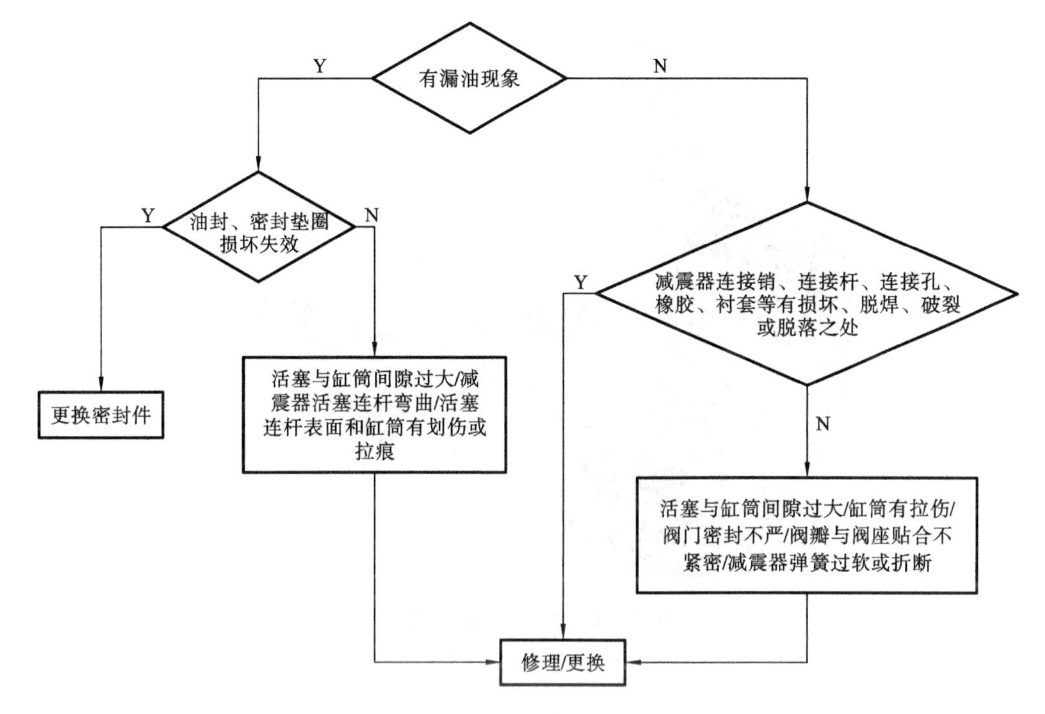

图 3-5-2　减震器故障诊断流程(二)

悬架的主要作用是把路面作用在车轮上的各种力(垂向力、纵向力、横向力等)和力矩传递到车架(或承载式车身)上。悬架还可以缓冲路面不平引起的冲击,衰减由此产生的震动,使车轮相对于车架或车身保持一定的运动规律,因此还具有导向作用,保证了汽车的正常行驶。

种类:根据控制方式不同,悬架可分为被动悬架和主动悬架。

根据汽车导向机构的形式不同,悬架可分为如图 3-5-3 所示的非独立悬架和独立悬架。非独立悬架两侧车轮安装在一个整体式车桥的两端,车轮及车桥通过弹性元件悬挂在车架下方。独立悬架两侧车轮通过弹性元件各自独立地悬挂在车架下方。

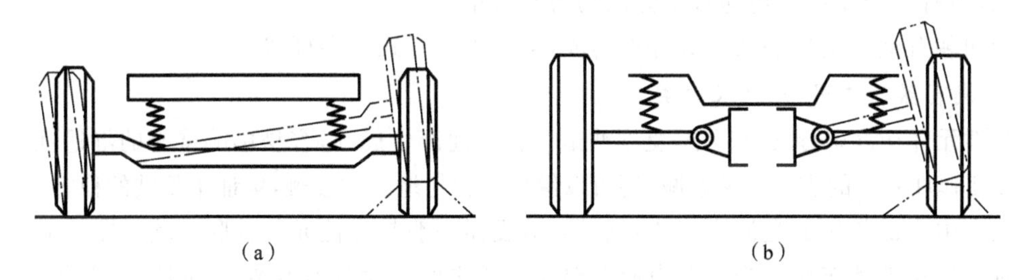

(a)　　(b)

图 3-5-3　非独立悬架和独立悬架图

(a) 非独立悬架;(b) 独立悬架

非独立悬架根据结构不同,可分为钢板弹簧式、螺旋弹簧式和纵臂扭力梁式。独立悬架按车轮运动形式,可分为:(单/双)横臂式、(单/双)纵臂式、车轮沿主销移动式(烛式和图 3-5-4所示的麦弗逊式)、多连杆式。

结构:悬架主要由弹性元件、导向装置和减震器三部分组成。

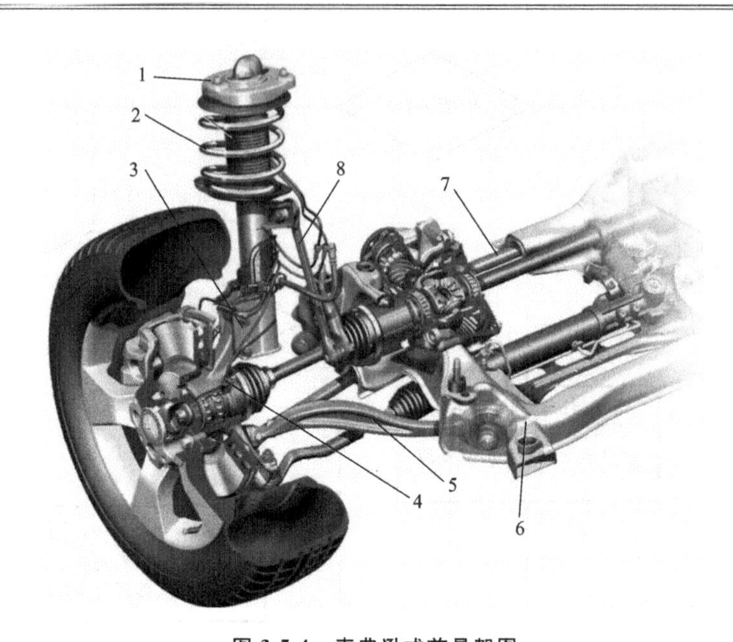

图 3-5-4 麦弗逊式前悬架图

1—减震器；2—弹性元件(螺旋弹簧)；3—转向节；4—轮速传感器；
5—悬架连杆；6—副车架；7—横向稳定杆；8—稳定杆连杆

2）弹性元件的作用及分类

弹性元件的作用是使车架(或车身)与车桥(或车轮)之间成为弹性连接，从而与弹性的轮胎一起缓和路面对汽车的冲击作用。

汽车悬架中常用的弹性元件有钢板弹簧、螺旋弹簧、扭杆弹簧、油气体弹簧等。

3）导向装置的作用及分类

弹性元件大多只能传递垂向力而不能传递纵向力和横向力，必须另设导向装置，如上、下摆臂和纵向、横向稳定器等。导向装置的一个作用是使车轮按一定轨迹相对于车架或车身运动，还有一个作用是传递各个方向的力和力矩。

导向装置通常由控制摆臂式杆件构成，可分为单杆式和多杆式。

4）减震器的作用、原理及分类

弹性元件在汽车行驶过程中，受到冲击会相应地产生震动，容易影响乘坐的舒适性，减震器可以使弹性系统的震动迅速衰减，还可以保持车轮与地面的接触，保证了驾驶的稳定性。

汽车中广泛使用的是液力筒式减震器，减震器一般与弹性元件并联。减震器的上、下两端分别连接车架和车桥。当垂向力使车架与车桥之间产生往复相对运动时，减震器的活塞与工作缸体也会产生相应的往复运动，推动内部油液反复地流经内部的阀孔，从一个腔室进入另一个腔室。阀孔的节流作用和油液分子间的内摩擦力便形成了能够衰减震动的阻尼力，使车架车身之间的震动能量转变为热能，然后由油液和减震器的壳体吸收，最后散入大气。

很明显，油液黏度越大、孔道越多、阀门孔径越小、车架与车桥的相对运动速度越大，减震器阻尼力越大；阻尼力越大，震动衰减得越快，但是弹性元件的缓冲作用却不能充分发挥，因此，减震器的阻尼力与弹性元件的刚度应相互协调、合理搭配，才能保证乘坐舒适性和操纵稳定性。

减震器的类型：按产生阻尼的材料的不同，可分为液力式减震器和充气式减震器两类；按作用原理可分为双向作用式减震器和单向作用式减震器两种，前者是指在压缩和伸张两行程中均能起减震作用，后者只在伸张行程中起减震作用；按结构可分摇臂式减震器和筒式减震器两种。液力双向作用筒式减震器结构如图 3-5-5 所示。

3.5.3　项目实施步骤

1. 操作步骤

以雪佛兰科鲁兹轿车为例，前减震器的更换步骤如图3-5-6（各零部件位置关系如图

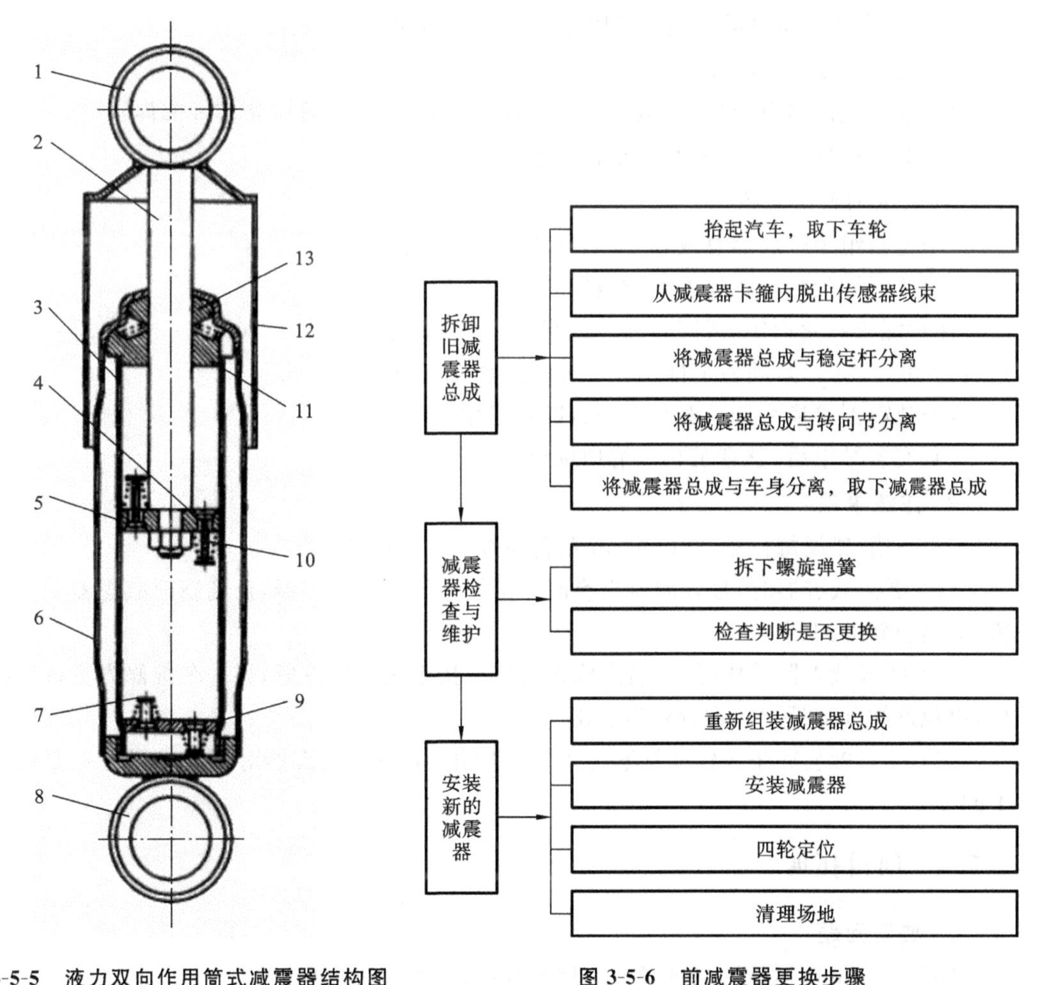

图 3-5-5　液力双向作用筒式减震器结构图

1—上吊环；2—活塞杆；3—工作缸筒；4—活塞；5—伸张阀；6—储油缸筒；7— 压缩阀；8—下吊环；9— 补偿阀；10—流通阀；11—导向座；12—防尘罩；13—油封

图 3-5-6　前减震器更换步骤

3-5-4)所示。

具体操作如下：

1）拆卸旧减震器总成

（1）将工位卫生清理干净，排除障碍物，准备好相关的工具、物品、耗材等。

（2）拧松车轮轮毂螺母，使用举升机将汽车抬起，车轮刚离地即可，按对角顺序将车轮螺母完全拧下，取下车轮。

（3）依据不同的车型，如有需要，先拆卸制动盘再拆卸减震器。

（4）拔下轮速传感器导线插头，并从减震器卡箍内脱出传感器线束。

（5）拆除稳定杆连杆螺母，将减震器总成与其分离。

（6）拆除转向节螺母和螺栓，将减震器总成与转向节分离。

（7）拆除减震器总成上端车身固定螺栓，取下减震器总成。

2）减震器的检查与维护

（1）取下减震器总成后，对减震器总成进行拆解，拆下螺旋弹簧等零部件。

（2）对减震器进行检查，判断是否应进行更换。

3）安装新的减震器

（1）重新组装减震器总成，涂抹润滑脂以提高耐磨性。

（2）按拆卸的相反顺序安装减震器。

注意螺栓拧紧力矩，紧固转向节螺母时，第一遍拧紧力矩为 100 N·m，最后一遍拧紧角度为 30°～45°。紧固稳定杆连杆螺母时拧紧力矩为 65 N·m。

（3）减震器更换完毕后对汽车进行四轮定位。

（4）安装结束后，整理工具和清理场地。

2. 注意事项

（1）一般建议每行驶 20 000 km 左右检查一次减震器。

（2）更换减震器时，最好同时更换同一悬架上的两个减震器，否则新旧减震器受力不平衡，会出现新的问题。

（3）拆解减震器总成时，一名维修人员负责扶稳减震器总成，另一名维修人员负责拧螺栓，以免拆卸顶部螺栓时螺旋弹簧弹出。

（4）按照拆装顺序和标准拧紧力矩规范操作，不同的减震器对螺栓拧紧力矩要求也会不同。

3.5.4 项目拓展

1. 典型问题

问题一　减震器储液罐顶部有一层薄油膜，是否为正常现象？

答：是正常现象。

问题二　哪些操作会导致减震器安装不正确？不正确的安装会出现哪些现象？

答：前减震器稳定杆连杆螺母紧固扭矩未达到要求，会出现异响、早期漏油；前减震器转向节螺母紧固扭矩未达到要求，会出现减震器脱落、汽车倾覆甚至无法正常行驶；后减震器上下吊环拧紧扭矩不足，会出现异响、早期漏油。

问题三　减震器在实际使用中有响声发出，是什么原因？

答：主要是由于减震器与钢板弹簧、车架或轴相碰撞，胶垫损坏或脱落以及减震器防尘罩变形，油液不足等原因引起的，应查明原因，予以修理。

2. 知识能力拓展

问题一　与液力双向作用筒式减震器相比，充气式减震器有哪些特点？

答：充气式减震器采用浮动活塞而减少了一套阀的系统，使结构简化，重量减轻。由于充气式减震器里充有高压氮气，能减少车轮突然受到冲击时产生的振动，还可以消除噪声。充气式减震器的工作缸和活塞直径都大于相同条件的液力双向作用筒式减震器，因而其阻尼更大，工作可靠性更强。充气式减震器内部的高压气体和油液被浮动活塞隔开，消除了油的乳化现象。

充气式减震器的不足之处在于：油封要求高，充气工艺复杂，不易维修，当缸筒受较大外界冲击时可能会中断工作。

问题二　雪佛兰科鲁兹的前后悬架是否一样？

答：不一样。前悬架为麦弗逊式独立悬架，后悬架为扭力梁＋瓦特连杆非独立悬架。

问题三　简述独立悬架和非独立悬架的特点和应用。

答：简单地说，独立悬架系统左右两侧的车轮都是各自安装在车轴两侧的，如果一侧车轮发生跳动时，另一边车轮并不受影响，汽车的平稳性和舒适性更好。现在的轿车大都是采用独立悬架系统。但其结构复杂、成本高，甚至会侵占部分车内乘坐空间。

非独立悬架，由于连接左右两侧车轮的是一个刚性连接件，如果一侧车轮发生弹跳，另一侧车轮也会随之弹跳。由于构造简单，承载力大，制造维修方便，目前仍有部分轿车的后悬架采用非独立式悬架。

3. 参考文献与网上学习

(1) 张金柱. 图解汽车原理与构造[M]. 北京：化学工业出版社，2016.

(2) 谭本忠. 汽车底盘构造与维修图解教程[M]. 2版. 北京：机械工业出版社，2016.

(3) 陈建宏，许炳照. 汽车底盘机械系统检修[M]. 2版. 北京：人民交通出版社，2011.

(4) 李效春. 汽车底盘机械系统检修[M]. 北京：北京大学出版社，2011.

(5) 张永新. 汽车底盘系统检测与维修[M]. 北京：化学工业出版社，2013.

(6) 付国泰. 图解汽车底盘维修快速入门[M]. 北京：机械工业出版社，2012.

(7) 陈新亚. 汽车为什么会跑？图解汽车构造与原理[M]. 3版. 北京：机械工业出版社，2017.

(8) 雪佛兰科鲁兹(Cruze)原厂维修手册。

(9) http://www.autohome.com.cn/tech/201308/588339-2.html。

(10) http://news.bitauto.com/arttips/20120330/1005643484-1.html。

(11) http://news.xinhuanet.com/auto/20100123/2010-01/26/content_12878171.htm。

(12) http://jingyan.baidu.com/article/e75aca851dde5e142fdac667.html?allowHTTP=1。

(13) http://v.ifeng.com/video_7535880.shtml。

(14) http://www.iqiyi.com/w_19ru53ezhx.html。

3.5.5 项目组织实施

1. 组织方式

每五个同学一组，协作完成减震器的更换，按照企业岗位进行作业。每组作业时间为100 min。

2. 生产准备

每组同学配备设备及工具如下。

(1) 汽车：雪佛兰科鲁兹汽车(或其他相关汽车)一辆。

(2) 设备：夹具、拆下板、弹簧夹紧工具、球节分离器、角度测量仪及常用维修工具一套等。

3.5.6 项目评价

评分表

姓名： 学号：

作业开始时间： 时 分 作业结束时间： 时 分 作业用时：

序号	项目	评分项目	学生自评	学生互评	教师评价
1	时间要求	按规定时间完成项目作业(10分)			
2	质量要求细化	拆卸减震器操作规范(10分)			
3		检查减震器操作规范(10分)			
4		更换减震器操作规范(10分)			
5	安全要求	防护设备准备和使用(10分)			
6		规范操作使用工具(10分)			
7	文明、环保要求	按文明生产规则进行操作(10分)			
8		更换旧件放入规定回收桶(5分)			
9		项目结束工位整理干净(5分)			
10	知识点掌握要求	悬架系统的作用与类型(5分)			
11		减震器的作用及结构(10分)			
12		常见的弹性元件(5分)			

考评员签字： 日期

※若发生重大事故(人身和设备安全事故)、严重违反维修原则和存在情节严重的野蛮操作等，由指导教师决定取消相关人员的实操资格。

3.6 检查更换制动摩擦片

3.6.1 项目要求

1. 时间要求

50 min内，在保证操作规范的前提下，完成制动摩擦片更换。

2. 安全文明环保要求

严格按照安全操作规程、文明生产规则及环境保护要求进行项目作业。

3. 知识要求

掌握制动系统的组成及功用。

3.6.2　项目分析

1. 经典案例

一辆雪佛兰科鲁兹轿车车主反映，车辆正常行驶时，踩制动踏板左前轮发出尖锐的异响，同时制动效果也差，经修理技师检查是前轮盘式制动片到了磨损极限，需要更换制动片。

2. 故障现象及分析

盘式制动器制动效果不理想的原因一般有制动片与制动盘有表面划痕、腐蚀和磨损等。

1）*表面划痕*

表面划痕如图3-6-1所示。

原因：制动盘和制动片之间有异物（灰尘、道路盐分、石子等）腐蚀；制动盘材质太硬；劣质制动片；制动系统承受过度压力。

危害：制动效果受限/下降；难听的噪声。

2）*表面腐蚀*

制动盘表面腐蚀现象如图3-6-2所示。

图3-6-1　表面划痕

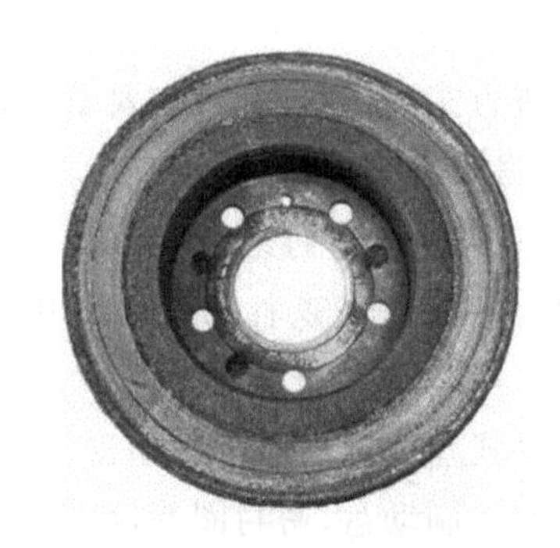

图3-6-2　表面腐蚀

原因：气候影响（例如道路上的盐分、潮湿）；汽车长时间处于停放状态而刹车处于啮合状态；制动活塞卡在制动钳中；制动活塞未完全回到回缩位置。

危害：刹车片沉积物而引起刹车震动和摇晃，产生异响或者噪声，制动效果下降；锈斑引起刹车盘和刹车片温度过高。

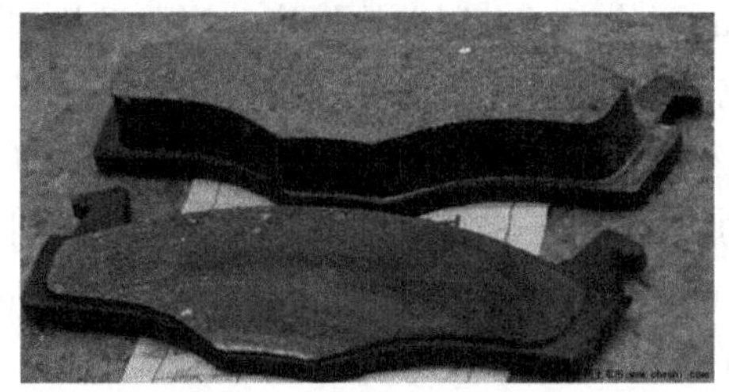

图3-6-3　磨损不均匀

3）*磨损不均匀*

刹车片磨损不均匀现象如图3-6-3所示。

原因：制动卡钳活塞咬死；刹车片卡住；与卡钳的干涉；不正确的车轮固定螺栓扭矩而造成的扭曲；消音片离位；刹车钳位置错误；纵向跑偏过大等。

危害：刹车盘前后侧不对称磨损；制动效果下降；刹车踏板抖动/颤抖；可能会产生噪声；过早达到磨损极限；制动时方向盘跳动。

制动系统制动效果不理想故障诊断流程如图 3-6-4 所示。

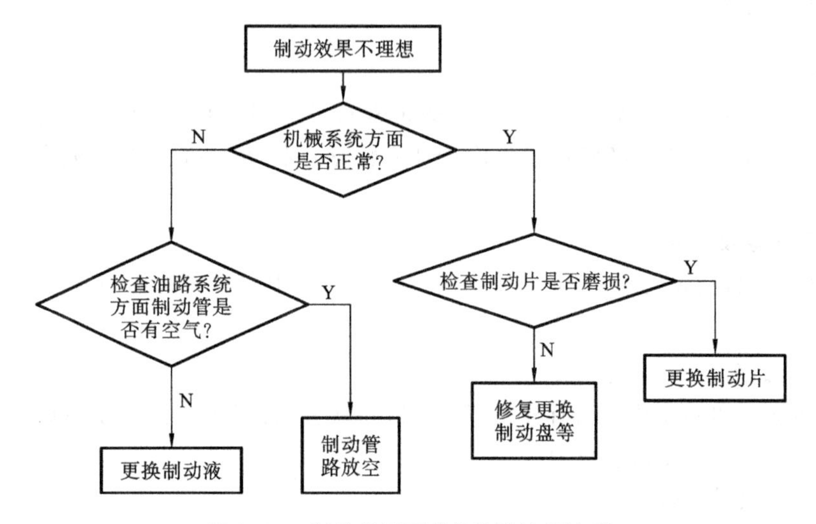

图 3-6-4　制动效果不理想故障诊断流程

通过对制动器机械系统的故障成因的分析，在维修当中最常见的就是对制动片进行更换。

在进行实际操作前，首先要了解有关制动器的相关知识，以及维护更换作业流程。

3. 理论基础

1）盘式制动器的结构

盘式制动器主要有浮动式和固定式两种形式。目前轿车上主要使用浮动式盘式制动器。

浮动式盘式制动器由制动盘、制动钳、轮毂、制动挡板、制动软管等组成，制动钳内有活塞、制动片、制动盘、密封圈等，如图 3-6-5 所示。

2）维护保养

制动块在使用一定时间后，由于制动盘和制动块强制接触产生磨损，一般每行驶 10000 km 要检查一次制动块厚度。当制动块剩余厚度不足 3.0 mm 时，应进行更换，不能等到磨完，这样会刮坏制动盘，使制动不灵！

要用专用工具或游标卡尺测量制动片厚度，如超出维修手册所规定的磨损极限应及时的更换，注意成对更换。不带制动衬块制动片标准厚度 12.0 mm ，最小厚度 2.0 mm，如图 3-6-6 所示，制动片厚度 a 应不小于 2.0 mm，当制动片厚度只剩下 2 mm 或更小后需要更换制动块。

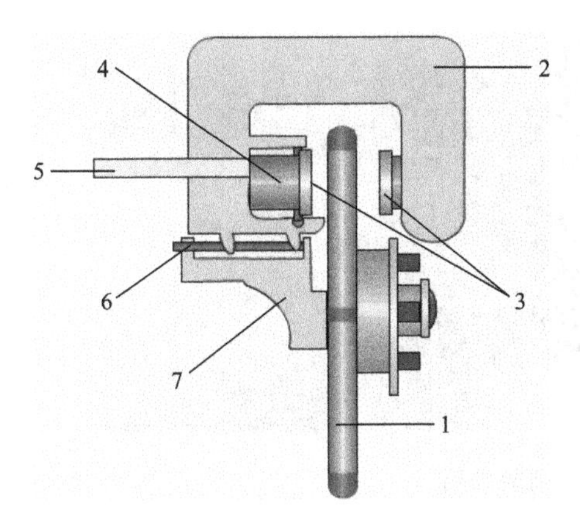

图 3-6-5 盘式制动器的结构

1—制动盘；2—制动钳；3—制动片；
4—活塞；5—制动管；6—制动导销；7—车体

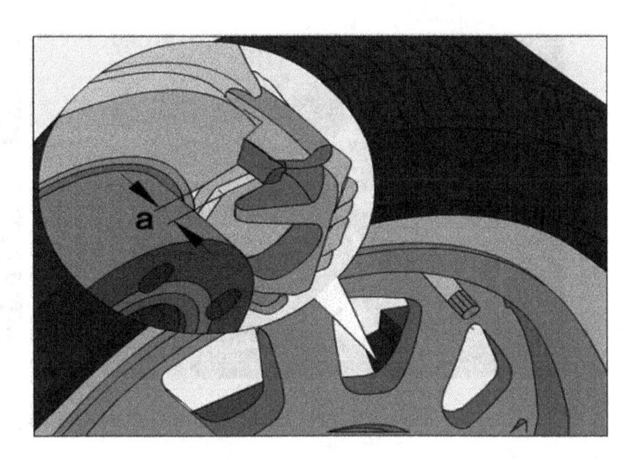

图 3-6-6 制动片厚度

3.6.3 项目实施步骤

1. 更换盘式制动片操作步骤

更换盘式制动片的操作流程，如图 3-6-7 所示。

第一步：准备更换工具，工具包括一字螺丝刀、棘轮扳手、气动扳手、开口扳手、制动分离复位器等，如图 3-6-8 所示。

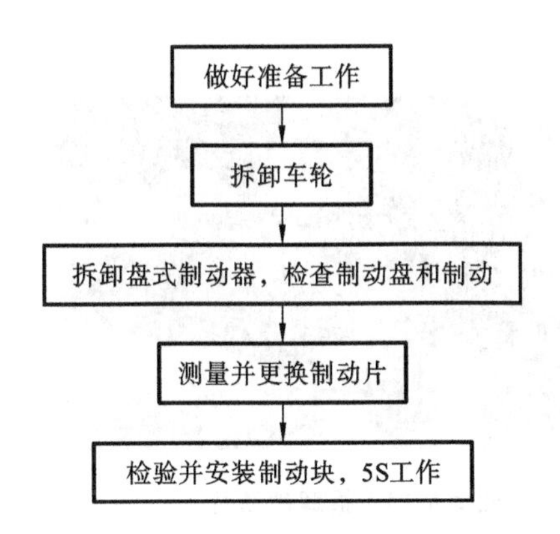

图 3-6-7 更换制动片操作流程

图 3-6-8 更换制动片工具

第二步：举升车辆到轮胎离开地面 20 cm 处，操作人员蹲在侧旁，用气动扳手拆卸轮胎螺栓，保留最后一个螺栓。左手稳定轮胎，右手用轮胎套筒旋松最后一个轮胎螺栓，双手将轮胎拆下，如图 3-6-9 所示。

第三步：拆卸制动钳：使用 14 mm 开口扳手固定内侧螺母，另一侧使用 14 mm 梅花扳手逆时针方向旋下制动钳的两个固定螺栓，取下制动钳，如图 3-6-10 所示。前制动分泵复位：左手托住左前制动分泵，右手顺时针旋紧分泵复位器的手柄直到活塞完全被压入，如图 3-6-11所示。

图 3-6-9 用气动扳手拆卸前轮轮胎

图 3-6-10 拆卸制动钳

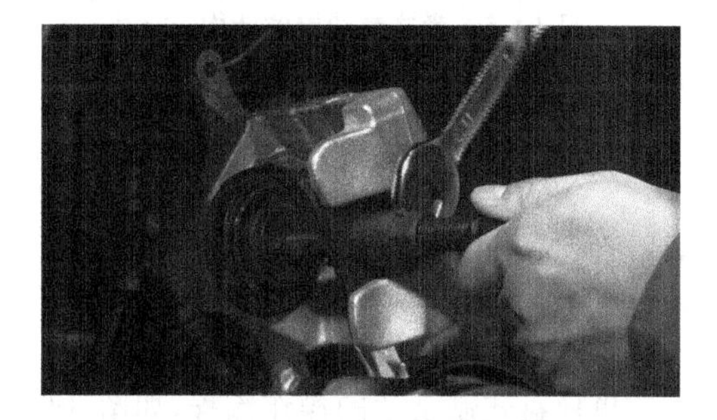

图 3-6-11 用分泵复位器复位活塞

(1) 用S钩将制动钳挂在螺栓弹簧上,如图 3-6-12 所示。

(2) 按图示箭头方向拆下制动片,如图 3-6-13 所示。

图 3-6-12 S钩制动钳

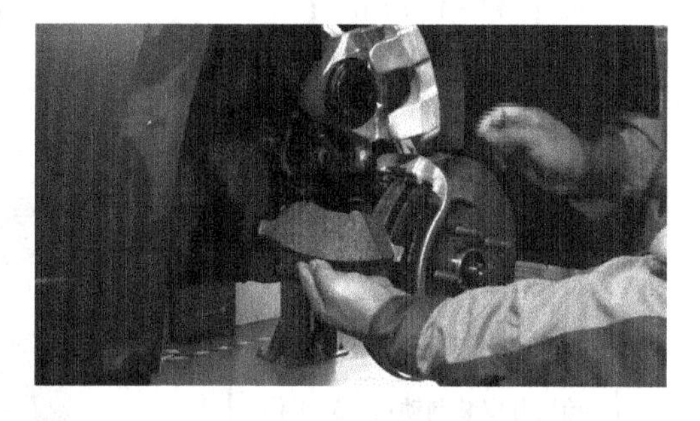

图 3-6-13 拆卸制动片

(3) 分解制动片及其固定弹簧,如图 3-6-14 所示。

第四步:检查并测量制动片厚度。

(1) 目视检查制动片厚度,如图 3-6-15 所示。

(2) 在制动片上做测量标记,如图 3-6-16 所示。

(3) 用直尺测量制动片厚度,如图 3-6-17 所示,科鲁兹轿车不带制动衬块制动片标准厚度 12.0 mm ,最小厚度 2.0 mm。

第五步:安装制动片。

(1) 在新制动片上涂抹消声油,安装消声片。

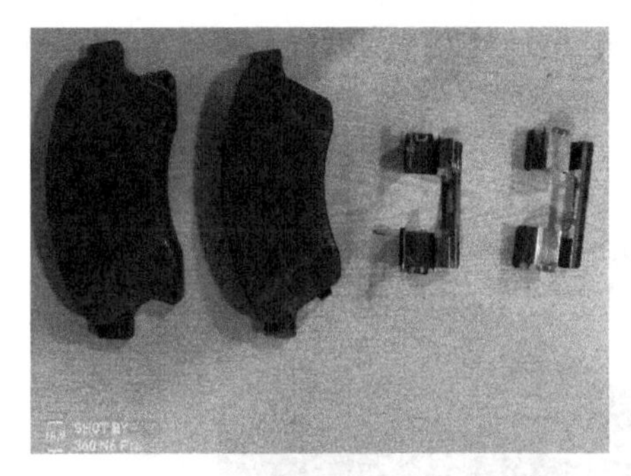

图 3-6-14　分解制动片、固定弹簧

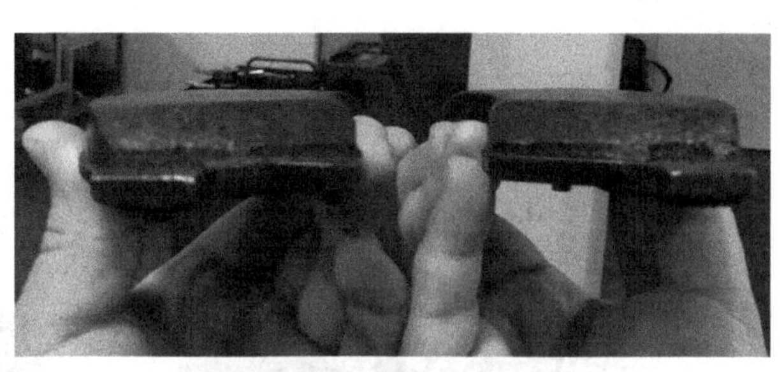

图 3-6-15　目视检查制动片

图 3-6-16　作测量标记

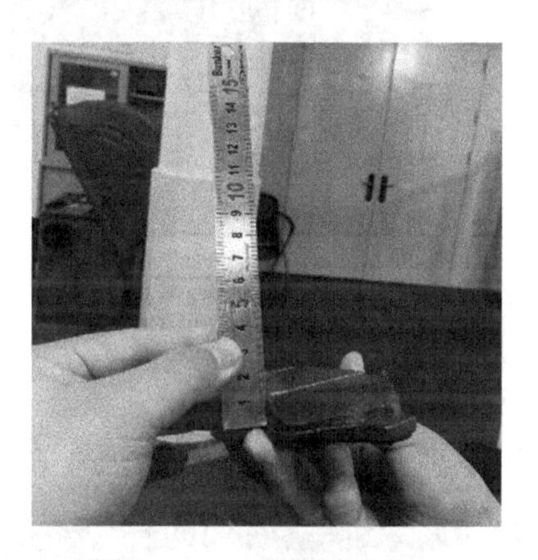

图 3-6-17　测量制动片厚度

(2) 将消声片安装在制动片卡槽上。

(3) 安装制动片报警装置,注意安装方向(不可以装反),如图 3-6-18 所示。

(4) 将制动片平整安装在制动卡钳的支架上,如图 3-6-19 所示。

图 3-6-18　确定安装方向

图 3-6-19　安装制动片

第六步:安装制动分泵,右手稳定开口扳手,左手顺时针旋转梅花开口扳手来紧固分泵固定螺栓,再用扭矩扳手结合 10 mm 套筒以 28 N·m 扭矩来拧紧,如图 3-6-20 所示。

第七步：启动车辆，踩放制动踏板，检查制动过程中制动踏板的响应情况，如图 3-6-21 所示。

图 3-6-20 安装、紧固制动钳

图 3-6-21 检查制动踏板高度

第八步：安装车轮。

（1）双手抱着轮胎举升，卡到安装位置后左手在下端稳定轮胎，右手旋上轮胎螺栓，将启动扳手选择好方向（顺时针）套上合适的套筒后顺时针方向旋紧螺栓，如图 3-6-22 所示。

图 3-6-22 安装车轮

图 3-6-23 紧固轮胎

（2）降下车轮到轮胎接触地面，使用 21 mm 的套筒和可调节扭矩扳手，以对角的顺序拧紧轮胎螺栓，扭矩为 140 N·m，如图 3-6-23 所示。

第九步：整理工具，完成 5S 工作。

2. 检验方法

一人在车内踩制动踏板，另一人观察制动钳活塞复位情况。转动制动盘，制动盘应无异响和卡滞，车轮转动灵活。

3. 注意事项

（1）一般建议每行驶 40 000～60 000 km 更

换制动片。

(2) 制动片更换时一定要成对更换。

3.6.4　项目拓展

1. 典型问题

问题一　造成盘式制动器制动效果不理想的原因有哪些(机械系统方面)?

答:制动片与制动盘有表面划痕、表面腐蚀和磨损不均匀等。

问题二　制动片行驶多少里程更换一次?

答:制动摩擦片必须每 40 000～60 000 km 更换一次,更换时必须成对更换。

2. 知识能力拓展

1) 鼓式制动器的结构

鼓式制动器主要有非平衡式、平衡式和自增力式三种。本书主要介绍现代汽车上常用的非平衡式和自增力式制动器。

目前轿车上使用非平衡式(领从蹄式)制动器的比较多,非平衡式制动器结构如图3-6-24所示。

2) 更换鼓式制动器制动片

鼓式制动器制动片的更换流程,如图 3-6-25 所示。

图 3-6-24　非平衡式制动器的结构

1—轮缸;2—制动底板;3—支承销;
4—制动蹄;5—制动片;6—回位弹簧

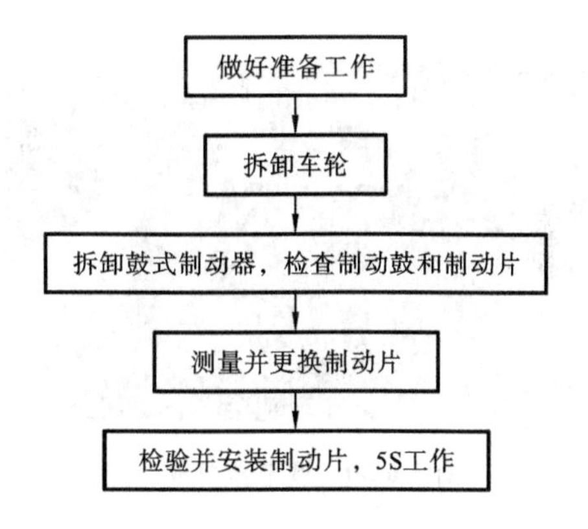

图 3-6-25　鼓式制动器制动片更换流程

第一步:工具的准备,安装三件套、翼子板布。

第二步:举升车辆到合适高度,一般离地 20 cm。用气动扳手拆卸车轮总成,如图3-6-26所示。

第三步:拆下制动鼓螺栓和制动鼓,如图 3-6-27 和图 3-6-28 所示。

第四步:拆下调节器回位弹簧和调节器总成,如图 3-6-29 和图 3-6-30 所示。

第五步:拆卸左右制动片,如图 3-6-31 所示。

第六步:检查制动片厚度并测量制动蹄摩擦衬片厚度。

(1) 使用专用测量工具或游标卡尺测量制动蹄摩擦衬片的厚度,如图 3-6-32 所示。

图 3-6-26 拆下车轮总成

图 3-6-27 拆下制动鼓螺栓

图 3-6-28 拆下制动鼓

图 3-6-29 拆下调节器回位弹簧

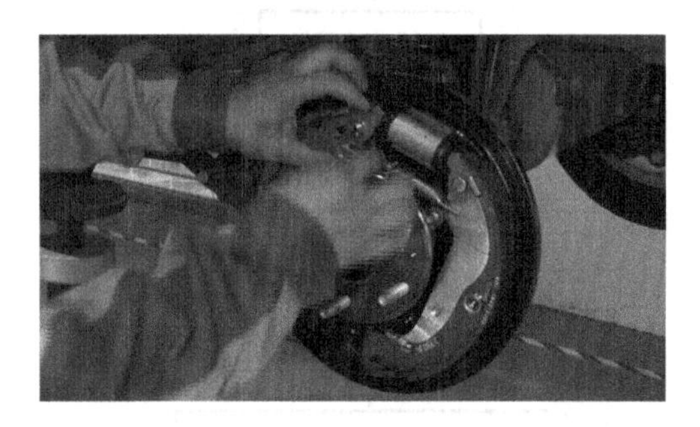

图 3-6-30 调节器总成

图 3-6-31 拆下制动片

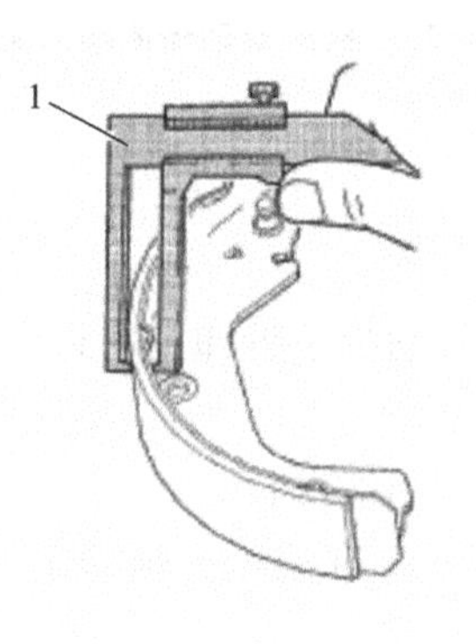

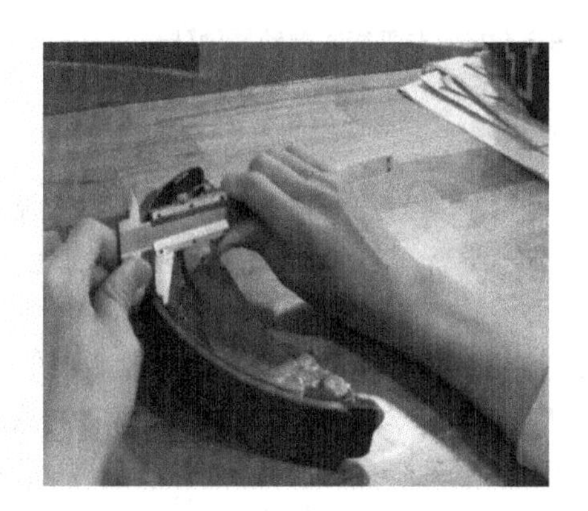

图 3-6-32 测制动蹄摩擦衬片厚度

(2) 将记录的制动蹄摩擦衬片厚度与制动鼓部件规格做比较:如果制动蹄摩擦衬片厚度小于规定值或发现瑕疵,则更换摩擦衬片。

第七步:润滑制动蹄各接合面如图3-6-33所示,安装制动器如图3-6-34所示。

图3-6-33 润滑制动蹄各接合面图

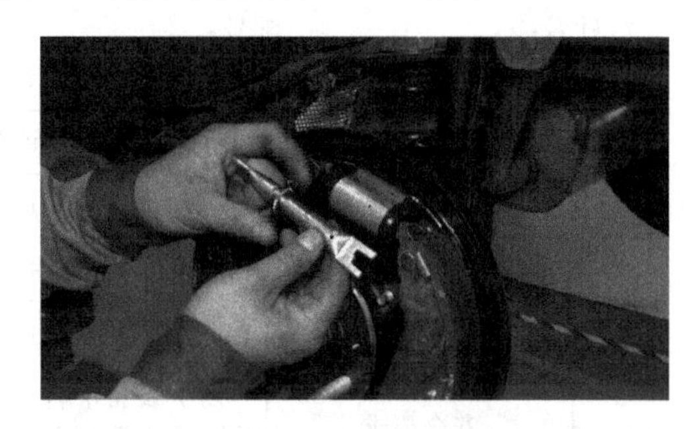

图3-6-34 旋进调节器,安装调节器总成

注意:安装制动鼓,安装鼓式制动器螺钉,并紧固至7 N·m。

第八步:安装轮胎。降下车辆,按图3-6-35所示顺序将车轮螺母紧固至140 N·m。

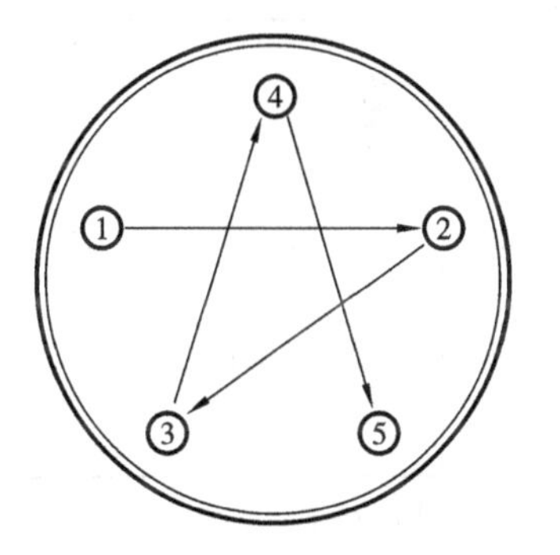

图3-6-35 轮胎拧紧顺序

第九步:整理工具,5S工作。

3. 参考文献与网上学习

(1) 蒋勇,冷永森. 汽车底盘结构与拆装[M]. 北京:中国铁道出版社,2016.

(2) 周军伟,秦芹芹. 汽车机械系统检修[M]. 上海:华东师范大学出版社,2018.

(3) 王锦俞,王磊俊. 汽车保养基础[M]. 2版. 北京:高等教育出版社,2015.

(4) https://zhidao.baidu.com/question/289638640。

(5) http://www.shangc.net/auto/a/201611/0677404.html。

(6) http://www.icauto.com.cn/baike/tlist-513832.html。

(7) https://zhidao.baidu.com/question/1577358825041254580。

(8) http://xue.jinjingshop.com/az/qcwx。

3.6.5 项目组织实施

1. 组织方式

每五个同学一组,协作完成前盘、后鼓制动片更换,按照企业岗位进行作业。每组作业时间为50 min。

2. 生产准备

每组同学配备设备及工具如下。

(1) 车辆:雪佛兰科鲁兹、丰田卡罗拉(或其他相关车辆)各一辆。

(2) 耗材:制动块和制动蹄摩擦片各一套。

(3) 设备:世达维修专用工具一套。

3.6.6 项目评价

评　分　表

姓名：　　　　　　　　　学号：

作业开始时间：　时　分　　　　作业结束时间：　时　分　　　　作业用时：

序号	项目	评分项目	学生自评	学生互评	教师评价
1	时间要求	按规定时间完成项目作业(10分)			
2	质量要求细化	更换盘式制动片操作规范(10分)			
3		更换鼓式制动片操作规范(10分)			
4	安全要求	防护设备准备和使用(10分)			
5		规范操作使用工具(10分)			
6	文明、环保要求	按文明生产规则进行操作(10分)			
7		更换旧件放入规定回收桶(5分)			
8		项目结束工位整理干净(5分)			
9	知识点掌握要求	盘式制动器结构与工作原理(10分)			
10		鼓式制动器结构与工作原理(10分)			
11		制动效果不理想的原因分析(10分)			

考评员签字：　　　　　　　　　　　　　　　　日期

※若发生重大事故(人身和设备安全事故)、严重违反维修原则和存在情节严重的野蛮操作等，由指导教师决定取消相关人员的实操资格。

3.7 检查更换汽车制动液

3.7.1 项目要求

1. 时间要求

50 min 内，在满足操作规范的前提下，熟练快速地更换汽车制动液。

2. 安全文明环保要求

严格按照安全操作规程、文明生产规则及环境保护要求进行项目作业。

3. 知识要求

掌握液压制动系统工作原理以及汽车制动液的作用和更换。

3.7.2 项目分析

1. 经典案例

一辆雪佛兰科鲁兹 1.6 L 轿车在正常行驶过程中出现了制动踏板忽轻忽沉，制动减速度小，制动距离长的现象。

2. 故障现象及分析

引起汽车制动不灵的原因可能是制动液失效、制动管路中渗入空气、制动总泵故障、制动分泵故障、制动器故障等。

维修技师使用制动液含水量快速检测笔，对雪佛兰科鲁兹 1.6 L 轿车进行制动液检查。测试发现检测笔的红色指示灯亮，说明此时车辆的制动液含水量已经高于 2.5%，制动液失效，不能继续使用，需要及时更换。对制动液失效的诊断流程如图 3-7-1 所示。

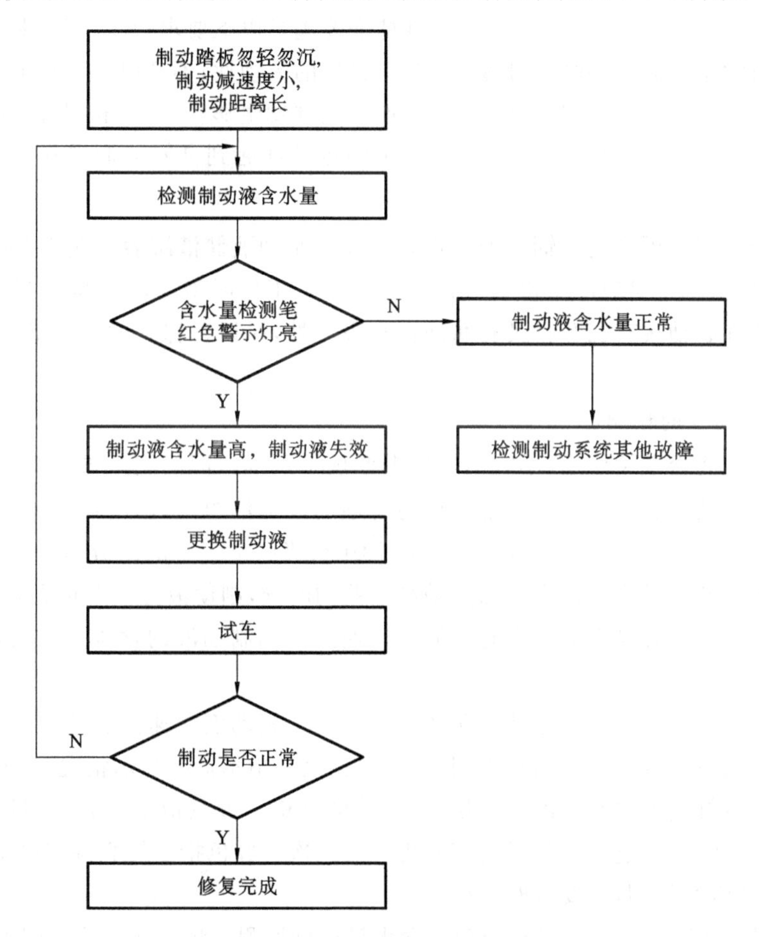

图 3-7-1　制动液失效诊断流程

在进行实际更换制动液操作前，首先要了解有关液压制动系统、汽车制动液、汽车制动液的检测等相关知识，以及维护的作业流程。

3. 理论基础

1）液压制动系统工作原理

液压制动系统的工作原理如图 3-7-2 所示。要使行驶中的汽车实现制动，驾驶员应该踩下制动踏板，通过推杆与主缸活塞使制动主缸中的制动液在一定压力的作用下流入制动轮缸。制动轮缸中的活塞会推动制动蹄绕支承销转动，上端向两边分开而使得制动片压紧制动鼓的内圆柱表面，产生制动力从而实现制动。当驾驶员松开制动踏板，回位弹簧会将制

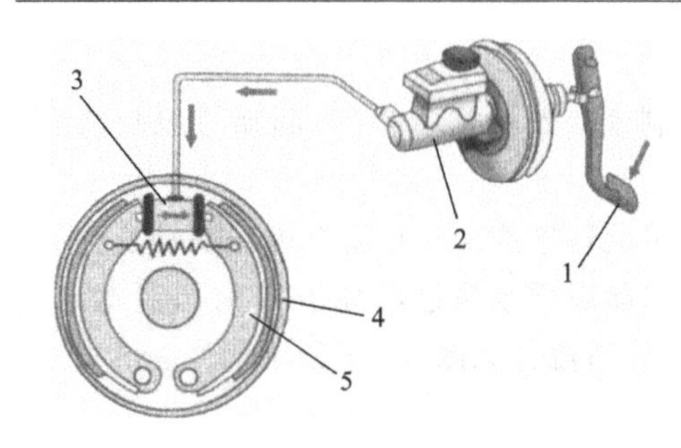

图 3-7-2 汽车液压制动系统工作原理

1—制动踏板；2—制动主缸；3—制动轮缸；4—制动鼓；5—制动蹄

动蹄拉回原位，制动力消失。

2）汽车制动液的作用

制动液是汽车液压制动系统的重要组成部分，是传递制动压力的液态介质。制动液的好坏直接影响着车辆的制动效能，更关系着行车安全。为了保证汽车制动系统工作的可靠性，制动液的性能需要满足以下要求：高温下不易汽化，低温下具有良好的流动性；不会腐蚀接触到的金属件，不会使橡胶件发生膨胀、变硬和损坏；能够对液压系统中的运动件起到良好的润滑作用；吸水性差而溶水性良好。

制动液的检查与更换是车辆保养的重要工作。制动液储液罐表面刻有"Max"和"Min"标记，平时在使用汽车时应注意检查液面高度。正常工作时液面应保持在"Max"和"Min"标记中间。此外制动液有毒并且具有腐蚀性和吸湿性，所以在保存时要注意存放在密封容器中。

3）汽车制动液的检测

鉴定制动液能否继续使用，不能简单根据颜色来判别。旧的制动液有时候也可能会有制动效果。制动液是由乙二醇和其他各种防腐蚀的添加液组成，新的制动液具有较高的沸点，一般在 260℃左右。由于乙二醇在长期使用中会吸收空气中的水分，这样就会降低它原本的沸点。当其沸点降到只比水的沸点稍高一些的时候，制动液已经严重失效，在特定的行驶状况下制动系统很容易失灵。平时我们可以通过检测制动液的含水量或者沸点，对制动液进行分析。

（1）使用制动液快速探测笔对制动液进行检测。制动液快速探测笔上有绿色、黄色和红色 3 种颜色的指示灯。在管内吸入制动液，根据笔上指示灯的显示情况，判断制动液的含水量。绿色指示灯亮说明制动液含水量低，制动液合格。黄色指示灯亮说明制动液含水量一般，可以继续使用，不过 6 个月以后需要再检测一次。红色指示灯亮说明制动液含水量较高，制动液不能继续使用，需要及时更换。

（2）使用制动液快速检测仪对制动液含水量进行检测。将制动液检测仪的探测头完全插入待测量的制动液中，按下红色按钮开关数秒后，根据工作指示灯判断制动液液体的状态。所有的绿色指示灯亮，表示制动液是正常的，含水量低于 0.5%。黄色的指示灯亮，则表示制动液不良，水分含量已经高于 0.5%，可选择更换。红色警示灯亮，并伴随着蜂鸣器响，则说明制动液严重变坏，含水量已经高于 2.5%，制动力严重下降，必须更换。测试完毕后清理并归位探头与仪器。

（3）使用测试沸点的制动液安全检测仪对制动液含水量进行检测。将探头插入制动液储液罐中，接上电源并按下开关，制动液就会被加热到沸点，此时温度就会被精确的电子温度计记录下来，并显示在屏幕上。维修人员可以快速方便地判定制动液是不是需要更换，或者是否在汽车制造商规定制动液测试标准范围内。

3.7.3　项目实施步骤

1. 操作步骤

更换汽车制动液的一般流程如图 3-7-3 所示。

(1) 做好更换制动液前准备工作：准备一辆车(雪佛兰科鲁兹 1.6 L)、一套拆装工具、制动液 1～2 瓶、三件套、翼子板布、一根透明塑料软管、一个透明塑料瓶。

(2) 将车辆点火开关置于“OFF”位置，安装车内三件套，打开发动机舱盖，安装翼子板布。之后将车辆用举升机举起。如图 3-7-4 与图 3-7-5 所示。

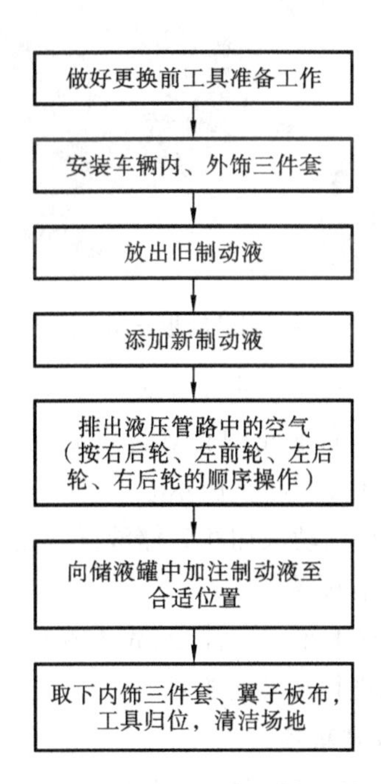

图 3-7-3　更换汽车制动液的流程

图 3-7-4　安装车辆三件套

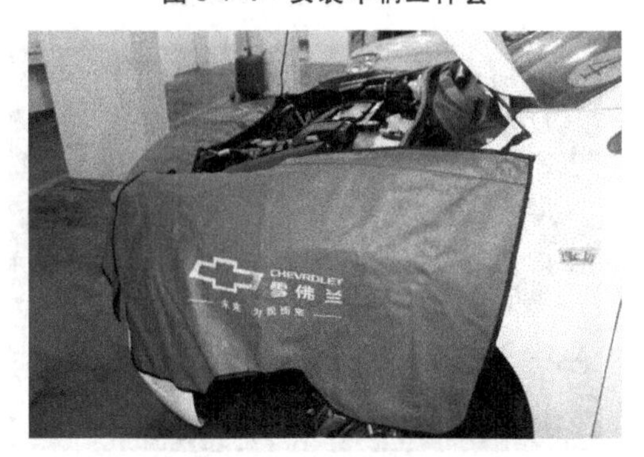

图 3-7-5　安装翼子板布

(3) 摘掉放油口的橡胶防尘帽，将透明塑料软管一端接在放气阀，另一端插在透明塑料瓶中，用扳手拧松放油阀，放出旧制动液，如图 3-7-6 所示。

(4) 一人在车内连续踩下制动踏板，直到制动液不再流出为止，拧紧放气阀，如图 3-7-7 所示。

(5) 在制动液储液罐内加入适量符合要求的制动液，如图 3-7-8 所示。注意加液后必须排出液压管路中的空气。

(6) 排气应有两人操作。一人连续踩制动踏板，另一人拧松放气阀使管路中的空气排出。当空气与制动液一同排出时，立即拧紧放气阀。排气操作一般要反复多次，直到管路中没有气泡排出为止。

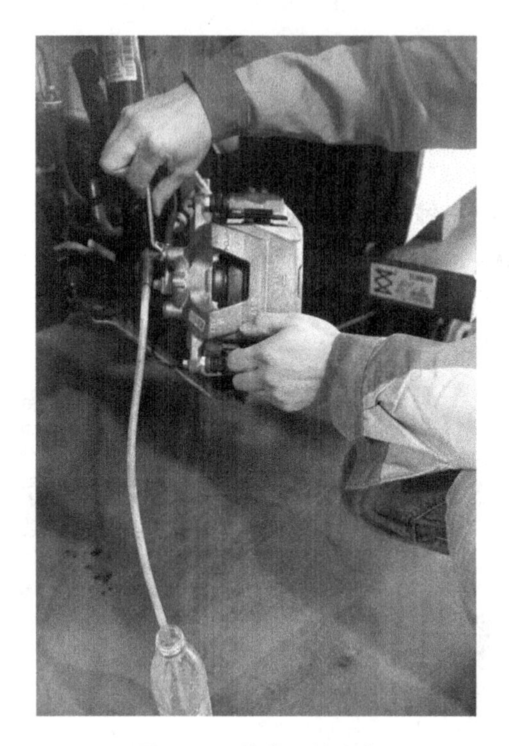

图 3-7-6 放出旧制动液

图 3-7-7 踩下制动踏板至制动液不再流出

图 3-7-8 向储液罐中添加新制动液

(7) 按照同样的方法依次对右后轮、左前轮、左后轮、右前轮的轮缸进行放气操作。如图 3-7-9 与图 3-7-10 所示。

(8) 将制动液加注到储液罐合适位置,安装制动储液罐盖。

(9) 取下车内三件套、翼子板布。对工具箱与场地进行清洁与整理。

2. 注意事项

(1) 一般更换制动液的周期是每 24 个月更换一次或者车辆行驶 30 000 km 更换一次。

(2) 制动液具有毒性与腐蚀性,会刺激眼睛和皮肤,一旦接触要用清水彻底清洗。

(3) 要避免制动液溅到涂漆表面、电气接头、接线或电缆上。制动液会损坏涂漆表面并导致电气部件腐蚀。如果制动液接触到涂漆表面,应立即用水冲洗接触部位。如果制动液接触到电气接头、接线或电缆,用干净的抹布擦除制动液。

(4) 更换制动液前要将制动系统加液口、放气阀处的油污和泥土清理干净,防止杂质进入,污染制动液。

(5) 没有使用完的制动液要加盖密封,经过七天之后仍然没有加入车辆就不能再使用了。

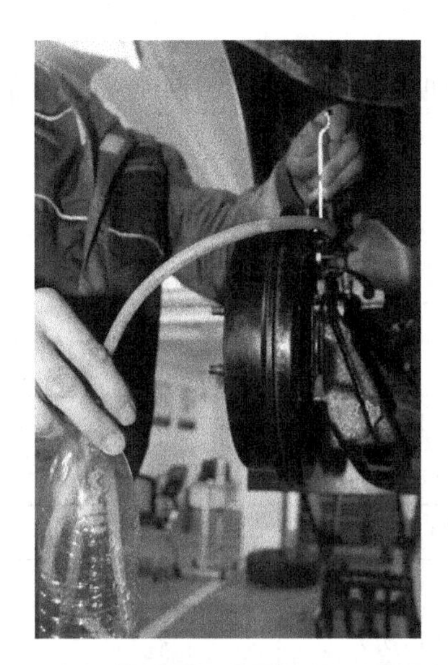

图 3-7-9　依次对右后轮、左前轮、左后轮、右前轮的轮缸进行放气操作(一)

图 3-7-10　依次对右后轮、左前轮、左后轮、右前轮的轮缸进行放气操作(二)

3.7.4　项目拓展

1. 典型问题

问题一:不同类型和不同品牌的制动液是否可以混用?

答:不可以,由于配方不同,混合制动液会造成制动液指标下降。

问题二:在加注制动液前发现制动液有白色沉淀物该怎么办?

答:出现沉淀物应先对制动液进行过滤,过滤后才可以使用。

问题三:制动液的更换周期一定是按照厂家推荐的周期进行更换吗?

答:不一定,要根据车辆的实际情况。如果在实际使用过程中出现了制动踏板忽轻忽沉,制动无力等情况需要对制动液进行检测。

2. 参考文献与网上学习

(1) 陈家瑞. 汽车构造[M]. 北京:机械工业出版社,2014.

(2) https://baike.baidu.com/item/制动液/1562219? fr=aladdin。

(3) https://www.autohome.com.cn/dealer/201701/92922387.html。

3.7.5　项目组织实施

1. 组织方式

每六个同学一组,协作完成制动液的更换,按照企业岗位进行作业。每组作业时间为50 min。

2. 生产准备

每组同学配备设备及工具如下。

(1) 车辆:待保养雪佛兰科鲁兹 1.6 L(或其他相关车辆)一辆。

(2) 耗材:制动液。

(3) 设备:一套拆装工具、三件套、翼子板布、一根透明塑料软管、一个透明塑料瓶。

3.7.6 项目评价

评 分 表

姓名:　　　　　　　　学号:

作业开始时间: 时 分　　　作业结束时间: 时 分　　　作业用时:

序号	项目	评分项目	学生自评	学生互评	教师评价
1	时间要求	按规定时间完成项目作业(10分)			
2	质量要求细化	更换汽车制动液操作规范(35分)			
3	安全要求	防护设备准备和使用(10分)			
4		规范操作使用工具(10分)			
5	文明、环保要求	按文明生产规则进行操作(10分)			
6		项目结束工具、工位整理干净(5分)			
7		注重团队协作(5分)			
7	知识点掌握要求	汽车液压制动系统工作原理(5分)			
8		汽车制动液作用(5分)			
9		更换汽车制动液的注意事项(5分)			

考评员签字:　　　　　　　　　　　　　　日期

※若发生重大事故(人身和设备安全事故)、严重违反维修原则和存在情节严重的野蛮操作等,由指导教师决定取消相关人员的实操资格。

3.8 检查调整车轮定位

3.8.1 项目要求

1. 时间要求

45 min内,在保证操作规范的前提下,熟练快速地完成四轮定位参数测量与调整工作。

2. 知识要求

掌握四轮定位原理及四轮定位仪的组成及功用。

3. 其他要求

严格按照安全操作规程、文明生产规则及环境保护要求进行项目作业。

3.8.2 项目分析

1. 经典故障现象

(1) 方向盘太重;

(2) 行驶跑偏;

(3) 方向盘漂浮不定;

(4) 方向盘不能良好回正;

(5) 方向盘不正;

(6) 轮胎羽毛状磨损;

(7) 轮胎单边磨损。

2. 故障现象及分析

1) 各类故障及其原因

方向盘太重的可能原因为主销后倾角太大、动力转向机构故障。

行驶跑偏的可能原因为后倾角和外倾角偏离合理值。

方向盘不能良好回正的可能原因为主销后倾角太小、助力转向机构故障。

方向盘不正的可能原因为单边前束不相等。

2) 故障诊断排除方法

一般而言,实现批量生产的汽车只有前束和外倾角可以调整。内倾角和后倾角在汽车设计和制造的过程中就已确定好而不能改变。但是,经过长时间的使用后,由于磨损和局部微小破坏,内倾角和后倾角也可能偏离合理值。这时,可以通过加装调整垫片与更换偏心螺栓的方法来进行深度调整。目前,前束调整一般通过转向横拉杆的调整来实现。外倾角调整方法因悬架类型差异而异。

具体的诊断调整流程如图 3-8-1 所示。

在调整过程中,可从以下四个位置来调整定位参数。

(1) 从上控制臂调整。

① 通过增减垫片来对主销后倾角和车轮外倾角进行调整。

② 通过上控制臂的移动来完成对前轮外倾角和主销后倾角的调整。

③ 通过调整凸轮装置旋转角度来完成车轮外倾角和主销后倾角的调整。

④ 通过控制臂上两个偏心凸轮的旋转来完成主销后倾角和车轮外倾角的调整。

⑤ 通过偏心螺栓的旋转来调整车轮外倾角和主销后倾角。

(2) 从下控制臂调整。

① 旋转偏心凸轮调整车轮外倾角。

② 松开并旋转环销调整主销后倾角;旋转偏心螺栓调整车轮外倾角。

③ 松开球头安装螺栓来调整前轮外倾角。

(3) 从减震器顶部进行调整。

① 沿前卡孔左右移动减震器以对前轮外倾角进行调整。

② 向下推前减震器并旋转 180°。如要增大外倾角,则进行顺时针旋转;如要减小外倾角,则进行逆时针旋转。

(4) 从减震器支架部位进行调整的常用方法。

① 旋转减震器上方偏心凸轮螺栓,以对前轮外倾角进行调整。

② 将轮胎往里推或往外拉,可对车轮外倾角进行调整。

③ 向外或向内移动轮胎上部,完成对车轮外倾角的调整。

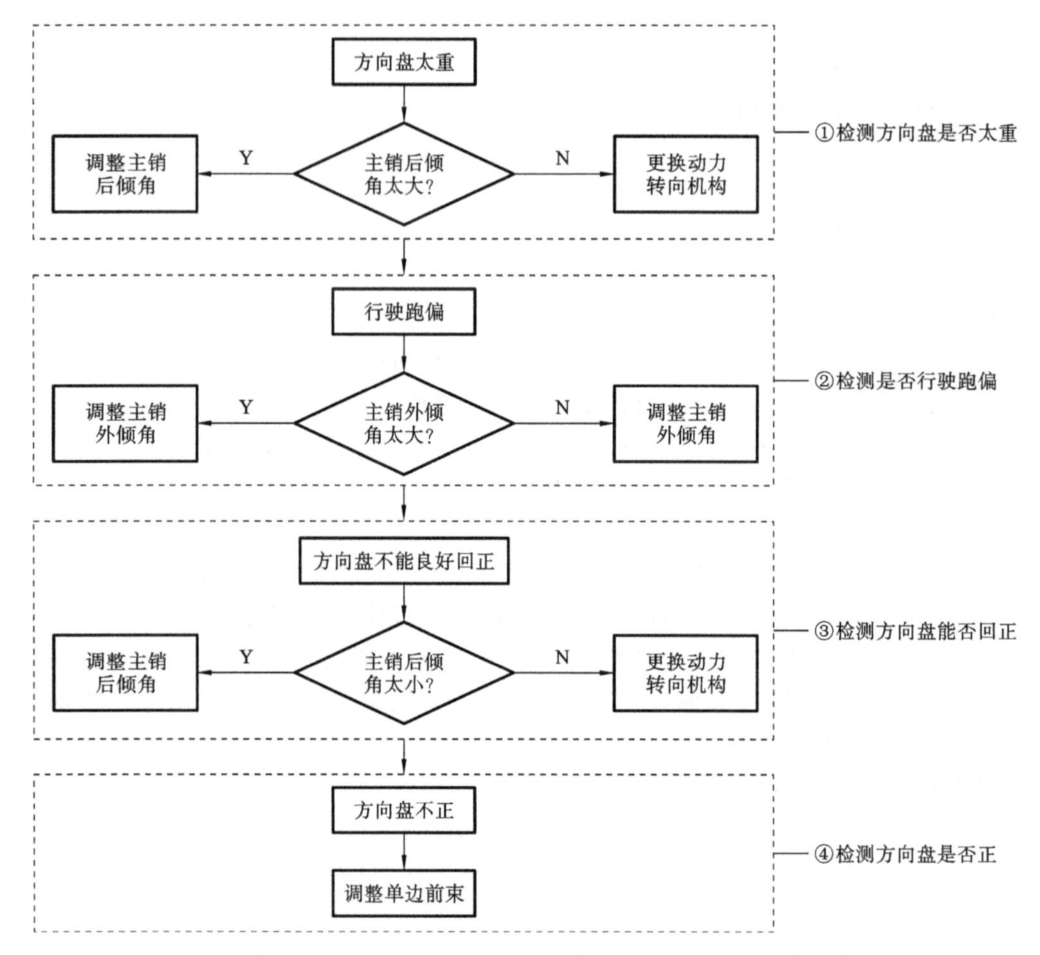

图 3-8-1 车轮定位检测调整流程图

通过对故障现象的分析，在维修当中最主要的就是调整上控制臂、调整下控制臂、调整减震器顶部、调整减震器支架。

3. 理论基础

1）四轮定位关键参数

（1）车辆的几何轴线（见图 3-8-2）。

车轮中心线：垂直于轮胎与路面接触线的直线。

车轮接触点：车轮中心线与车轮旋转轴线的交点。

几何轴线：后轴总前束的中心线，前轮定位参数测量需以此轴为基准。

车辆中心对称面：通过前后轴轮距中点且与行驶平面垂直的面。后轮前束的测量以此面为基准。

（2）车轮前束（见图 3-8-3）。

总前束：轴上两个车轮的前束角之和。

前轴的单独前束：车轮中心线与几何轴线之间的夹角。如果车轮前面接近车辆中心线内侧，则前束为正，反之则为负。

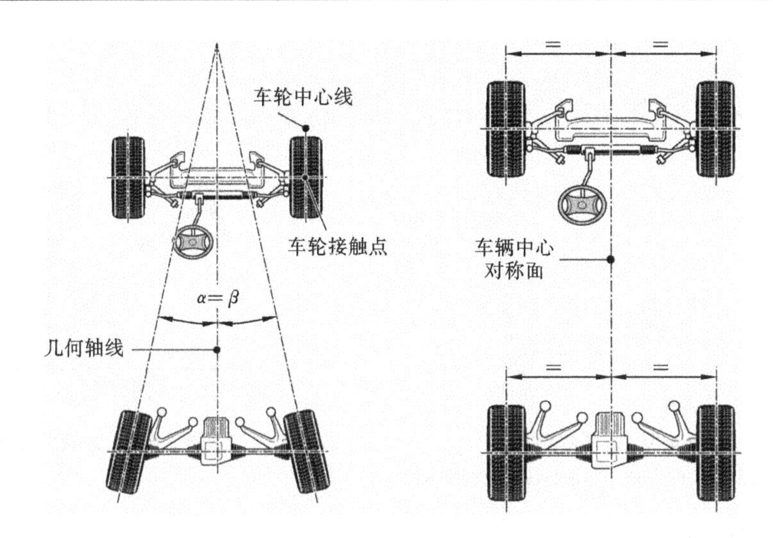

图 3-8-2 车辆几何轴线

后轴的单独前束：车辆中心对称面与车轮中心线之间的夹角。如果车轮前面接近车辆中心对称面的内侧，则前束为正，反之则为负。

（3）车轮外倾角（见图 3-8-4）。

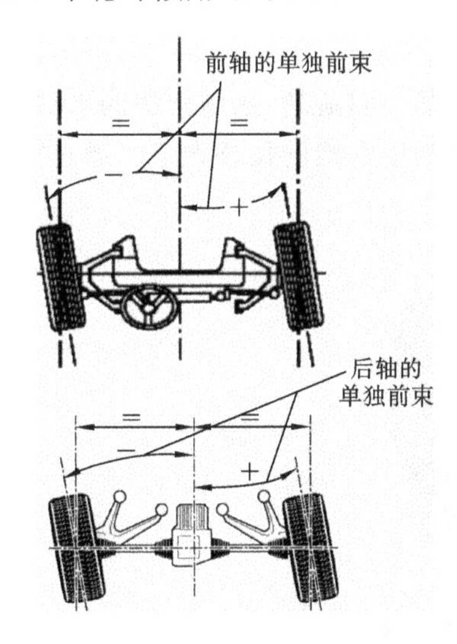

图 3-8-3 车轮前束

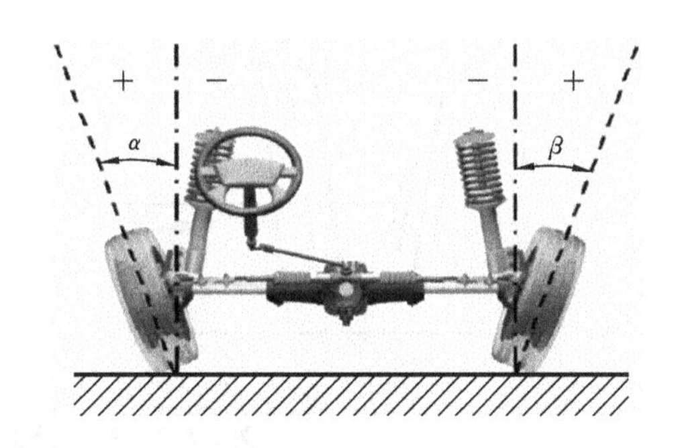

图 3-8-4 车轮外倾角

车轮与路面接触中心同路面垂直面之间的夹角。如果车轮顶部接近车身垂直中心线，则外倾角为正，反之为负。

（4）主销内倾角（见图 3-8-5）。

向车身内部倾斜的主销与路面垂线所形成的夹角。

（5）主销后倾角（见图 3-8-6）。

主销后倾角是主销轴线与路面垂直线之间的夹角。当主销线位于路面垂直线后侧时，主销后倾角为正，反之为负。

主销后倾角可保证产生使车轮回正的作用力。

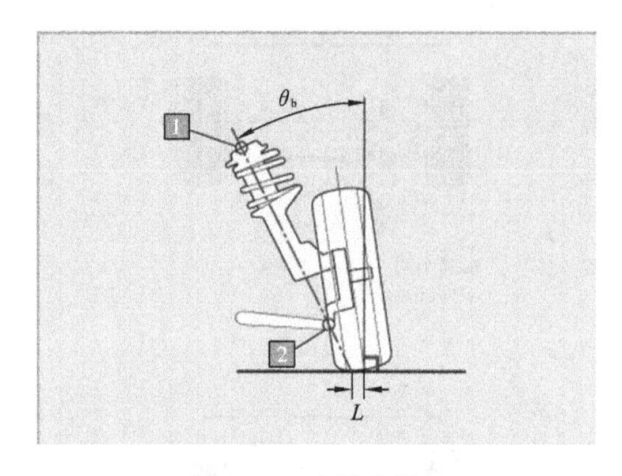

图 3-8-5 主销内倾角

1—主销与悬架装配点；2—主销与转向拉杆装配点

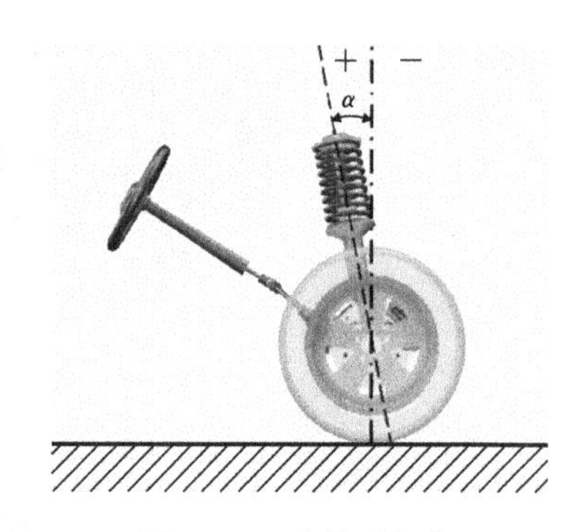

图 3-8-6 主销后倾角

2）四轮定位的检测原理

（1）车轮前束。

将方向盘置于中间无偏置的位置，随后通过拉线或光照形成矩形。将汽车置于该矩形内，车轮不同位置的光敏三极管接收光线时所响应出的电信号是不同的，其响应值经换算后即可得到前束值。

（2）车轮外倾角。

使用水泡水准仪测量外倾角，如图 3-8-7 所示。车轮一旦旋转，水泡管中的水泡将向车轮一侧偏移。此时，设法将气泡管调至水平，测量此过程中水泡的位移大小。通过换算，即可得到车轮外倾角。

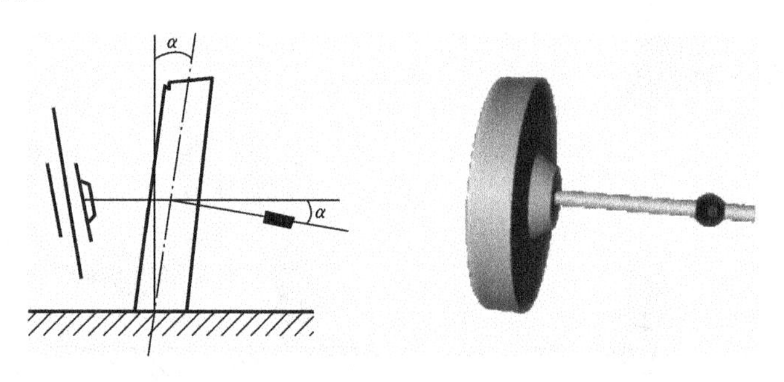

图 3-8-7 车轮外倾角检测原理

（3）主销后倾角。

OA 为主销线，γ 为后倾角，OC 为转向节轴，OA 与 OC 为直角，OC 绕 OA 转动时形成一个平面 OCC'。OC 上装了一个气泡管，当车轮转动时，气泡左右移动。通过间接测量水泡的位移量，就可以测得后倾角 γ 的大小，如图 3-8-8 所示。

（4）主销内倾角。

固定于转向节 OC 前端的水泡管 EF 相对于初始位置 $E'F'$ 存在一转角。该转角的存在使水泡管中水泡产生一相应的位移。因此，通过测量水泡的位移量，就可以换算出内倾角 β 的大小，如图 3-8-9 所示。

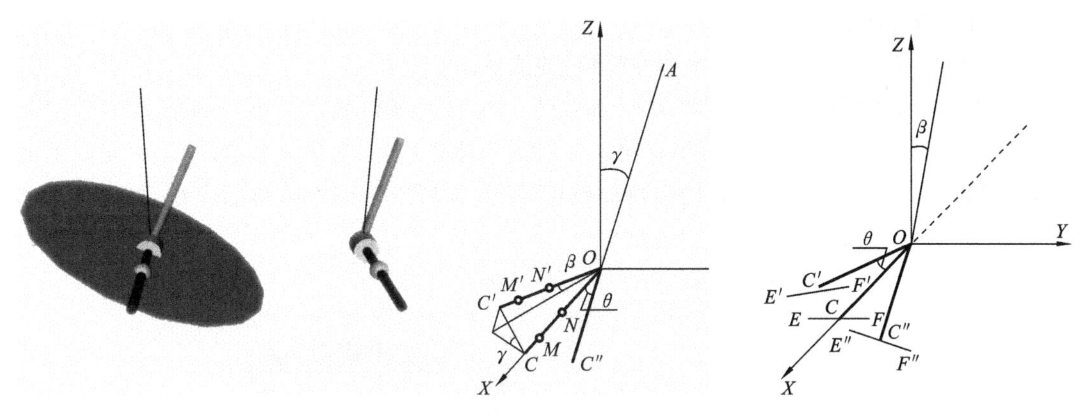

图 3-8-8　主销后倾角检测原理　　　　图 3-8-9　主销内倾角检测原理

3.8.3　项目实施步骤

1. 操作步骤

1）四轮定位的检测

使用四轮定位仪可对前轮前束、前轮外倾角、主销后倾角、主销内倾角、后轮前束角、后轮外倾角、车辆轮距、车辆轴距、转向 20°时的前张角、推力线和左右轴距差等进行检测。

（1）安装车轮卡具和传感头。

将每个车轮卡具（见图 3-8-10）和传感头总成安装在车轮轮圈上。

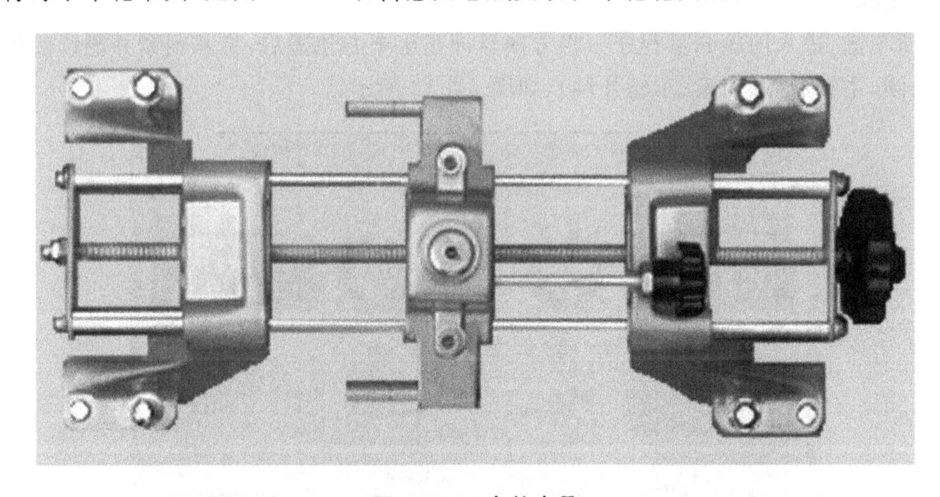

图 3-8-10　车轮卡具

拉伸上下滑板使卡具夹紧轮圈，卡具手柄必须向上且垂直于地面。为保证夹具锁紧车轮，需要转动手轮并进行调整，然后用防滑胶圈将夹具固定在轮胎上。

（2）选择制造厂家和车型。

选择相应车辆制造商和车型，按回车键确定后有关技术参数将会显示出来；按回车键，进入项目检查选项。

(3) 包容角(主销后倾角＋主销外倾角)的测量。

进入主销后倾角测量程序，将方向盘右转 10°，直到屏幕显示“OK”；再将方向盘左转 10°，直到屏幕上显示“OK”；最后将方向盘转回到 0°位置，直到屏幕上显示“OK”。完成主销后倾角测量以后，便能直接读取包容角的数值，从而推算出主销外倾角的大小，如图 3-8-11 所示。

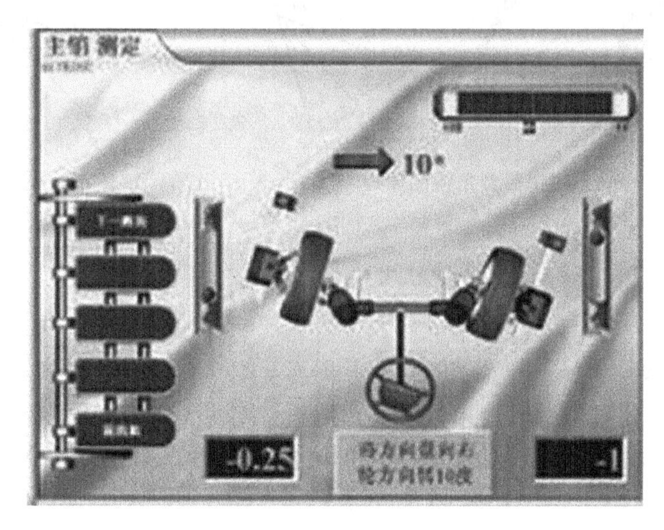

图 3-8-11　包容角的测定

(4) 前轮测量。

按回车键，进入前轮测量程序。将方向盘回正至中心位置后，将其锁紧并测读前轮数据(主销内倾、主销后倾、前束、车轮外倾)，如图 3-8-12 所示。

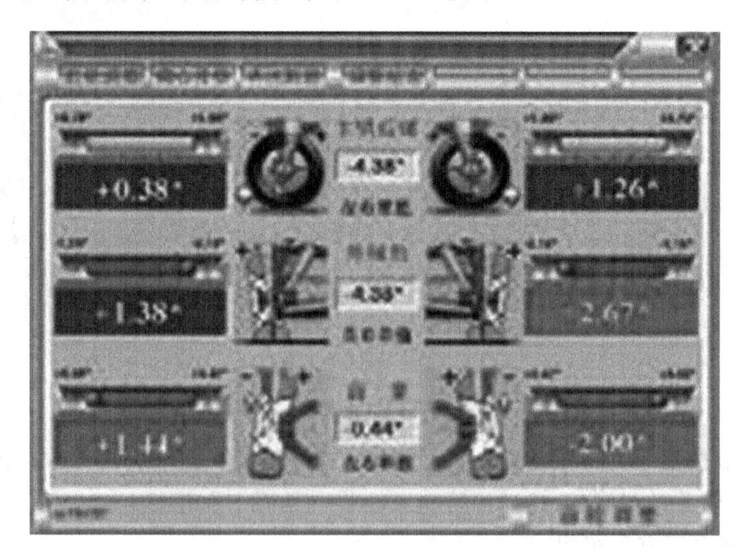

图 3-8-12　前轮测读调整屏

(5) 打印测量结果。

2) 四轮定位的调整

(1) 调整后轮前束和外倾角。

先调后轮，再调前轮；后轮先调外倾角，再调前束角；前轮先调主销后倾角，再调车轮外倾角，最后调前束角。

一般使用如图 3-8-13 所示全接触式后轮定位调整片来对后轮外倾角和前束角进行调整。具体步骤如下。

图 3-8-13　轿车前束的调整

① 将后轮及轮毂拆卸下来，并清洗与垫片接触的表面。

② 垫片按以下要求放置：

如果要增加外倾角，则需使角度标注片朝上放置；如需减小外倾角，则需使角度标注片朝下放置。

如果要增大前束角，则需使角度标注片朝后放置；如果要减小前束角，则需使角度标注片朝前放置。

③ 重新安装轮毂和车轮。

(2) 调整前轮定位参数。

① 通过恰当地增减垫片的数量，对主销后倾角和车轮外倾角进行恰当的调整，如图 3-8-14所示。

② 通过适当地移动上控制臂的位置，对前轮外倾角和主销后倾角进行调整，如图3-8-15 所示。

③ 通过对凸轮旋转恰当的角度，来对车轮外倾角和主销后倾角进行调整，如图 3-8-16 所示。

④ 通过旋转两个偏心螺栓，来对车轮外倾角和主销后倾角进行调整，如图 3-8-17 所示。

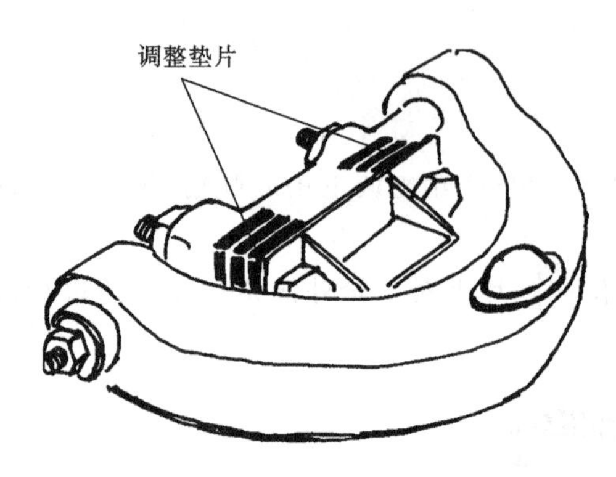

图 3-8-14　增减垫片调整主销后倾角和车轮外倾角

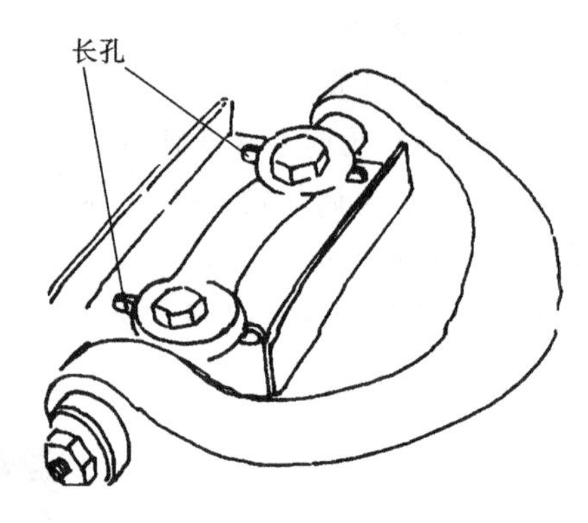

图 3-8-15　移动上控制臂来调整前轮外倾角和主销后倾角

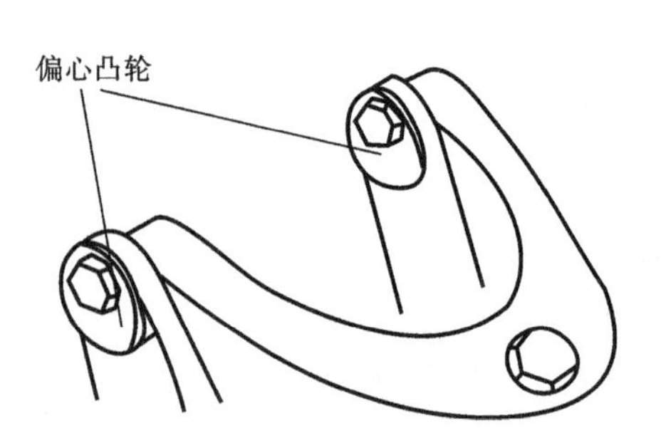

图 3-8-16　旋转凸轮调整车轮外倾角和主销后倾角

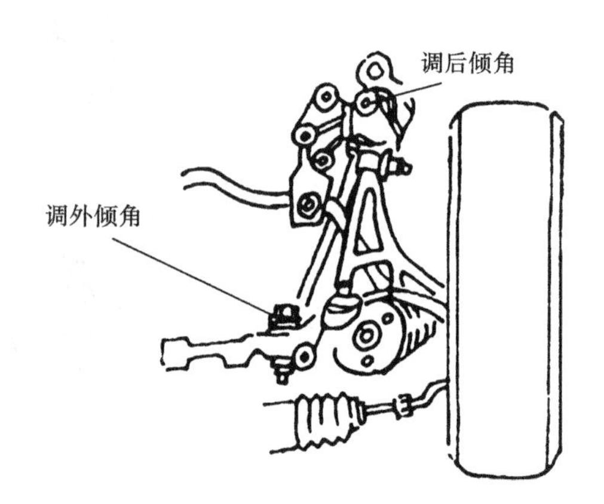

图 3-8-17　旋转两个偏心螺栓调整车轮外倾角和主销后倾角

⑤ 通过球头的推进和拉出，完成对前轮外倾角的调整，如图 3-8-18 所示。

⑥ 通过使减震器沿前卡孔左右移动，来完成对前轮外倾角的调整，如图 3-8-19 所示。

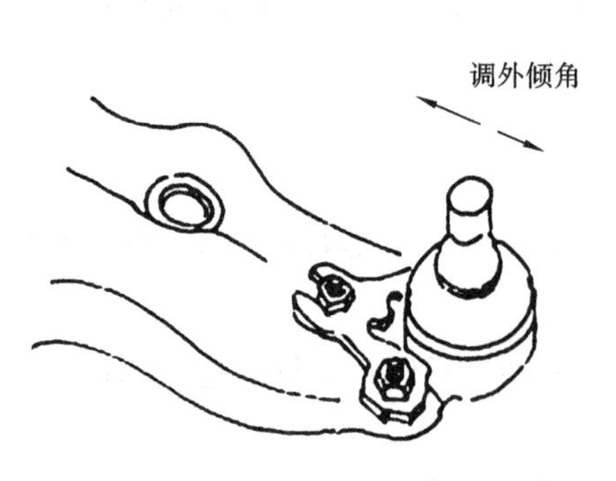

图 3-8-18　推动偏心球头调整前轮外倾角

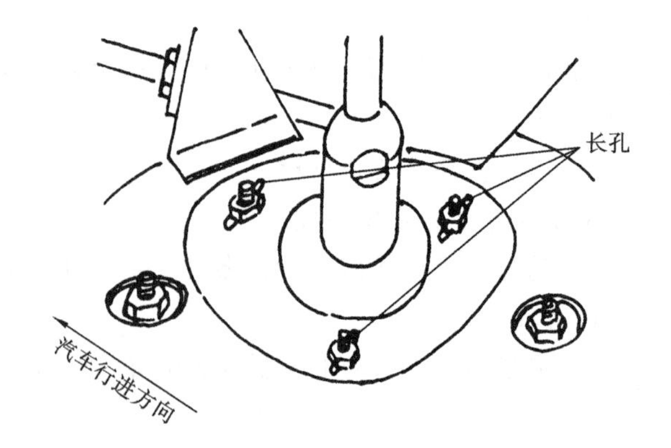

图 3-8-19　松开前减震器顶定位螺栓移动减震器来调整前轮外倾角

⑦ 通过内推或外拉轮胎，来完成对车轮外倾角的调整，如图 3-8-20 所示。

⑧ 通过向外或向内移动轮胎上部，完成对车轮外倾角的调整，如图 3-8-21 所示。

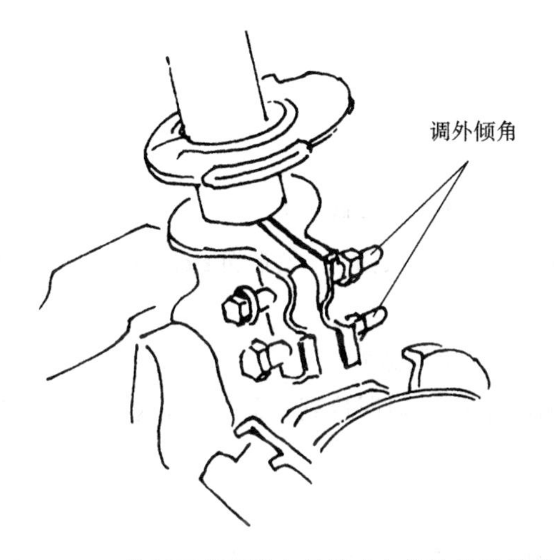

图 3-8-20　松开两个螺栓向里推或向外拉轮胎调整

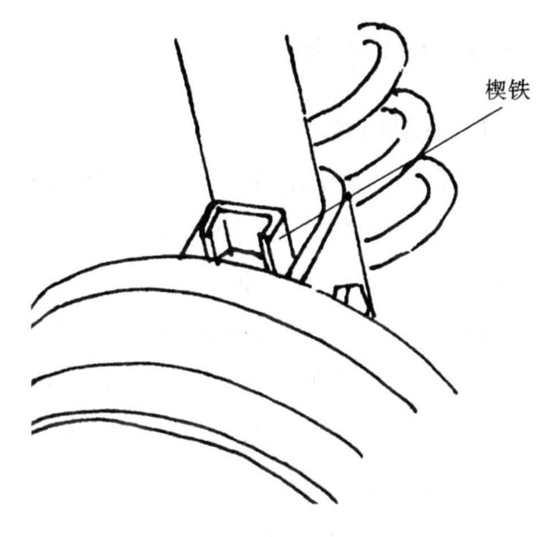

图 3-8-21　松开减震器后加进楔型锯齿边

2. 检验方法

1）前轮前束

前束值规定值：0°±10′。

方向盘锁紧螺母拧紧力矩：35±3 N·m。

检查方向盘是否水平。

2）前轮外倾角

前轮外倾角容许值：－24′±20′。

3）主销后倾角和内倾角。

主销后倾角容许值：3.95°±30′，

主销内倾角容许值：12.56°±30′。

3. 注意事项

在测量过程中需要注意的事项。

（1）四轮定位中转盘可自由无阻力地旋转及前后左右滑动。

（2）后轮滑板要左右滑动 3°以上的转动角度。

（3）安装机头传感器于轮胎中心点。

（4）做钢圈不圆补偿，消除由于轮胎及钢圈不圆引起的误差。

（5）放下车身到定位平台时须跳弹车身。

（6）测量前轮前束之前，必须将撑开杆架于两前轮间或用双手向外推开前轮以排除两前轮球头之间的间隙。

（7）测量前束时，前轮须转正直且方向盘在正中以及机头传感器须保持水平。

(8) 调整角度顺序是先调整理后轮的角度再前轮的角度，且以后倾角、外倾角及前束角等的先后顺序。

(9) 转测后倾角时车身不可移动。

3.8.4 项目拓展

1. 典型问题

问题一　轮胎出现不正常磨损时，为什么要进行四轮定位调整？

答：轮胎的偏磨主要因车轮前束值不合理而引起。前束过大，轮胎外缘磨损严重；前束过小，轮胎内缘磨损严重。

问题二　转向系维修更换后，为何要进行四轮定位调整？

答：转向系维修更换后，方向盘和更换前相比，很难自动回位到中间位置，这样就会引起前束的改变，进而导致轮胎的剧烈磨损。

2. 知识能力拓展

(1) 简单说明四轮定位的主要参数和定位原理，并画出四轮定位原理图。

(2) 简单说明四轮定位的检测和参数调整过程。

3. 参考文献与网上学习

(1) 陈家瑞. 汽车构造(下册)[M]. 3 版. 北京：机械工业出版社，2009.

(2) 四轮定位的调整内容讲解，https://wenku.baidu.com/view/4e22ccaa3169a4517723a3fa.html。

(3) 四轮定位检测技术和原理，https://wenku.baidu.com/view/e7403725ef06eff9aef8941ea76e58fafab045c9.html。

(4) 四轮定位的检测，https://wenku.baidu.com/view/27d169f679563c1ec4da7162.html。

3.8.5 项目组织实施

1. 组织方式

每五个同学一组，协作完成四轮定位参数的检测及调整工作，按照企业岗位进行作业。每组作业时间为 50 min。

2. 生产准备

每组同学配备设备及工具如下。

(1) 车辆：待保养雪佛兰科鲁兹(或其他相关车辆)一辆。

(2) 耗材：四轮定位检测仪一台。

(3) 设备：四轮定位调整专用工具设备等。

3.8.6　项目评价

评　分　表

姓名：　　　　　　　　　学号：

作业开始时间：　时　分　　　　作业结束时间：　时　分　　　　作业用时：

序号	项目	评分项目	学生自评	学生互评	教师评价
1	时间要求	按规定时间完成项目作业(10分)			
2	质量要求细化	四轮定位故障识别操作规范(10分)			
3		四轮定位参数测量操作规范(10分)			
4		四轮定位参数调整操作规范(10分)			
5	安全要求	防护设备准备和使用(10分)			
6		规范操作使用工具(10分)			
7	文明、环保要求	按文明生产规则进行操作(10分)			
8		更换旧件放入规定回收桶(5分)			
9		仔细停放车辆(5分)			
10		项目结束工位整理干净(5分)			
11	知识点掌握要求	四轮定位原理(5分)			
12		四轮定位检测原理及方法(5分)			
13		四轮定位调整原理及方法(5分)			

考评员签字：　　　　　　　　　　　　　　日期

※若发生重大事故(人身和设备安全事故)、严重违反维修原则和存在情节严重的野蛮操作等，由指导教师决定取消相关人员的实操资格。

本章小结

本章介绍了底盘的基本结构及组成，分析了基于工作过程的典型项目，包括检查维护变速箱、更换半轴防尘套、检查和调整转向盘的自由行程、检查更换车辆减震器、检查更换制动片、检查更换汽车制动液、检查车轮定位等。重点在于掌握变速箱、减震器、制动片、车轮定位的拆装及检修。

通过对本章的学习，要求：第一，掌握底盘四大系统的功用和组成，其中四大系统包括传动系统、行驶系统、转向系统、制动系统；第二，通过对典型项目基于工作过程的分析，掌握七个典型项目维护保养的基本技能，包括底盘系统主要零部件的拆装、检测及更换方法。

第4章　电器设备部分典型项目

4.1　知识概要

汽车电器技术经历了一百多年的发展历程，电子技术的快速发展，使汽车上的电器设备数量越来越多；计算机技术、传感技术在汽车上广泛应用使汽车电器逐步智能化。电器系统是汽车的重要组成部分之一，它的性能直接影响了汽车的动力性、经济型、排放性、舒适性等性能。汽车电器设备增多并且越来越复杂，使汽车电器故障亦变得更加隐蔽难查，故业内广泛流传“不懂汽车电器，就等于不懂汽车”之说。因此了解汽车电器和电子设备有关知识，掌握汽车电器与电子维修技能，是汽车使用、维护与维修的重要任务。

4.1.1　汽车电器

汽车电器主要由电源系统、启动机、点火系统、空调系统、照明系统、信号系统、仪表系统和辅助电气系统等组成（见图4-1-1）。

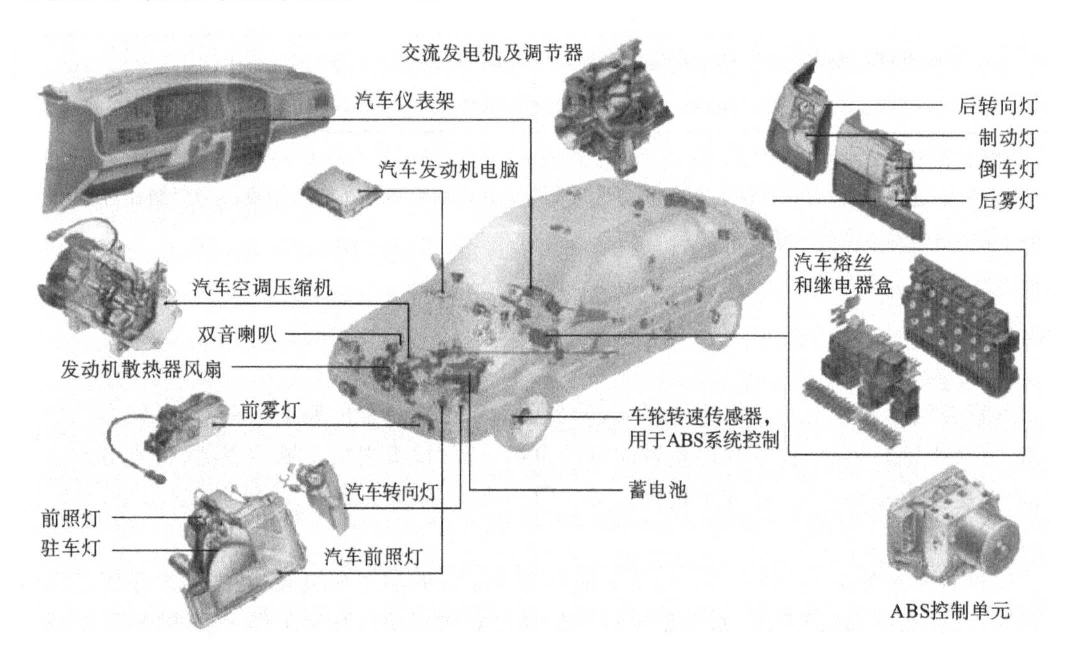

图4-1-1　汽车主要电器示意图

1. 电源系统

汽车电源系统主要包括蓄电池、发电机、调节器三大部分。发电机和蓄电池是汽车的供电源。蓄电池与发电机并联，向用电设备供电，通常在汽车启动时使用它。蓄电池为可逆的直流电源。

发电机是汽车用电设备的主要电源，发电机正常工作时，对除启动机以外的所有的汽车用电设备供电，并向蓄电池充电，以补充蓄电池在使用中所消耗的电能。

为了满足用电器和蓄电池的要求，对发电机的供电电压和电流变化范围有一定的限制，这些限制需要通过调节器来实现。调节器的作用是使发电机的输出电压保持恒定。汽车用电器都是按照一定的直流电压设计的，汽油机常用 12 V，柴油机常用 24 V。

直流发电机所匹配的调节器一般由电压调节器、电流限制器、截断继电器三部分组成。交流发电机调节器可大大简化，由于硅二极管具有单向导电的特性，当发电机电压高于蓄电池动势时，二极管有阻止反向电流的作用，所以交流发电机不再需要截流继电器。由于交流发电机具有限制输出电流的能力，因此也不再需要限流器。但它的电压仍是随转速变化而变化的，所以为了得到恒定的直流电压，还必须装有电压解调器。

2. 启动机

启动机是用来启动发动机的，它主要由电机部分、传动机构（或称啮合机构）和启动开关三部分组成。

3. 点火系统

点火系统包括点火开关、点火线圈、分电器总成、火花塞等，其作用是产生高压电火花，点燃汽油发动机汽缸内的混合气。在现代汽油发动机中，气缸内燃料和空气的混合气大多采用高压电火花点火。电火花点火具有火花形成迅速，点火时间准确，调节容易等优点。为了在气缸中产生高压电火花，必须采用专门的点火装置。点火装置按电能的来源不同，可分为蓄电池点火和磁电式点火两大类。

4. 空调系统

空调系统是实现对车内空气进行制冷、加热、换气和空气净化的装置。现代空调系统由制冷系统、供暖系统、通风和空气净化装置及控制系统组成。

5. 照明系统

照明系统包括汽车内、外各种照明灯及其控制装置，用来保证行车安全。主要有前照灯、雾灯、尾灯、制动灯、棚灯、电喇叭、转向灯等。

6. 信号系统

信号系统包括喇叭、蜂鸣器、闪光器及各种行车信号标识灯。用来保证车辆运行时的人车安全。

7. 仪表系统

仪表系统包括各种电器仪表（电流表、充电指示灯或电压表、机油压力表、温度表、燃油表、车速及里程表、发动机转速表等），用来显示发动机和汽车行驶中有关装置的工作状况。从而帮助驾驶员随时掌握汽车主要装置的工作情况，及时发现和排除可能出现的故障和不安全因素，以保证良好的行使状态。汽车常用仪表有电流表、水温表、发动机机油压力表、燃油油量表及车速里程表，有的汽车还有发动机转速表和制动系储气筒气压表等。汽车仪表正在向简洁明了模拟式仪表或液晶模仿电子式仪表方向发展。

8. 辅助电气系统

辅助电气系统是由为提高车辆安全性、舒适性等而设置的各种电器装置组成的电路。

辅助电器装置的种类随车型不同而有所差异，汽车档次越高，辅助电器装置越完善。一般包括风窗刮水及清洗装置、风窗除霜(防雾)装置、空调装置、电视音响装置、车窗电动举升装置、电控门锁等。现代车型上还装有倒车雷达、行车记录仪、电动座椅调节装置、电动遥控后视镜等。

随着半导体集成电路技术和微处理器发展，汽车采用了许多新的智能化的电器设备，如自动导航系统、自动灯光系统、车载通信系统、上网设备、汽车信息系统、汽车防撞报警系统及电子后视镜等，从而提高了汽车的安全性、舒适性、经济性和娱乐性。

4.1.2 汽车电子控制装置

1. 总线技术简介

随着汽车逐步向自动化和智能化转变，汽车上的电子电器装置数量急剧增多，为了减少连接导线的数量和重量，克服传统的电气系统采用点对点的单一通信方式和相互之间少有联系的缺点，现代汽车上广泛采用了总线技术。该技术是将各种汽车电子装置连接成为一个网络，通过数据总线发送和接收信息。通过数据总线可以访问任何一个电子控制装置，可以读取故障码对其进行故障诊断，使整车维修工作变得更为简单。

2. 汽车电子控制系统简介

汽车电子控制系统是现代汽车必不可少的系统，也是汽车维修人员需要学习和掌握的知识。

汽车电子控制系统在硬件结构上一般由传感器、电子控制单元(ECU)和执行机构组成。各传感器不断检测汽车运行的工况信息，并将这些信息实时地通过汽车总线传送给ECU。ECU接收到这些信息时，根据内部预先编写好的控制程序，进行相应的决策和处理，并将控制信号发给相应的执行器，执行器接收到控制信号后，执行相应的动作，实现相应的功能。

汽车电子控制系统通常分为发动机电子控制系统、底盘综合控制系统、车身安全系统、通信系统等。

1) *发动机电子控制系统(EECS)*

通过对发动机点火、喷油、空气与燃油的比率、排放废气等进行电子控制，使发动机在最佳工况状态下工作，提高了整车性能、节约燃油、降低废气排放量。

(1) 电控点火系统(ESA)　根据传感器测得的发动机参数进行运算、判断后，调节点火时刻，使发动机在不同转速和进气量等条件下，保证在最佳点火提前角下工作，使发动机输出最大的功率和转矩，降低油耗和排放。该系统分为开环和闭环两种控制。电控点火装置闭环控制系统通过爆震传感器进行反馈控制，其点火时刻的控制精度比开环高，但排气净化差些。

(2) 电控燃油喷射系统(EFI)　根据传感器测得的空气流量、进气温度、发动机转速及工作温度等参数，计算出最佳工况时的供油控制参数，适时调整供油量，使发动机始终在最佳状态下工作，发动机的综合性能得到提高。在闭环控制系统中，由计算机根据氧传感器输出的含氧浓度信号修正燃油供给量，使混合气空燃比保持在理想状态下。

(3) 废气再循环控制系统(EGR)　根据发动机运行参数，准确控制数控式EGR阀开口，将一部分排气中的废气引入进气侧的新鲜混合气中再次燃烧，以抑制发动机有害气体氮氧化合物的生成。根据发动机的工况适时地调节参与废气再循环的废气循环率，达到降低废气中氮氧化合物排放目的。

2）底盘综合控制系统

包括电控自动变速器(ECAT)、防抱死制动系统(ABS)与驱动防滑系统(ASR)、车辆稳定性控制系统(VSC)、电子转向助力系统(EPS)、自适应悬挂系统(ASS)、巡航控制系统(CCS)等。

(1) 电控自动变速器(ECAT)　根据发动机的载荷、转速、车速、制动器工作状态及驾驶员所设置的各种运行参数，经计算、判断后自动地改变变速杆的位置，按照换挡特性精确地控制变速比，从而实现变速器换挡的最佳控制，得到最佳挡位和最佳换挡时间。自动变速器具有提高换挡舒适性、行驶平稳性，变速器传动效率高、油耗低、使用寿命长等优点。

(2) 防抱死制动系统(ABS)　汽车防抱死制动系统可以感知制动轮每一瞬时的运动状态，通过控制防止汽车制动时车轮的抱死来保证车轮与地面达到最佳滑动率，从而使汽车在各种路面上制动时，车轮与地面都能达到纵向的附着系数和较大的侧向附着系数，以保证车辆制动时不发生抱死拖滑、失去转向能力等不安全的因素，可使汽车在制动时维持方向稳定和缩短制动距离，有效地提高了行车的安全性。

(3) 驱动防滑系统(ASR)　汽车防滑系统是在车轮出现滑转时，通过对滑转车施以制动力或控制发动机的动力输出来抑制车轮的滑转，以避免汽车牵引力和行驶稳定性下降。该系统是ABS功能的进一步发展和重要补充。ASR系统和ABS系统密切相关，通常配合使用，构成汽车行驶的主动安全系统。

典型的具有制动防抱死和驱动防滑功能的汽车防滑控制系统中，驱动防滑系统和制动防抱死系统共用车轮转速传感器和电子控制单元(ECU)，只在通往驱动车轮制动轮缸的制动管路中增设一个驱动防滑系统制动压力调节装置，在由加速踏板控制的主节气门上方增设一个由步进电动机控制的副节气门，并在主、副节气门外各设置一个节气门开度传感器，即可实现驱动防滑控制。

(4) 车辆稳定性控制系统(VSC)　在ABS/ASR的基础上开发的控制功能更完全的全新一代汽车主动安全控制装置。通过四轮独立地自动加压的制动控制和发动机扭矩控制，以抑制急转向操作或路面状况突变等突发事态时后轮的侧滑(自转现象)、前轮的侧滑(漂移现象)等现象的发生，达到确保汽车行驶的稳定性。它由轮速传感器、监测汽车动态的横摆传感器、横向及前后加速度传感器、监测驾驶员操作的转向角传感器、液压传感器等各类传感器和控制器(ECU)以及可以对四轮进行主动制动加压的液压促动器构成，可与发动机ECU之间进行通信，实现对发动机的控制。

(5) 电子转向助力系统(EPS)　采用电子控制技术对转向电动机进行控制，转向电动机产生的动力协助驾车者进行动力转向。电子转向助力系统一般是由转矩(转向)传感器、电子控制单元、电动机、减速器、机械转向器以及蓄电池电源等构成。电子转向助力系统提高了汽车的转向能力和转向响应特性，增加了汽车低速时的机动性以及调整行驶时的稳定性。

(6) 自适应悬挂系统(ASS)　自适应悬挂系统能根据悬挂装置的瞬时负荷，自动、适时地调整悬挂的阻尼特性及悬架弹簧的刚度，以适应瞬时负荷，保持悬挂的既定高度，极大地提高了车辆行驶的稳定性、操纵性和乘坐的舒适性。

(7) 巡航控制系统(CCS) 利用电子控制技术保持汽车自动等速行驶的系统。巡航控制又称车速控制系统或恒速行驶系统，使汽车在运行中不踩加速踏板便可按照驾驶员的要求，保持一定的行车速度，减轻驾驶员的劳动强度，提高汽车舒适性。

3) 车身电子安全系统

车身电子安全系统包括自适应前照灯系统、汽车夜视辅助系统、安全气囊、碰撞预警系统、轮胎压力监测系统、自动调节座椅系统、安全带控制系统等，提高了驾驶人员和乘客乘坐的舒适性和方便程度。

(1) 自适应前照灯系统 该系统会自动识别车辆周边环境光线状况，判断是否开启灯光。雨雾天气光线不够，大灯会自动亮起给驾驶者提供更安全的行车环境。在车辆转向时，因方向变化而自动调节转动灯光；也可以是车速感应式车灯控制，适时改变光束的长度或高度或对环境光进行补偿。

(2) 夜视辅助系统 在夜间或者视线不明的情况下，帮助您看清更远处的路面并且辨别近处道路上的动物、人或树木。并在驾驶室显示屏呈现图像，及时提醒驾驶人员。

(3) 安全气囊(SRS) 安全气囊系统与座椅安全带配合使用，可以为乘员提供有效的防撞保护。当汽车在行驶过程中发生碰撞事故时，安全气囊传感器接收撞击信号达到规定的强度时，向控制器输入信号。控制器经过判断后，触发启动气体发生器，引燃气体发生剂并产生大量气体，经过滤并冷却后进入气囊，使气囊在极短的时间内突破衬垫迅速展开，在驾驶员或乘员的前部形成弹性气垫，并适时泄漏、收缩，吸收冲击能量，从而有效地保护人体免于伤害或减轻伤害程度。

(4) 碰撞预警系统 碰撞预警系统能预测到行车的危险并在碰撞危险发生前向驾驶员发出警报，预防交通事故发生。碰撞预警系统通常由摄像头、雷达同时侦测，雷达负责侦测车辆前方 150 m 内的范围，摄影镜头则负责前方 55 m 内的车辆动态，通过动态视频摄像技术和计算机图像处理技术来实现其预警功能。

前碰撞预警 系统可以在发生碰撞危险前 2.7 s 发出警报，提醒刹车；同时车尾灯不停闪烁，提醒后面汽车注意，避免追尾。

车道偏离预警 系统能在发生车道偏离前 0.5 s 发出警报，提醒注意保持在原车道上安全行驶，此功能在长途驾车或疲劳驾驶时能起到很大的作用。

车距的监控和预警 能让驾驶员始终保持安全的行车距离，并能在车距存在危险时发出警报。

碰撞预警系统还可通过自动调节一系列安全系统：预碰撞刹车辅助系统、紧急转向辅助系统、汽车动态综合管理系统来尽可能避免碰撞。若系统判断碰撞不可避免，则会预先收紧前座安全带、启动刹车来最大限度地减轻损伤。

(5) 轮胎压力监测系统(TPMS) 通过记录轮胎转速(间接式)或安装在轮胎中的传感器(直接式)，对轮胎的各种状况进行实时自动监测，能够为行驶提供有效的安全保障。间接式轮胎压力监测系统通过汽车轮速传感器和轮胎之间的转速差别，来监测胎压变化。直接式胎压监测系统通过在轮胎里面加装四个胎压监测传感器，自动监测轮胎气压和温度，并将信息通过无线发射器从轮胎内部发送到电脑处理器，及时显示轮胎高压、低压、高温。

4）通信系统

通信系统包括汽车导航与定位系统、信息系统、语音通信系统等。

（1）汽车导航系统与定位系统（NTIS）是利用车载全球定位系统（GPS）配合电子地图来进行的，它能方便且准确地告诉驾驶者去往目的地的最短或者最快路径。

（2）汽车信息系统是一种能使驾驶员在行驶过程中，通过车载电子装备及时了解汽车运行的状况信息和外界信息的装置。汽车信息显示系统由车况监测部件、车载计算机和电子仪表三部分组成。

汽车车况监测系统通过液位、压力、温度、灯光等传感器，监测发动机、制动系统、电源系统以及灯光等的工作状况。车载计算机提供安全性、燃油经济性及乘坐舒适性的信息，如平均油耗、瞬时油耗、平均车速、可行驶里程、驾驶时间、时钟和温度等。信息可在电子仪表进行连续的显示，或需要时可按下相关按键即可调出相关信息。

（3）汽车语音通信系统是指汽车与外界进行通信的一种装置，主要包括车载多媒体系统、信息与语音系统、智能交通系统（ITS）、全球定位系统（GPS）、计算机网络通信系统、车载短距离无线通信系统、远程状态监测与故障诊断系统等。主要设备有漫游器、移动电话、电子邮件和国际互联网终端、视频或电子游戏中控台等。

4.2　检查更换汽车发电机

4.2.1　项目要求

1. 时间要求

50 min 内，在满足质量要求的前提下，能按照规范要求进行汽车发电机的更换。

2. 知识要求

了解发电机结构、类型、作用；熟悉发电机基本工作原理及一般检测方法。

3. 其他要求

严格按照安全操作规程、文明生产规则及环境保护要求进行项目作业。

4.2.2　项目分析

1. 经典案例

一辆丰田卡罗拉 GL 型轿车，在保持中高速运行时，充电指示灯突然亮起，熄火后再次发动，充电指示灯仍然不熄灭。

2. 故障现象及分析

故障现象：启动发动机，充电指示灯点亮。电器加载时，检查蓄电池电压明显下降，不充电 。将万用表旋钮旋至直流电压 30 V 挡，把红表笔接发电机“电枢”接柱，黑表笔接外壳，让发动机运转在中速以上，12 V 电气系统的电压标准值应在 14 V 左右，24 V 电气系统的电压标准值应在28 V左右。若测得的电压为蓄电池电压，则表明发电机不发电。根据维修手册检测确认该发电机损坏，要更换发电机(见图4-2-1)。

图 4-2-1 汽车发电机故障显示

汽车发电机是汽车的主要行车供电电源，发电机不发电，汽车很快就不能工作。当发现发电机不发电或发电量不足等故障时，应首先判断故障发生在外电路还是发电机内部，若初步确定故障在发电机内部，应将交流发电机从车上拆下来，对其进行检测、修理(见图4-2-2)。

图 4-2-2 发电机故障确认

应先对交流发电机进行整机测试。目的是为了判定交流发电机有无故障和故障发生在哪个部位，以便有的放矢地修理。

在进行实际操作前，有必要先了解有关汽车发电机功用、结构和原理等的相关知识，以及检查和更换作业有关的工作流程。

3. 理论基础

1) 交流发电机的功用

交流发电机将机械能转化为电能，并与发电机调节器互相配合工作，对除启动机以外的所有用电设备供电，并向蓄电池充电，如图 4-2-3 所示。

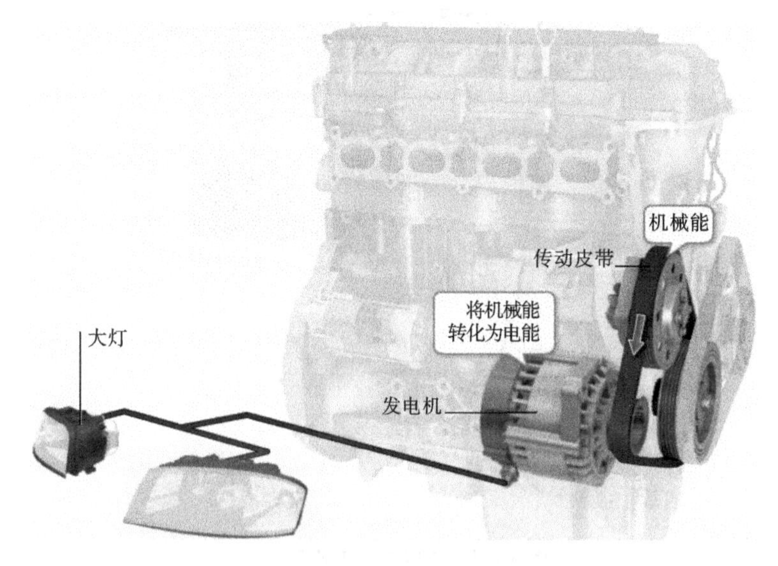

图 4-2-3　发电机的功用

2）交流发电机结构

交流发电机由定子、转子、前端盖、后端盖、风扇、皮带轮、轴承、硅二极管（正极管和负极管）、散热板、电刷 、电刷架 、电刷弹簧压盖等构成，如图 4-2-4 所示。

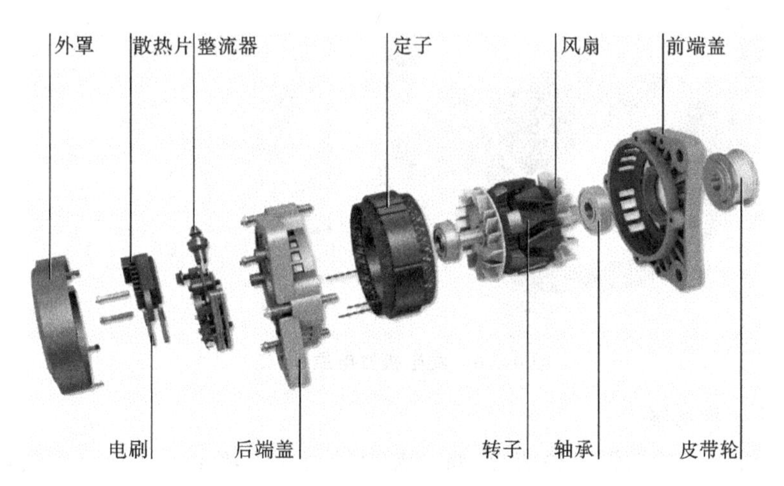

图 4-2-4　发电机组成

3）交流发电机发电原理

利用导线切割磁力线感应出电势的电磁感应原理，发电机将机械能变为电能输出。当发电机的转子励磁绕组中通入直流电时，产生接近于正弦分布的磁场（称为转子磁场），转子在发电机的带动下旋转，转子磁场随同一起旋转，每转一周，磁力线顺序切割定子的每相绕组，在三相定子绕组内感应出三相交流电动势，如图 4-2-5 和图 4-2-6 所示。

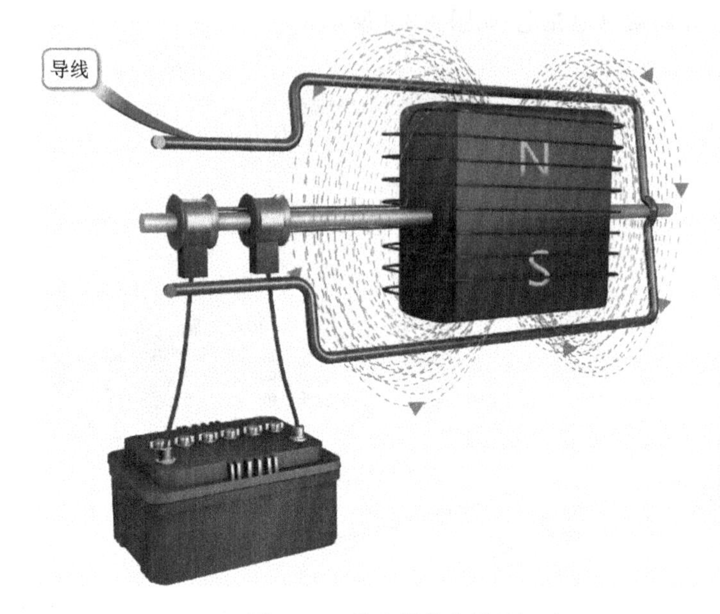

图 4-2-5 发电机发电原理(一)

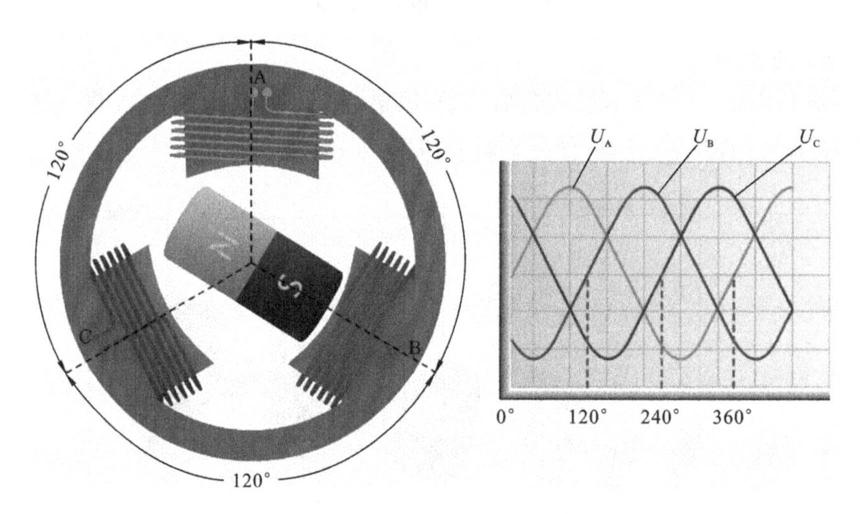

图 4-2-6 发电机发电原理(二)

4）交流发电机电路

交流发电机以硅二极管为整流器，将交流电转变成直流电。在任一瞬间，VD1、VD3、VD5 中正极电位最高者导通，同时 VD2、VD4、VD6 中负极电位最低者导通，不断循环，输出较平稳的直流脉冲电压，如图 4-2-7 和图 4-2-8 所示。

5）交流发电机励磁方法

发电机转子绕组产生磁场，称为励磁，发电机励磁有他励和自励两种方式。汽车用发电机在刚开始发电时，转子绕组由蓄电池供电产生磁场，属于他励；待发电机旋转起来，输出电压高于蓄电池电压时，发电机向磁场绕组供电，励磁方式由他励变为自励，他励与自励原理分别如图 4-2-9 和图 4-2-10 所示。

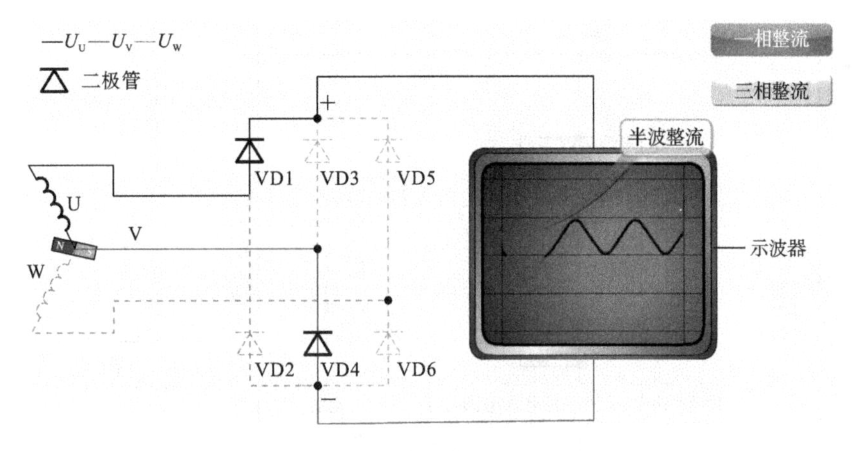

图 4-2-7　发电机整流原理(一)

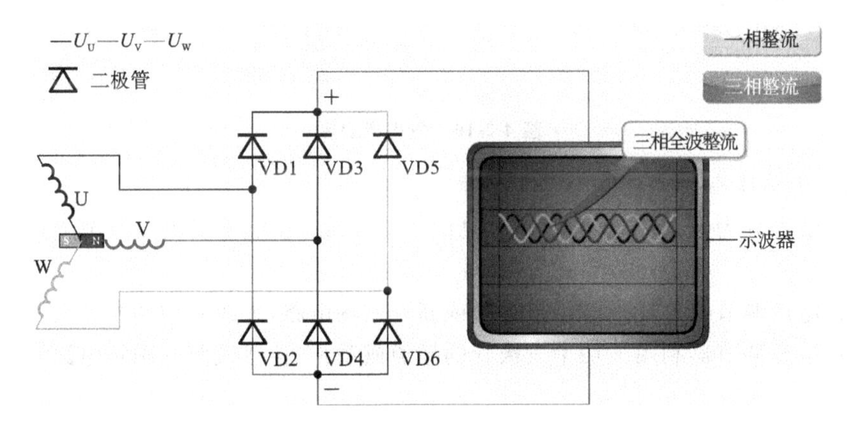

图 4-2-8　发电机整流原理(二)

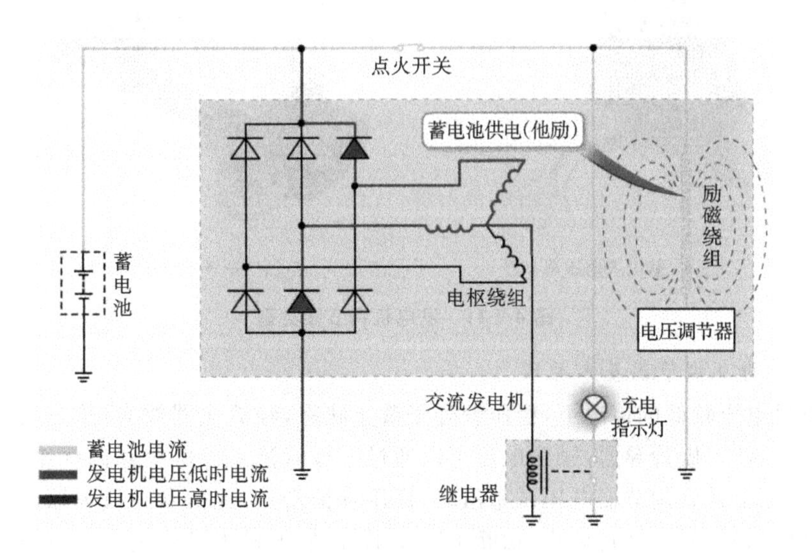

图 4-2-9　发电机他励

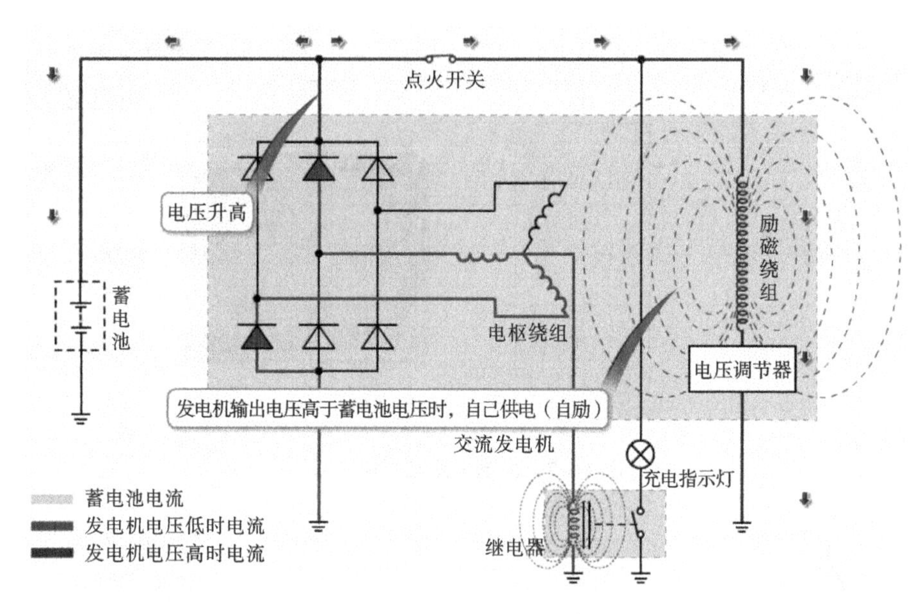

图 4-2-10 发电机自励

6）电压调节器类型

电压调节器分为触点式电压调节器(见图 4-2-11(a))和电子式电压调节器(见图 4-2-11(b))两种。

触点式电压调节器通过内部触点接通或断开磁场电路,来改变磁场电流大小。

电子式电压调节器利用大功率三极管的导通或截止,接通或断开磁场电路,从而改变磁场电流大小。

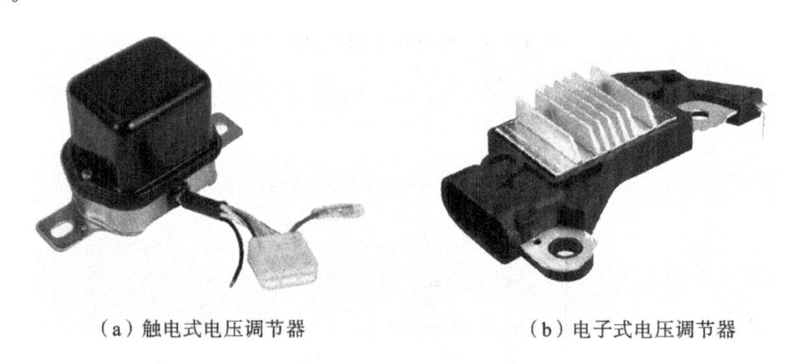

(a) 触电式电压调节器　　(b) 电子式电压调节器

图 4-2-11 发电机调节器类型

7）电子式电压调节器基本原理

在发电机电压较低的情况下,稳压管处于截止状态,经放大器放大,给三极管的基极一个高电位信号,使三极管导通,励磁电流可以通过三极管流入发电机励磁绕组,使发电机电压上升;当电压上升到调节器电压调整值时,稳压管被击穿,此信号经放大器放大后给三极管一个低电位信号,使三极管截止,切断了励磁电流,发电机无励磁电流,电压便下降,使三极管导通。如此反复,使发电机的电压稳定在一定值,如图 4-2-12 所示。

4.2.3　项目实施步骤

1. 检查更换汽车发电机

1）操作步骤

检查更换汽车发电机步骤如图 4-2-13 所示。

第一步：准备适合型号的发电机，准备使用的工具。

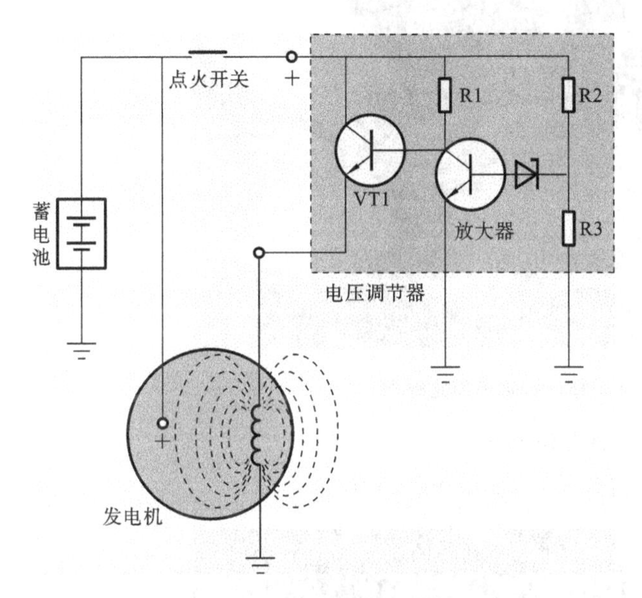

图 4-2-12　发电机调节器原理

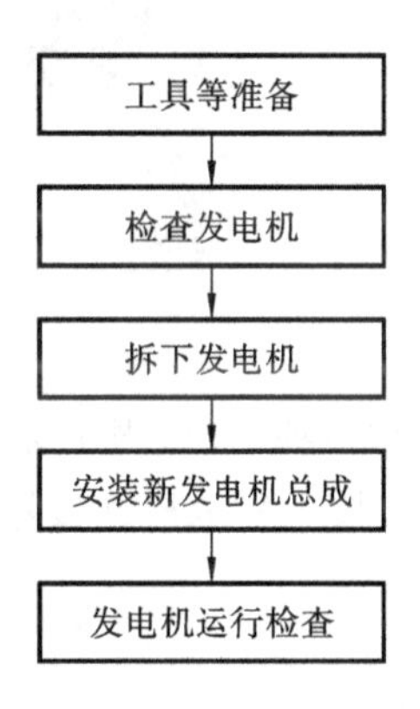

图 4-2-13　更换汽车发电机流程

第二步：检查发电机。

(1) 检查并确认发电机配线，目视并徒手检查配线连接是否松动，保证连接牢靠，如图 4-2-14 所示。

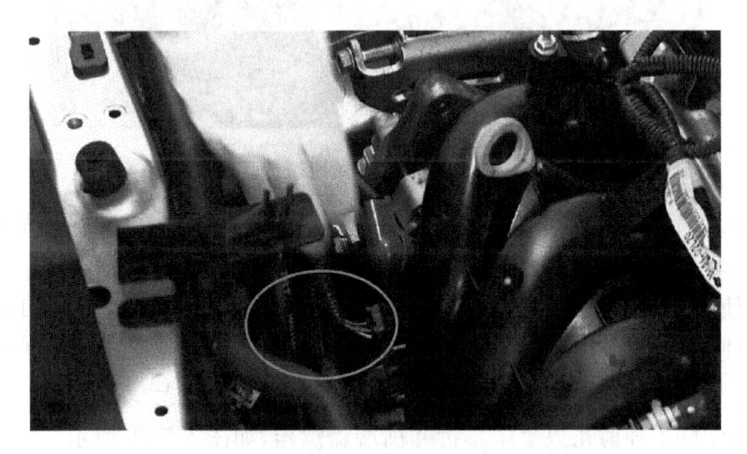

图 4-2-14　检查发电机配线

注意事项：如果状态不正常，重新连接、维修或更换发电机的线束。

(2) 注意发电机是否有异响，是否有机械故障需要排除。

(3) 检查充电警告灯电路。

第三步：拆下发电机。

(1) 正确使用12号梅花扳手拆下端子固定螺母，如图4-2-15所示。

图4-2-15 拆端子固定螺母

注意事项：拧松固定螺母时，应注意方位和角度。

(2) 按下发电机连接器锁扣，分离连接器，如图4-2-16所示。

图4-2-16 分离连接器

注意事项：分离连接器时，先按压锁止扣，当确认锁止装置完全脱离后，方可拔下连接器。

(3) 正确使用12号套筒、棘轮扳手拆下发电机上固定螺栓A，如图4-2-17所示。

(4) 正确使用14号套筒、棘轮扳手拆下发电机下固定螺栓B，如图4-2-18所示。

注意事项：拆下螺栓A、B时，应注意方位和角度，以便更容易操作。

(5) 正确使用12号梅花扳手工具拆卸前端盖螺栓，如图4-2-19所示。

注意事项：拆卸固定螺栓时，应注意方位和角度，以便更容易操作。

第四步：安装新发电机总成。

图 4-2-17　拆固定螺栓 A

图 4-2-18　拆固定螺栓 B

图 4-2-19　拆卸前端盖螺栓

(1) 检查和确认新的发电机设备号，检查外观是否完好，如图 4-2-20 所示。

注意事项：注意线束卡夹支架的方向。

(2) 安装发电机总成，双手握住发电机总成体，按适当的方位安置发电机总成，如图 4-2-21所示。

图 4-2-20 检车新发电机

图 4-2-21 安装新发电机总成

(3) 用 2 个螺栓暂时安装发电机总成。

注意事项:暂时安装螺栓 A、螺栓 B 时适当旋紧,以保证发电机不会左右移动。

(4) 用螺母将线束安装到发电机输出端子。

注意事项:以标准扭矩紧固螺栓,扭矩为 9.8 N·m 。

(5) 徒手安装发电机输出端子盖。

(6) 安装连接器和线束卡夹,将发电机配线线束侧连接器插到传感器的插座上,确保连接器可靠锁止。

注意事项:连接器的插头和插座必须对正,并且轻轻推入,确认听到锁止到位的“咔嗒”声。

第五步:发电机运行检查。

(1) 按照发电机性能检查的步骤和要求,再次对发电机的输出电压、电流等性能指标进行检测,确保发电机的正常使用性能。

(2) 发电机检查的详细步骤和具体要求,参阅前述说明。

2) 检验方法

(1) 将万用表的正极引线连接至蓄电池的正极端子;

(2) 将万用表负极引线搭铁。

(3) 启动发动机,逐渐升高发动机转速(保持 2000 r/min);

(4) 观察万用表电压值,标准电压调至 13.2~14.8 V;

(5) 继续保持发动机转速 2000 r/min;

(6) 打开远光前大灯,并将加热器鼓风机开关转至 HI 位置;

(7) 观察电流表指示值大于 30 A(如果蓄电池已充满电,电流钳读数有时会小于 30 A。在此情况下,运行刮水器电动机和车窗除雾器以增加负载,然后再检查充电电路)。

3) 注意事项

(1) 拆卸固定螺栓时,应注意方位和角度,以便更容易操作。

(2) 注意螺母不要掉落。

(3) 以标准扭矩紧固螺栓。螺栓 A:19 N·m;螺栓 B:43 N·m。

(4) 紧固螺栓 A、B 时,应注意方位和角度,以便更容易操作。

4.2.4 项目拓展

1. 典型问题

1) 案例一 汽车发电机异响

故障原因:汽车发电机异响一般表现为发动机轴承、皮带、电刷异响,以轴承异响最为常见;还有轴承损坏,转子与定子产生摩擦,或者发电机的风扇叶松动造成异响。如果是轴承异响或是损坏,可以更换一个轴承。

2) 案例二 汽车发电机的皮带响

故障原因:汽车发电机的皮带响,发出吱吱的响声,基本上是由于皮带老化、磨损或曾经更换的皮带过窄等原因造成的。

2. 参考文献与网上学习

(1) 吴涛. 汽车电器设备与维修[M]. 西安:西安电子科技大学出版社,2006.

(2) https://www.jingge.com。

4.2.5 项目组织实施

1. 组织方式

每五个同学一组,协作完成发电机的检查与更换,按照企业岗位进行作业。每组作业时间为 50 min。

2. 生产准备

每组同学配备设备及工具如下。

(1) 设备:丰田卡罗拉轿车 GL 一辆。

(2) 工具:① 常用维修工具一套;② 扭矩扳手。

(3) 耗材:发电机。

4.2.6 项目评价

评 分 表

姓名： 学号：

作业开始时间： 时 分 作业结束时间： 时 分 作业用时：

序号	项目	评分项目(描述明确)	学生自评	学生互评	教师评价
1	时间要求	按规定时间完成项目作业(5分)			
2	质量要求 添加各项目 具体分值要求	选择正确规格的发电机(5分)			
3		前期准备工作(5分)			
4		拆卸相关附件(10分)			
5		拆卸发电机总成(10分)			
6		检查附件安装情况(5分)			
7		按规定力矩安装发电机(10分)			
8		发电机运行检查(10分)			
11	安全要求	防护设备准备和使用(5分)			
12		规范操作举升机(10分)			
13		规范使用扭矩扳手(5分)			
14		车辆下部有人时不得操作举升机(5分)			
15	文明要求	按文明生产规则进行操作(5分)			
16	环保要求	更换旧件放入规定回收桶(5分)			
17		整理工位卫生(5分)			

考评员签字： 日期

※若发生重大事故(人身和设备安全事故)、严重违反维修原则和存在情节严重的野蛮操作等，由指导教师决定取消相关人员的实操资格。

4.3 检测更换汽车蓄电池

4.3.1 项目要求

1. 时间要求

40 min 内，在满足质量要求的前提下，能按照规范要求进行蓄电池的检查、更换。

2. 知识要求

了解蓄电池的功用、结构；熟悉蓄电池的分类、蓄电池的基本工作原理及一般检测方法。

3. 其他要求

严格按照安全操作规程、文明生产规则及环境保护要求进行项目作业。

4.3.2　项目分析

1. 经典案例

有一辆丰田卡罗拉乘用车，启动发动机时，发动机转速很低，甚至不能启动，检查蓄电池的性能发现不正常(见图4-3-1)。

图4-3-1　汽车启动故障

2. 故障现象及分析

故障现象：启动时，启动机运转无力，喇叭嘶哑。

汽车出现以上现象时，应对蓄电池进行检测(见图4-3-2)。汽车蓄电池是车辆启动电源，汽车运行中主要由发电机供电，车辆运行中蓄电池有时辅助供电。蓄电池常见故障包括内部故障和外部故障。内部故障包括：极板硫化、活性物质脱落、极板栅架腐蚀、极板短路、自放电、极板拱曲等。外部故障包括：外壳裂纹、极柱腐蚀、极柱松动、封胶干裂等。

图4-3-2　汽车故障分析

在进行实际操作前，先了解有关汽车蓄电池功用、类型、结构及工作原理等的相关知识，以及检测和更换作业有关的工作流程。

3. 理论基础

1）蓄电池功用

（1）供电：在发电机不发电时（启动机启动时，发电机停止运转时等）工作；在用电需求超过发电机供电能力时，蓄电池也参加供电，如图 4-3-3 所示。

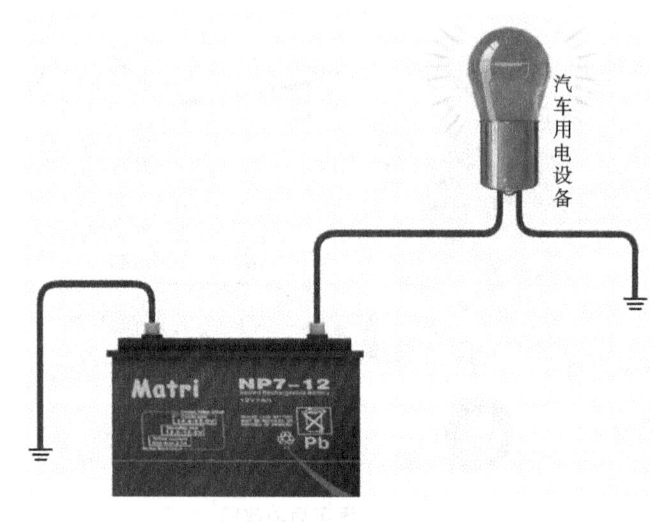

图 4-3-3 蓄电池功用

（2）储电：发电机正常工作时，蓄电池将发电机发出的多余电能存储起来（充电）。

（3）稳压：蓄电池起到整车电气系统的电压稳定器作用，能缓和电气系统的冲击电压，保护汽车上的电子设备。

2）蓄电池常见类型

汽车常用的蓄电池有镍基电池、钠硫电池、锂电池（镍钴铝酸锂（NCA）和镍钴锰酸锂（NCM）电池）和铅酸蓄电池等。铅酸蓄电池又分为普通蓄电池、干荷蓄电池和免维护蓄电池三种，如图 4-3-4 所示。普通蓄电池：在初次使用时需加注电解液，并充电。干荷蓄电池：全称是干式荷电铅酸蓄电池，初次使用时无需充电，但需要加入电解液。免维护蓄电池：在使用寿命内基本无需加注和补充电解液，使用寿命一般为普通蓄电池的两倍。

3）铅酸蓄电池工作原理

铅酸蓄电池用填满海绵状铅的铅板作负极，填满二氧化铅的铅板作正极，并用22％～28％的稀硫酸作电解质。在充电时，电能转化为化学能，放电时化学能又转化为电能，实现化学能与电能的相互转化。

电池在放电时，金属铅是负极，发生氧化反应，被氧化为硫酸铅；二氧化铅是正极，发生还原反应，被还原为硫酸铅。电池在用直流电充电时，两极分别生成铅和二氧化铅。移去电源后，它又恢复到放电前的状态，组成化学电池，如图 4-3-5 所示。

4）普通蓄电池结构

普通蓄电池主要由正负极板、隔板、电解液、外壳、接线柱等组成，如图 4-3-6 所示。

(a)

(b)

(c)

图 4-3-4　蓄电池常见类型

(a)普通蓄电池；(b) 干荷蓄电池；(c) 免维护蓄电池

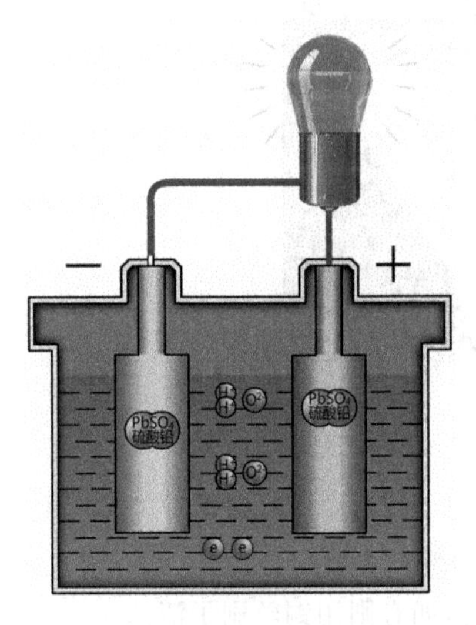

图 4-3-5　铅酸蓄电池工作原理

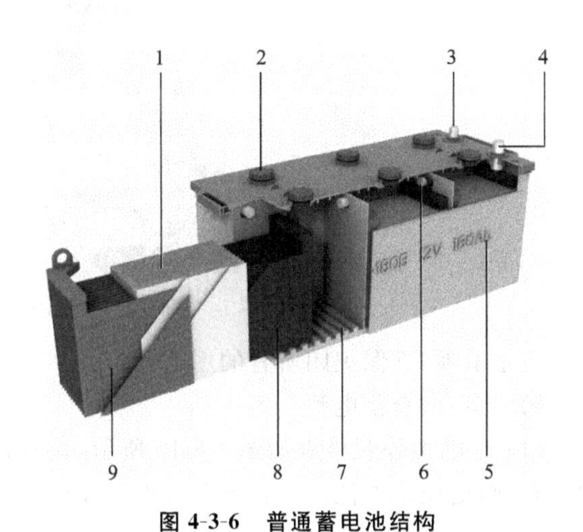

图 4-3-6　普通蓄电池结构

1—隔板；2—加液孔；3—负极端子；4—正极端子；5—壳体；6—联条；7—凸筋；8—正极板；9—负极板

4.3.3　项目实施步骤

1. 检测更换汽车蓄电池

1）操作步骤

检测更换汽车蓄电池的步骤如图 4-3-7 所示。

第一步：做好准备工作。

(1) 关闭点火开关。

(2) 关闭灯光、空调、音响等用电设备。

(3) 拉紧驻车制动手柄,如图 4-3-8 所示。

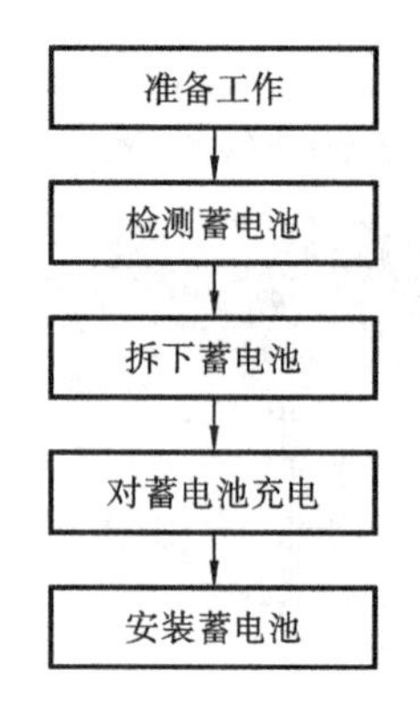

图 4-3-7　检测更换汽车蓄电池流程

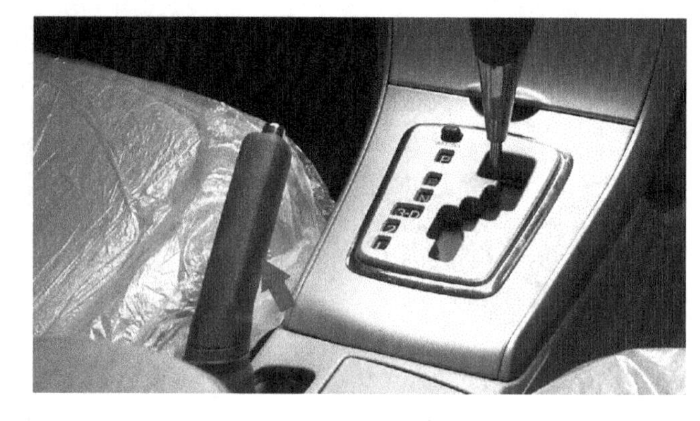

图 4-3-8　拉紧驻车制动手柄

(4) 将换挡杆置于 P 挡,如图 4-3-9 所示。

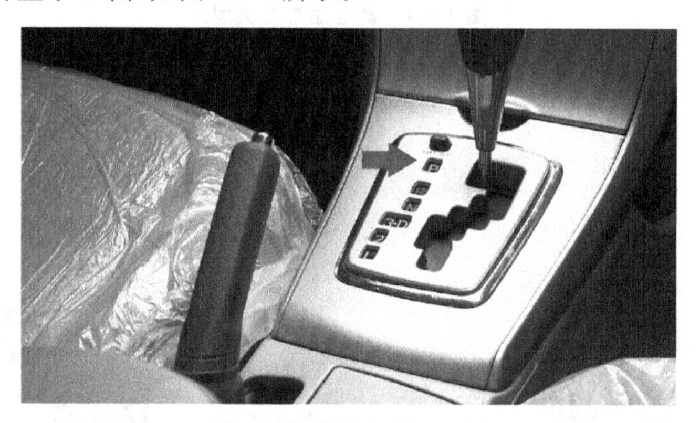

图 4-3-9　换挡杆置于 P 挡

注意事项:确保关闭所有的用电设备。

第二步:检查蓄电池。

(1) 蓄电池外观检查如图 4-3-10 所示,检查蓄电池壳体是否有裂纹、渗漏电解液现象。如果有,则更换蓄电池。检查蓄电池正负极柱是否有腐蚀物,如有则用铜丝刷子清洁。

图 4-3-10　检查蓄电池外观

（2）蓄电池静态电压检查，将万用表的红、黑表笔分别插入测试孔“VΩ”和“COM”，将万用表电阻挡校零，选择万用表的直流电压 20V 挡，如图 4-3-11 所示。

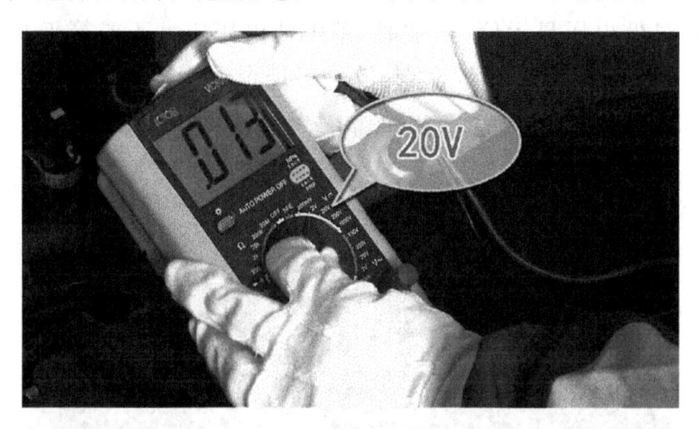

图 4-3-11　选择万用表挡位

（3）检查电解液及液位，如图 4-3-12 所示，用手拧下加液孔盖，检查外观有无损坏，通气孔是否畅通。检查完后，放置于工具车上。观察电解液是否浑浊。如果有，需要更换蓄电池。

图 4-3-12　检查电解液液位

（4）检查电解液密度，掀起盖板，用专用清洁布清洁汽车多用途密度计的棱镜表面，在棱镜表面的中间位置滴一滴蒸馏水进行校零，从一个单格中用玻璃管从蓄电池中蘸少许电解液，滴在棱镜表面的中间位置。合上盖板轻轻按压。将玻璃管用纸巾擦干净放置于工具车上。将密度计对向明亮处，旋转目镜使视场内刻度线清晰，如图 4-3-13 所示，读出明暗分界线在标示板上相应标尺上的数值。再与标准值（20 ℃下标准值为 1.25～1.29 g/L）进行比较，如果读数低于标准值，则电量不足，需要充电。按照上述方法，测量其他单格的电解液密度。测试完毕，先用纸再用布清洁棱镜表面和盖板，将仪器放回包装盒内，放到工具车上。

图 4-3-13　检测电解液密度

(5) 启动时蓄电池电压检查,拔下喷油器电源保险,选择万用表的直流电压 20V 挡,将万用表表笔连接在蓄电池两极柱之间。将点火开关转至“START”,并保持 5 s,如图 4-3-14 所示。读取万用表最低电压显示值,正常时,蓄电池电压应大于或等于 9.6 V,否则应用高率放电计或蓄电池性能检测仪进一步检查,以确定是否需要充电或更换蓄电池。

图 4-3-14 检查启动电压

注意事项:启动时间不能超过 10 s、再次启动测试时,要间隔 15 s 以上。

(6) 蓄电池性能检查,如图 4-3-15 所示,将高率放电计的红色线夹夹持于蓄电池正接线柱上,将高率放电计的黑色线夹夹持于蓄电池负接线柱上,将按钮按下 10 s 后松开,待电压稳定,观察并记录读数。正常值在 10 V 以上,否则蓄电池亏电或蓄电池已损坏。

图 4-3-15 高率放电计检查蓄电池性能

注意事项:按钮按下时间不得超过 10 s,否则会烧坏高率放电计。

第三步:拆下蓄电池。

(1) 用棘轮扳手、短接杆、10 mm 长套筒拧松蓄电池上方压板的 2 个固定螺母,如图 4-3-16 所示,然后用手取下外侧的压板固定螺母,用手拧松内侧的压板固定螺母,将压板和钩形螺杆一同取下,并放置于工具车上。

(2) 用 10 mm 梅花扳手拧松蓄电池负极接线柱固定螺母,如图 4-3-17 所示;取下负极电缆,并放置于合适位置。

(3) 用 10 mm 梅花扳手拧松蓄电池正极接线柱固定螺母,如图 4-3-18 所示;取下正极电缆,并放置于合适位置。

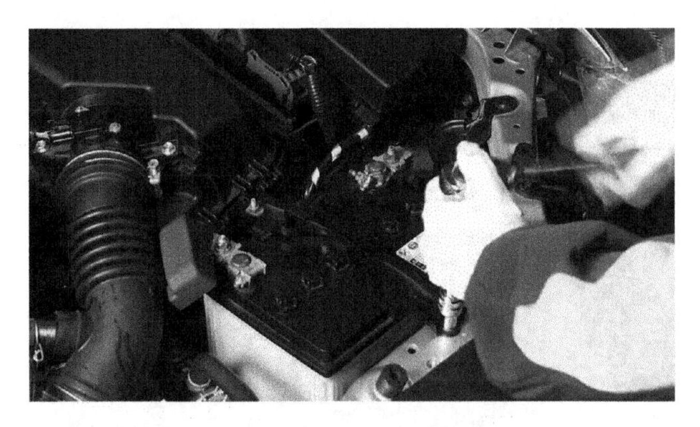

图 4-3-16　拆卸蓄电池压板

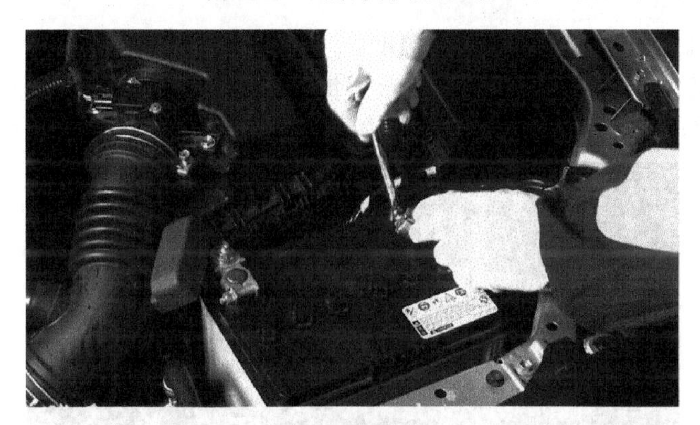

图 4-3-17　拆卸蓄电池负极接线柱

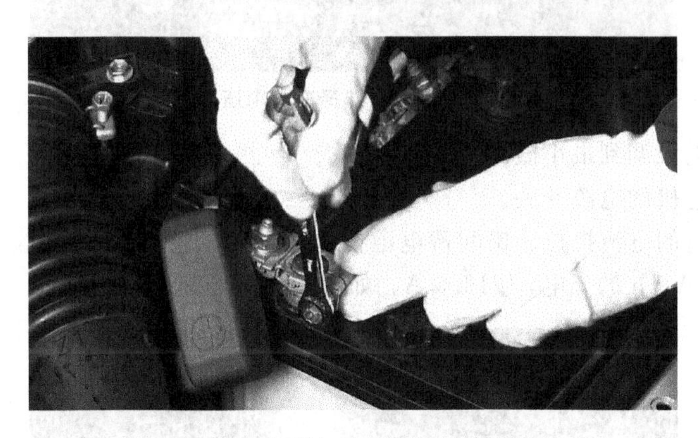

图 4-3-18　拆卸蓄电池正极接线柱

(4) 取出蓄电池,放置于工作台上。

注意事项:拆卸蓄电池正、负极电缆接头时,必须先拆负极接头,再拆正极接头;取下蓄电池时,要防止跌落,严禁在地上拖曳、翻转。

第四步:蓄电池充电。

(1) 将充电机的输出电缆线正极与蓄电池正接线柱相连,充电机的输出电缆线负极与蓄电池负接线柱相连,如图 4-3-19 所示。

图 4-3-19 连接充电电缆

(2) 将充电机接在 220 V 的交流电源上。

(3) 选择合适的电压,如图 4-3-20 所示。每一种电池的充电电压和电流都是不同的,注意厂家提供的参数。以 12 V 铅酸电池为例,最佳充电电压为 14.5～15 V。

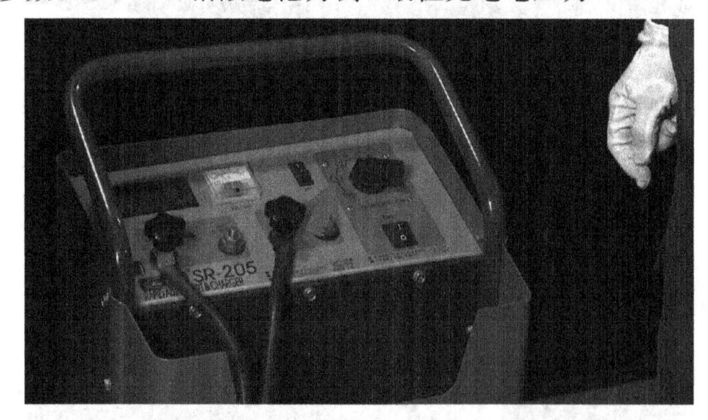

图 4-3-20 选择充电电压

(4) 将充电电流调到最小值。

(5) 打开充电机的电源开关。

(6) 选择合适的电流挡位。铅酸蓄电池恒压充电时,通常充电电流设置为电池安时值的 10%。如 165 A·h 的充电,为 16.5 A。如图 4-3-21 所示。

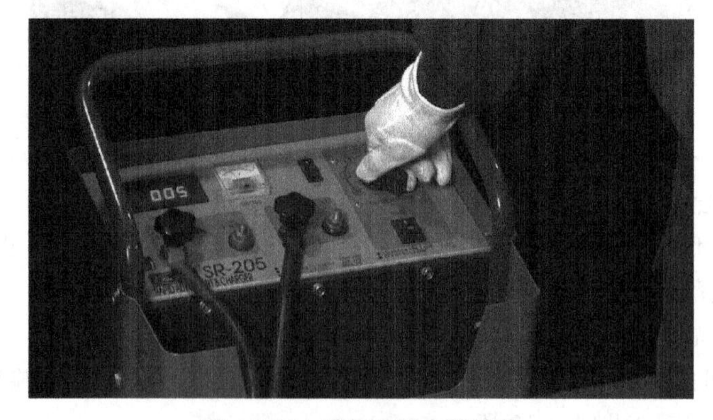

图 4-3-21 选择合适电流挡位

(7) 选择合适的充电时间。充电时间(h)＝充电电池容量(mA・h)/充电电流(mA)×1.5,通常以 10 h 充电时间为宜。

(8) 充电完毕,关闭充电机的电源开关,如图 4-3-22 所示。

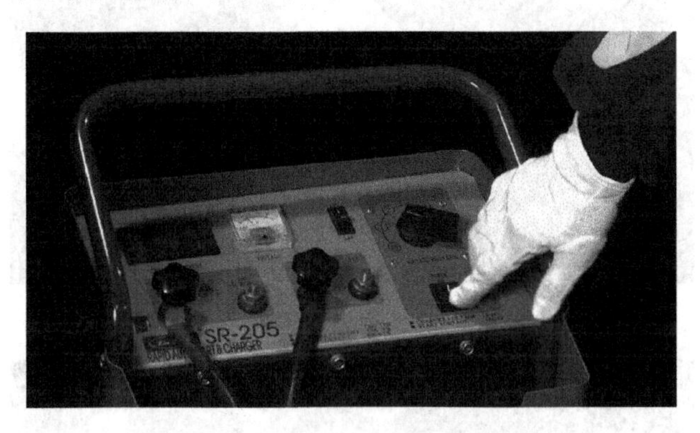

图 4-3-22　关闭充电电源

(9) 将充电机与 220V 的交流电源断开。

(10)将充电机的输出电缆线负极与蓄电池负接线柱分离,充电机的输出电缆线正极与蓄电池正接线柱分离。

(11)整理充电机,放置于指定位置。

注意事项:充电时,附近不能有火花,禁止抽烟;打开充电机的电源开关前,要确定充电电流调到最小值。

第五步:安装蓄电池。

(1) 检查蓄电池支撑架有无腐蚀或变形,如图 4-3-23 所示,如果有变形,应清洁或修复。

图 4-3-23　检查蓄电池支撑架

(2) 检查蓄电池底座有无裂纹和破损,如图 4-3-24 所示,如有破损应更换。

(3) 用苏打水去除蓄电池正、负电缆接头上的污物。

(4) 检查蓄电池型号是否正确,如图 4-3-25 所示。

(5) 将蓄电池对正平放在底座的凹槽中。

(6) 将钩形螺杆与支撑架相连,将压板两端的孔对正螺杆装入,并旋入 2 个螺母,如图 4-3-26 所示。

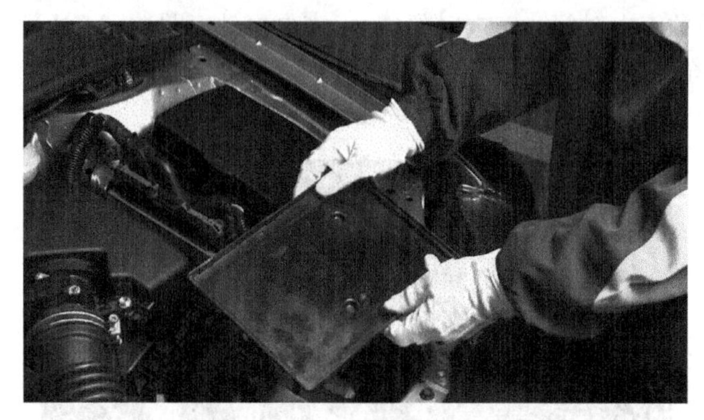

图 4-3-24 检查蓄电池底座

图 4-3-25 检查蓄电池型号

图 4-3-26 固定蓄电池

(7) 用棘轮扳手、短接杆、10 mm 长套筒对称拧紧 2 个固定螺母。

(8) 将蓄电池正、负极电缆接头对正蓄电池极柱安装，并按压到底，如图 4-3-27 所示。

(9) 用 10 mm 梅花扳手拧紧固定螺母。拧紧力矩为 5 N·m。

注意事项：安装蓄电池电缆接头时应先安装正极，再装负极。

2) 检验方法

汽车蓄电池的容量检测方法：电压表或万用表的电压挡加负载检测、比重计检测、用专用的蓄电池检测仪检测。下面以万用表检查电压的方法为例讲解具体步骤。

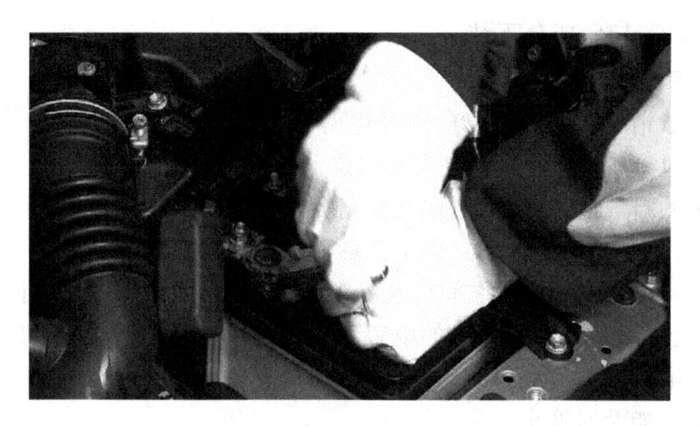

图 4-3-27　紧固蓄电池接线柱

(1) 拔下喷油器电源保险；

(2) 选择万用表的直流电压 20 V 挡，将万用表表笔连接在蓄电池两极柱之间。

(3) 将点火开关转至“START”，并保持 5 s。

(4) 读取万用表最低电压显示值，应大于或等于 9.6 V，否则更换蓄电池。

3) 注意事项

(1) 拆卸蓄电池正、负极电缆接头时，必须先拆负极接头，再拆正极接头。

(2) 取下蓄电池时，要防止跌落，严禁在地上拖拽、翻转。

4.3.4　项目拓展

1. 典型问题

1) 案例一　极板硫化

故障现象：蓄电池在放电时，电压急剧降低，过早降至终止电压，电池容量降低；电解液密度低于正常数值。蓄电池在充电时，单格电压上升过快，电解液温度迅速升高，但密度增加缓慢，过早产生气泡，甚至充电时就有气泡。

分析：故障发生的原因通常是极板硫化，表现为极板上生成难溶解的白色粗结晶硫酸铅，在正常充电时不能转化为活性物质。以下几种情况会造成极板硫化。

(1) 长期充电不足或放电后没有及时充电，导致极板上的硫酸铅有一部分溶解于电解液中，环境温度越高，硫酸铅溶解度越大，当环境温度降低时，溶解度减小，溶解的硫酸铅就会析出，由于蓄电池工作时温度变化，因此析出硫酸铅在极板上再次结晶析出，形成硫化。不能将半放电的蓄电池长期搁置，尤其要注意给蓄电池定期补充充电，使之保持完全充电状态。

(2) 电解液液面过低，使极板上部与空气接触而被氧化，在行车中，电解液上下波动与极板氧化部分接触，会生成大晶粒硫酸铅硬化层，使极板上部硫化，因此要定期检查电解液面高度和密度，发现液面降低应及时添加蒸馏水。

(3) 长期过量放电或小电流深度放电，使极板深处活性物质的孔隙内生成硫酸铅，不能让蓄电池过度放电，每次接通启动机时间不应超过 5 s，避免低温大电流放电。

(4) 新蓄电池初充电不彻底，活性物质未得到充分还原。

(5) 电解液密度过高、成分不纯。

2) 案例二　自放电

故障现象：一般情况下，维护良好、充足电的蓄电池在20～30 ℃的环境中开始搁置28天，其容量损失超过20%，是自放电过大的现象。

分析：蓄电池的自放电，是指蓄电池在开路搁置状态时，其容量自然损耗的现象称为自放电。完全消除自放电是不可能的。以下几种情况会造成自放电故障。

(1) 电解液不纯，杂质与极板之间以及沉附于极板上的不同杂质之间形成电位差，通过电解液产生局部放电。新蓄电池添加的电解液应是使用纯净的蓄电池专用硫酸和蒸馏水按要求配制成的，蓄电池的加液孔必须完好无损，加液孔盖上的通气孔应保持通畅，保证充放时产生的氢气、氧气能及时逸出。

(2) 蓄电池长期存放，硫酸下沉，使极板上、下部产生电位差引起自放电。对闲置待用的蓄电池，应定期补充充电。

(3) 蓄电池溢出的电解液堆积在电池盖的表面，使正、负极柱连通。应经常检查蓄电池盖是否清洁，有无积垢或电解液，确保蓄电池盖清洁。

(4) 蓄电池过热，蓄电池离热源过近，处于高温环境下工作，使负极海绵状铅溶解加快，析氢时长增加，负极板自放电加剧。因此蓄电池离热源过近应有隔热措施。

3) 案例三　判断蓄电池的正负极

在现代汽车中，大多采用交流发电机和点火电子组件。如果蓄电池正负极接反，就会造成点火系统损坏和交流发电机烧毁，甚至引起汽车起火。在拆换蓄电池时，如果因蓄电池没有极性标志或标志不清，如何判断蓄电池正负极？

采用方法如下。

(1) 新蓄电池极柱上刻有“+”号或涂以红色，负极刻有“－”号或涂以蓝色做标记。如果是旧的而且标记不明显，一般情况下，蓄电池正极柱较粗且呈暗红色，负极柱稍细且呈浅灰色。

(2) 在蓄电池两极柱上各连一导线，并插入盛有食盐水（或稀硫酸、碱水）的瓷杯中，观察线头周围，产生气泡多的为负极。

(3) 把蓄电池极柱上的两根导线分别插在一块切开的马铃薯上，导线周围变绿色的为正极。

(4) 利用磁针检验判断。在蓄电池两极柱间，接一个电阻（或灯泡），并使其构成回路，然后把磁针置于通电导线的下方，这时磁针的指向将与通电导线的方向垂直，按右手定则便可判定通电导线中的电流方向，从而可以判断出蓄电池的正负极性。

(5) 使用高率放电计检验判断。把失去极性标志的蓄电池与有极性标志的蓄电池，进行测量比较，即可判断失去极性标志的蓄电池的极性。

(6) 用直流电压表检验判断。接通电压表，如果指示正常，则电压表正极所接的蓄电池就是正极。

2. 参考文献与网上学习

(1) 石玲，等. 汽车发动机构造[M]. 南京：江苏大学出版社，2016.

(2) https://www.jingge.com。

4.3.5 项目组织实施

1. 组织方式

每五个同学一组，协作完成汽车蓄电池的检测和更换，按照企业岗位进行作业。每组作业时间为 40 min。

2. 生产准备

每组同学配备设备及工具如下。

(1) 设备：丰田卡罗拉轿车 GL 一辆。

(2) 工量具：① 常用维修工具一套；SATA09099 套筒工具；② 万用表、汽车多用途密度仪、橡皮手套、铜丝刷、手电筒、充电机、高率放电计。

(3) 耗材：三件套、清洁布、纸巾、苏打水、蒸馏水、电解液原液。

4.3.6 项目评价

评 分 表

姓名：　　　　　　　　学号：

作业开始时间：　时　分　　　　作业结束时间：　时　分　　　　作业用时：

序号	项目	评分项目（描述明确）	学生自评	学生互评	教师评价
1	时间要求	按规定时间完成项目作业（5 分）			
2	质量要求 添加各项目 具体分值要求	选择正确规格的蓄电池（5 分）			
3		前期准备工作（5 分）			
4		拆卸相关附件（10 分）			
5		拆卸蓄电池总成（10 分）			
6		检查附件安装情况（5 分）			
7		按规定力矩安装蓄电池（10 分）			
8		蓄电池运行检查（10 分）			
9	安全要求	防护设备准备和使用（5 分）			
10		规范操作检测仪（10 分）			
11		规范使用扭矩扳手（5 分）			
12		车辆下部有人时不得操作举升机（5 分）			
13	文明要求	按文明生产规则进行操作（5 分）			
14	环保要求	更换旧件放入规定回收桶（5 分）			
15		整理工位卫生（5 分）			

考评员签字：　　　　　　　　　　　　　　日期

※若发生重大事故（人身和设备安全事故）、严重违反维修原则和存在情节严重的野蛮操作等，由指导教师决定取消相关人员的实操资格。

4.4 检查更换点火线圈总成

4.4.1 项目要求

1. 时间要求

30 min 内，在满足质量要求的前提下，熟练快速地检查更换点火线圈总成。

2. 知识要求

掌握点火系统的组成及功用。

3. 其他要求

严格按照安全操作规程、文明生产规则及环境保护要求进行项目作业。

4.4.2 项目分析

1. 经典案例

一辆行驶里程为 100 000 km 的科鲁兹，发动机抖动严重，加速无力。将车开进 4S 店进行检修，经维修人员检查后发现，因点火线圈故障引起发动机抖动。更换点火线圈总成后，故障排除。

2. 故障现象及分析

点火线圈的故障会引起发动机工作不良，动力和尾气排放都会受到影响，一般通过断缸试验，确认是否存在缺缸故障，通过诊断仪读取故障并结合缺火数据确定故障点。点火线圈出现故障后以更换为主，并建议成套更换。所以在更换前应先做好相应准备工作，准备好作业过程中所需要用到的维修工具及备件，然后按照规范的作业流程进行更换操作。在进行实际操作前，先了解点火系统的相关知识，以及和更换作业有关的作业流程。

3. 理论基础

1）点火系统的作用

点火系统的功能是适时地为汽油发动机气缸内已压缩的可燃混合气提供足够能量的电火花，以点燃燃烧室中的可燃混合气，使发动机能及时、迅速地做功。

要使发动机能够正常工作，点火系统必需满足下列条件：

（1）要能产生足以击穿火花塞间隙的电压；

（2）要能产生足以击穿火花塞间隙的能量；

（3）点火时间应能适应发动机的各种工况。

点火系统不仅要按照发动机做功的顺序依次进行点火，同时为了获得最大的发动机功率，点火时刻还应该保证最佳的点火提前角。

2）点火系统的组成

目前车辆使用的都为全电子点火系统，主要由传感器、电子控制单元、点火模块、点火线圈、火花塞等组成，如图 4-4-1 所示。

3）点火系统的分类

常见的有双缸同时点火和单缸独立点火两种形式。

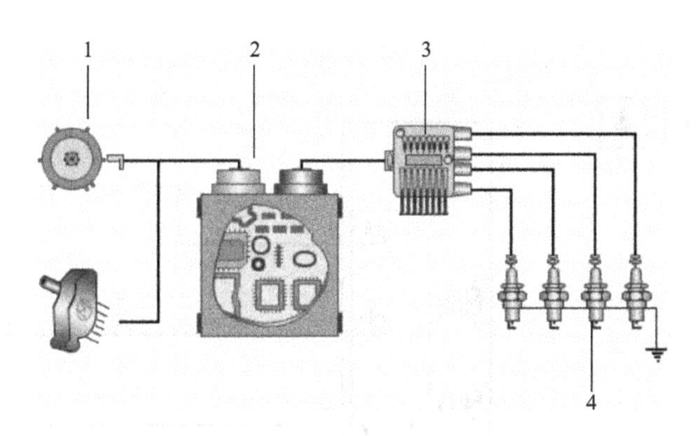

图4-4-1　电子点火系统示意图

1—传感器；2—电子控制单元；3—点火模块总成；4—火花塞

(1) 双缸同时点火。

在该点火系统中，点火线圈直接与火花塞连接，点火线圈的次级绕组有两个高压输出端，次级绕组利用高压线将两个气缸的火花塞，通过它们的接地点串联成一个闭合回路，一个点火线圈产生的高压电可以向两个气缸的火花塞提供。该点火方式，点火线圈对处于压缩行程上止点和排气上止点两个气缸同时点火，例如：对1、4缸进行同时点火，第1缸压缩上止点时，第4缸则是排气上止点，此时第1缸是有效点火(点燃混合气体)，第4缸则是空火，即无效点火，由于第4缸里的压力比第1缸低得多，只需很少放电能量就能保证高压电通过。曲轴转过360°后，情况正好相反，第4缸是有效点火，第1缸是空火。

(2) 单缸独立点火。

单缸独立点火方式也称独立点火方式。这种方式使用一个火花塞上配一个点火线圈。因此该点火线圈称为集成式火花塞，也有的称它为单火花点火线圈。这种点火方式，点火线圈产生的高压电单独地直接向每一个气缸点火。该点火系统中，点火线圈、火花塞及控制用的功率管数目是一致的。

4) 科鲁兹点火系统

(1) 科鲁兹点火线圈系统控制原理。

发动机控制模块ECM收集来自曲轴位置传感器和进/排气凸轮轴位置传感器的信息，确定每个气缸火花的点火顺序、闭合角和正时。发动机控制模块向独立的点火控制电路上的点火线圈模块发射一个频率信号，以对火花塞进行点火。

(2) 科鲁兹点火模块。

点火模块在单个密封部件中集中了4个点火线圈和点火模块。点火模块具有一个点火电压电路、一个搭铁、一个低电平参考电压电路、4个点火线圈控制电路，如图4-4-2所示。

4.4.3　项目实施的路径与步骤

1. 操作步骤

1) 外部连接件拆卸

(1) 拆卸发动机线束导管；

(2) 断开点火线圈插头，如图4-4-3所示；

(3) 拆下点火线圈盖板。

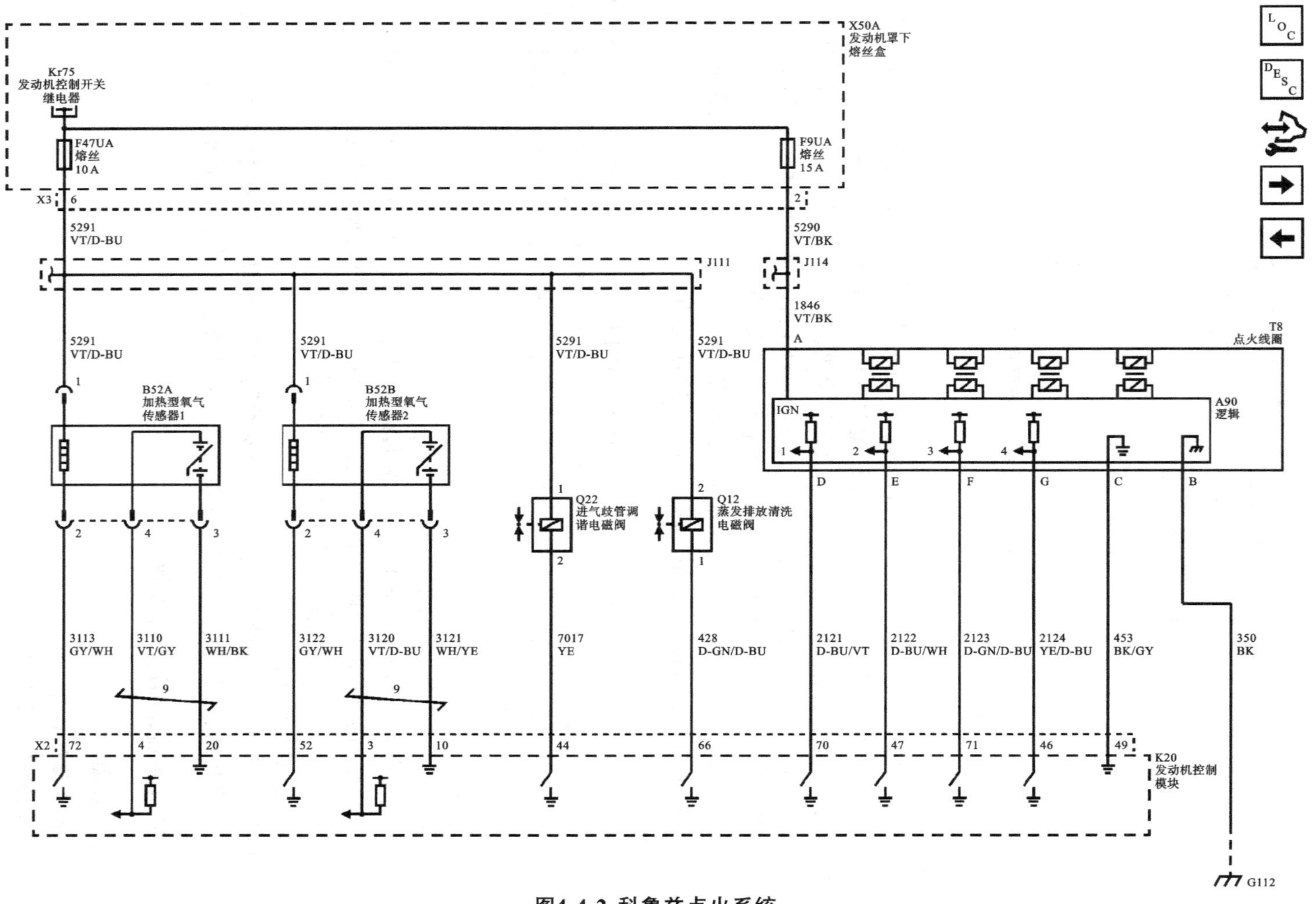

图4-4-2 科鲁兹点火系统

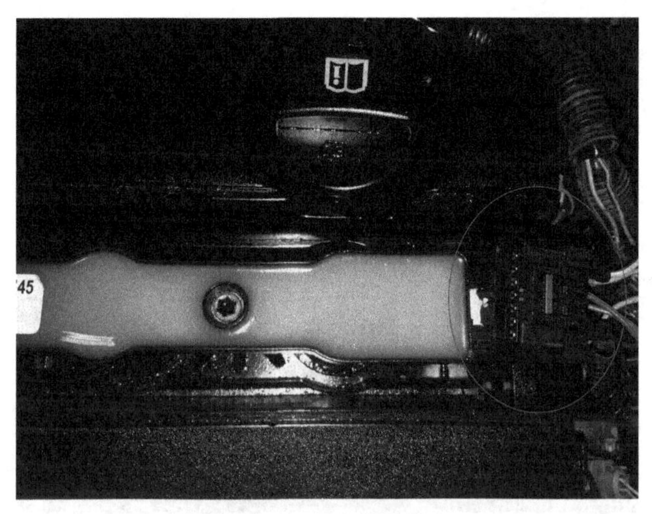

图 4-4-3　点火线圈插头

2）拆卸点火线圈

（1）拆下两个点火线圈固定螺栓，如图 4-4-4 所示。

图 4-4-4　点火线圈固定螺栓

（2）使用专用工具拆下点火线圈总成，整体更换，如图 4-4-5 所示。

3）点火线圈总成安装

按与拆卸相反的顺序进行安装，使用 8 N・m 力矩紧固。

2. 动态检验方法

（1）启动发动机，分别观察怠速和加速能力是否正常。

（2）连接诊断仪，读取故障码，查询数据流，确定点火线圈工作正常。

4.4.4　项目拓展

1. 典型问题

问题一　更换点火线圈后，发动机无法启动。

图 4-4-5 点火线圈总成

答：检查点火线圈线束接头是否安装到位。

问题二 更换点火线圈后，发动机仍有抖动。

答：使用诊断仪，查询故障代码和数据流，进一步检查故障原因。

2. 知识能力拓展

1）火花塞的结构

火花塞一般由中央电极、钢体和侧电极、绝缘瓷芯组成。

2）火花塞的功用及要求

将高压电引入燃烧室，点燃混合气。要求具有足够的机械强度，绝缘性能好，耐压、耐温性能好，密封性好，抗腐蚀性好。

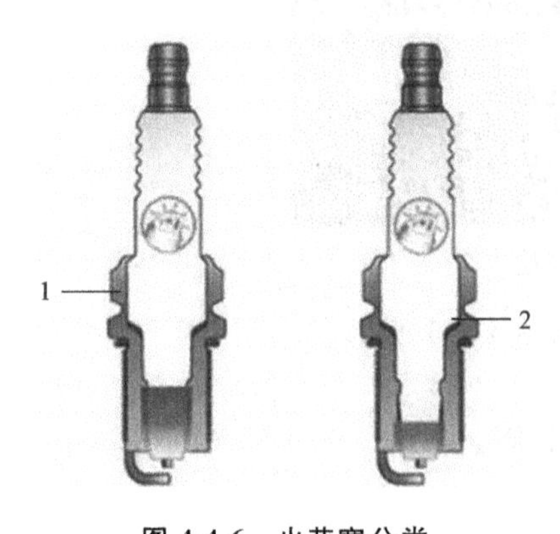

图 4-4-6 火花塞分类

1—热型火花塞；2—冷型火花塞

3）火花塞的热特性

（1）热型火花塞 受热面积较大（绝缘体裙部较长），不易散热的，低热值的火花塞，为热型火花塞。热型火花塞用于功率较小，转速较低，压缩比较小的发电机。

（2）冷型火花塞 受热面积较小（绝缘体裙部较短），易散热的，高热值的火花塞，为冷型火花塞。冷型火花塞用于功率较大，转速较高，压缩比较大的发电机，如图 4-4-6 所示。

4）火花塞的检查

（1）确保火花塞具有正确的热值范围。

（2）火花塞外观无损伤、裂纹。

（3）火花塞电极间隙符合标准。

（4）火花塞燃烧正常，电极显棕色或浅灰褐色，且带少量白色粉状沉积物。

（5）确保火花塞安装正确。

3. 参考文献与网上学习

(1) 谭本忠. 看图学修汽车电器[M]. 北京:机械工业出版社,2012.

(2) 宁德发. 汽车电气维修细节详解[M]. 北京:化学工业出版社,2015.

(3) 吕坚. 汽车故障诊断[M]. 北京:高等教育出版社,2016.

(4) https://v.youku.com/v_show/id_XMzExNjQ3MDk5Mg==.html。

(5) http://www.56.com/u38/v_MTQ0MzE2NTk1.html? txid=1762ae0eca40ac2ea5728f1e2a7bbd16。

4.4.5 项目组织实施

1. 组织方式

每五个同学一组,协作完成点火线圈的检查和更换,按照企业岗位进行作业。每组作业时间为 30 min。

2. 生产准备

每组同学配备设备及工具如下。

(1) 车辆:待保养科鲁兹(或其他相关车辆)车辆一辆。

(2) 耗材:点火线圈总成一套。

(3) 设备:专用工具、常用维修工具一套等。

4.4.6 项目评价

评 分 表

姓名: 学号:

作业开始时间: 时 分 作业结束时间: 时 分 作业用时:

序号	项目	评分项目	学生自评	学生互评	教师评价
1	时间要求	按规定时间完成项目作业(10 分)			
2	质量要求细化	更换点火线圈操作规范(30 分)			
3	安全要求	防护设备准备和使用(10 分)			
4		规范操作使用工具(10 分)			
5	文明、环保要求	按文明生产规则进行操作(10 分)			
6		更换旧件放入规定回收桶(5 分)			
7		项目结束工位整理干净(5 分)			
8	知识点掌握要求	点火系统组成(5 分)			
9		点火系统功用(5 分)			
10		点火线圈控制原理(10 分)			

考评员签字: 日期

※若发生重大事故(人身和设备安全事故)、严重违反维修原则和存在情节严重的野蛮操作等,由指导教师决定取消相关人员的实操资格。

4.5 检测调整汽车前照灯

4.5.1 项目要求

1. 时间要求

30 min内,在满足质量要求的前提下,按操作规程熟练快速地调整前照灯。

2. 知识要求

掌握汽车灯光的组成及功用。

3. 其他要求

严格按照安全操作规程、文明生产规则及环境保护要求进行项目作业。

4.5.2 项目分析

1. 经典案例

一辆科鲁兹汽车发生碰撞事故造成前照灯损坏,经4s店确诊,需更换前照灯总成。维修人员更换总成并调整前照灯光照位置,同时告诉车主,当前照灯安装发生松动或安装构件变化时,也需要对前照灯进行检查和调整。

2. 故障现象及分析

车辆的灯光直接影响行车的安全,因此灯光产生故障时,应及时进行维修。安装了新的大灯灯壳或者对车灯的安装构件进行维修后,需进行大灯对光。在操作前应先做好作业前的相应准备工作,准备好作业过程中所需要用到的常用维修工具及备件,然后按照规范的作业流程进行更换操作。

在进行实际操作前,先了解汽车灯光标准的相关知识,以及和作业有关的流程。

3. 理论基础

1) 车辆灯光系统的组成

一般由照明系统、信号系统、仪表系统组成。

2) 照明系统的组成

照明系统可以分为车外照明和车内照明两部分。车外照明主要包括前大灯、雾灯、牌照灯等;车内照明一般包括仪表灯、顶灯和开关照明灯等。

3) 信号系统的组成

信号系统主要包括转向信号灯、危险警告灯、制动警示灯、尾灯、倒车灯等。

4) 仪表系统的组成

汽车组合仪表由各类仪表、指示灯和警告灯组成,汽车仪表主要包括转速表、车速表、里程表和温度表等。指示灯主要包括故障指示灯、前雾灯指示灯、远光灯指示灯、后雾灯指示灯、转向信号指示灯、挡位指示灯、巡航系统指示灯、制动系统警告灯、ABS(防抱死制动系统)指示灯、机油压力指示灯、低燃油量指示灯、充电系统指示灯等。

5）汽车灯光标准和要求

国际上汽车灯光标准主要有欧洲 ECE 体系的 ECE 法规和美国联邦机动车安全标准(FMVSS)体系的 SAE 标准。中国灯光标准是汽车强制性国家标准的主要内容之一，涉及汽车的所有外部照明灯具、信号灯具、反射器、三角警告牌、车身反光标识等。如汽车前照灯的关键标准有《GB 4599—2007 汽车用灯丝灯泡前照灯》、《GB 21259—2007 汽车用气体放电光源前照灯》、《GB 25991—2010 汽车用 LED 前照灯》等。对前照灯配光（灯光照度、光照区域、光强度等）、安装、颜色和位置及检测方法等都有规定。维修调试时要按照标准要求检测。

6）灯光使用规范

（1）前照灯的使用规范：

① 夜间会车应在距离相对方向来车 150 m 以外改用近光灯。

② 在窄路、窄桥与非机动车会车时不能使用远光灯。

③ 在夜间没有路灯、照明不良或遇有雾、雨、雪、沙尘、冰雹等低能见度情况下行驶时，应当开启前照灯、示宽灯和后尾灯。

④ 同方向行驶的后车与前车近距离行驶时，不得使用远光灯。

（2）危险报警闪光灯的使用规范：

危险报警闪光灯俗称双闪灯（或双跳灯），这种灯是出于安全的考虑设置，根据交通管理的规定，如下几种情形可以使用双闪灯。

① 能见度低于 100 m 的路况下行车时；

② 车辆在道路上发生故障或交通事故时；

③ 牵引故障机动车时，牵引车和被牵引车应同时开启双闪灯；

④ 在道路或公路上临时停车时。

（3）转向灯的使用规范：

不管是转弯还是并线、起步、停车，只要你打算让车辆离开原车道了，哪怕是临时借半个车道超车或躲避，也必须提前开启转向灯，这是安全驾驶的基本原则。交通法规规定，机动车应按下列规定使用转向灯。

① 向左转弯、向左变更车道、准备超车、驶离停车地点或者掉头时，应当提前开启左转向灯。

② 向右转弯、向右变更车道、超车完毕驶回原车道、靠路边停车时，应当提前开启右转向灯。

③ 机动车从匝道驶入高速公路，应当开启左转向灯，在不妨碍已在高速公路内的机动车正常行驶的情况下驶入车道。

7）前组合灯

汽车前面的灯（除雾灯外），称为前组合灯，包括近光灯、远光灯、示宽灯、转向灯。汽车的大灯开关有两级，第一级是开启前后示宽灯（俗称小灯），第二级是开启近光灯（俗称大灯），向外拉开启前后雾灯。扳动方向盘左下方的塑料杆，可以把近光灯改为远光灯。向左拨动塑料杆为左转向灯闪烁，向右拨动为右转向灯闪烁。

前组合灯的功用如下。

（1）照亮道路，以便驾驶员能看清道路交通状况，并能及时地辨认障碍物。

（2）使迎面车流能识别和注意来车。

（3）向迎面车辆发送信号，引起对方注意。

(4) 同方向行驶的后车与前车近距离行驶时,不得使用远光灯。

8) 前照灯检测标准

前照灯光束照射位置要求:

(1) 机动车(运输用拖拉机除外)在检验前照灯的近光光束照射位置时,前照灯在距离屏幕 10 m 处,光束明暗截止线转角或中点的高度应为 0.6～0.8 H(H 为前照灯基准中心高度),其水平方向位置向左向右偏移均不得超过 100 mm。

(2) 四灯制前照灯其远光单光束灯的调整,在屏幕上光束中心离地高度为 0.9～1.0 H,水平位置左灯向左偏移不得大于 100 mm,向右偏移不得大于 170 mm;右灯向左或向右偏移均不得大于 170 mm。

(3) 机动车装用远光和近光双光束灯时以调整近光光束为主。对于只能调整远光单光束的灯,调整远光单光束。

前照灯发光强度要求如下。

(1) 新车。二灯制:每个灯 18 000 cd 以上;四灯制:每个灯 15 000 cd 以上。

(2) 在用车。二灯制:每个灯 15 000 cd 以上;四灯制:每个灯 12 000 cd 以上。

四灯制的机动车,其中两只对称的前照灯发光强度达到两灯制要求也视为合格。

4.5.3 项目实施的路径与步骤

1. 外观检查

(1) 检查两侧前照灯新旧程度是否一致。

(2) 检查两侧组合前照灯外壳有无划痕、污染、破损等现象。

(3) 检查两侧反光镜有无老化、脱落等现象。

(4) 检查两侧前照灯内部是否有进水现象。

(5) 灯光操作开关有无卡滞现象,背景小灯是否工作正常。

2. 装配检查

(1) 检查两侧前照灯安装是否牢固可靠、到位。

(2) 检查灯位缝隙是否均匀,左右对称。

(3) 检查灯泡、插接器、橡胶密封件安装是否牢固可靠。

3. 工作检查

操纵灯光开关,检查各灯光是否正常工作。

4. 调整检查

根据 GB 7258—2017《机动车运行安全技术条件》规定,利用灯光检测仪,检查两侧前照灯发光强度、光束照射方向是否一致。

1) 车辆准备

(1) 轮胎充气压力等。

(2) 透镜不得损坏或者弄脏。

(3) 反光镜和灯泡正常。

(4) 车辆必须处于加载状态。

（5）车辆必须向前或向后行驶几米或多次压缩前后悬挂，使其调整到位，车辆和大灯调节器必须处于同一水平面。

（6）照明调节滚轮必需处于“0”位置（某些卤素大灯带有手动调节）载荷。驾驶员座椅上乘坐一人或加载75 kg重物，车辆无其他负载，但应该包括如备胎、车辆千斤顶、灭火器等必备的运行工具。

2）前照灯灯光检测

（1）完成车辆对准。

在被检车辆的纵向中心线（或其平行线）上选定前后两个参考点，（如发动机板盖的中线与玻璃窗的中线），按下瞄准仪后面的激光开关，瞄准仪射出一束红色激光，手握瞄准仪并轴向旋转，如果激光光斑可以落在上述两个参考点上，则说明车辆已对准，否则应重新停放车辆。如果使用了导轨，则仪器对正了行车引线后，只要车辆正确停放在检测位置上，就不需要每次测量时都要对准车辆，如图4-5-1所示。

图4-5-1　激光开关和红外线

（2）被检前照灯的对准。

把仪器移动到被检前照灯前方，按下光接收箱后面的激光器按钮，检测距离为在50±5 cm的范围内，如图4-5-2所示。

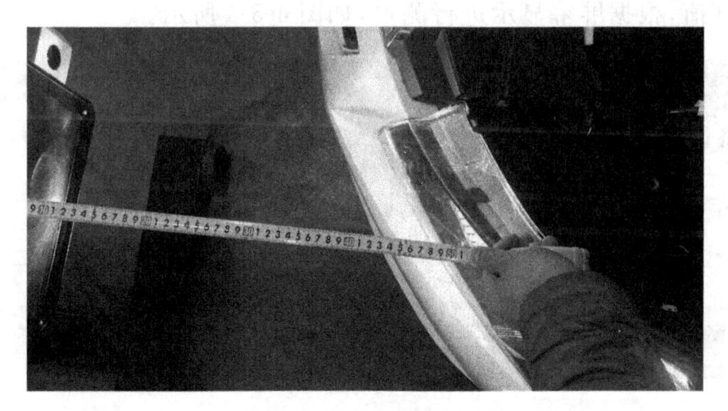

图4-5-2　测试距离

仪器的镜面两侧会射出两束激光，观察被检前照灯灯壳玻璃上的两个光斑，当两个光斑间的距离小于3 cm且两个光斑之间的中点落在灯壳玻璃的中心时，即被检前照灯与检测仪器对准了，如图 4-5-3 所示。如果光斑间的距离太大，必须调整仪器与被检车辆的距离，并重复以上步骤的操作。

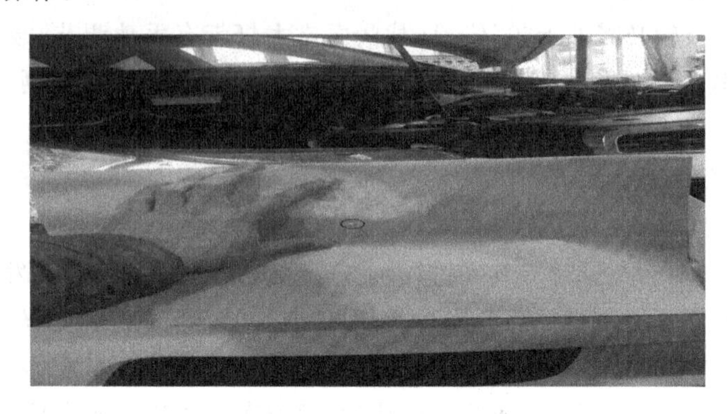

图 4-5-3 对中心

（3）灯高测量。

仪器对准被检前照灯后，升降座上沿对应的高度标尺值即为前照灯的灯高，如图 4-5-4 所示。

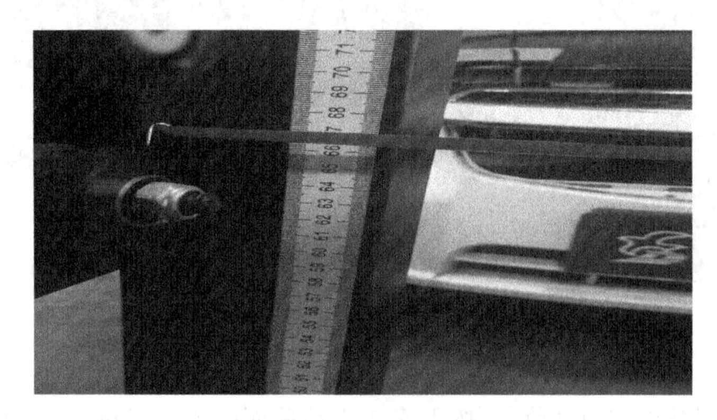

图 4-5-4 检测仪高度值

（4）输入高度值，根据屏幕显示进行测量，如图 4-5-5 所示。

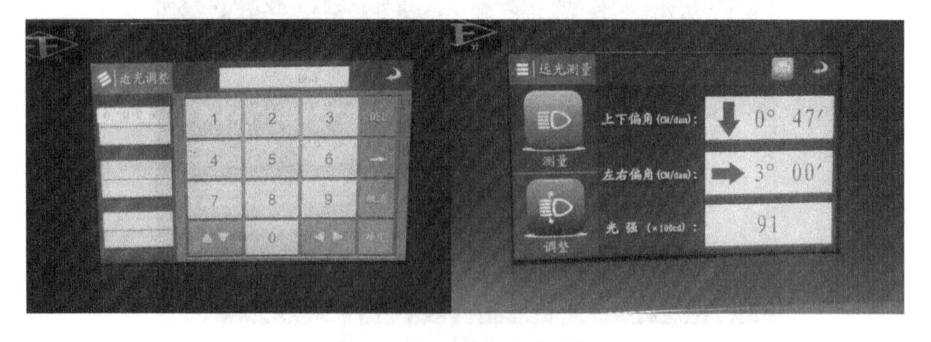

图 4-5-5 测量仪操作面板

（5）灯光调整装置说明。如图 4-5-6 所示，右边为垂直调整螺钉，左边为水平调整螺钉。

（6）调整后再次测量，直到调整值达到规定值（参见 GB 7258—2017）。

图 4-5-6　调整螺钉

4.5.4　项目拓展

1. 典型问题

问题一　操作中,检测仪器发生移动该怎么办?

答:如果在操作过程中,触动了仪器的上下旋钮或其他原因改变了光轴偏移量设定值(从观察窗可以看到),应重新设定偏移量,并重新调整灯光。

问题二　检测数据偏差较大、不准确,该怎么办?

答:重新调整仪器位置,重新进行红外线校正步骤。

2. 参考文献与网上学习

(1) 宁德发.汽车电气维修细节详解[M].北京:化学工业出版社,2015.

(2) 谭本忠.看图学修汽车电器[M].北京:机械工业出版社,2012.

(3) 吕坚.汽车故障诊断[M].北京:高等教育出版社,2016.

(4) http://www.iqiyi.com/w_19rvlxuvux.html。

(5) http://new-play.tudou.com/v/583285651.html。

4.5.5　项目组织实施

1. 组织方式

每五个同学一组,协作完成前照灯的检测和调整,按照企业岗位进行作业。每组作业时间为 30 min。

2. 生产准备

每组同学配备设备及工具如下。

(1) 车辆:待保养科鲁兹(或其他相关车辆)车辆一辆。

(2) 耗材: 防护用品、清洁剂等。

(3) 设备:灯光检测仪、专用工具、常用维修工具一套等。

4.5.6 项目评价

评 分 表

姓名： 学号：

作业开始时间： 时 分 作业结束时间： 时 分 作业用时：

序号	项目	评分项目	学生自评	学生互评	教师评价
1	时间要求	按规定时间完成项目作业(10 分)			
2	质量要求细化	调整灯光操作规范(30 分)			
3	安全要求	防护设备准备和使用(10 分)			
4		规范操作使用工具(10 分)			
5	文明、环保要求	按文明生产规则进行操作(10 分)			
6		更换旧件放入规定回收桶(5 分)			
7		项目结束工位整理干净(5 分)			
8	知识点掌握要求	灯光系统的组成(5 分)			
9		灯光系统功用(5 分)			
10		灯光系统的操作规范(10 分)			

考评员签字： 日期

※若发生重大事故(人身和设备安全事故)、严重违反维修原则和存在情节严重的野蛮操作等，由指导教师决定取消相关人员的实操资格。

4.6 检查维护汽车空调通风系统

4.6.1 项目要求

1. 时间要求

25 min 内，在保证操作规范的前提下，完成汽车空调通风系统的检查与更换。

2. 知识要求

掌握汽车空调通风系统的组成及功用。

3. 其他要求

严格按照安全操作规程、文明生产规则及环境保护要求进行项目作业。

4.6.2 项目分析

1. 经典案例

一辆雪佛兰科鲁兹车主反映，该车打开空调以后，车内有异味。经检查是空调滤芯脏污所致，需要更空调滤清器。

2. 故障现象及分析

(1) 使用汽车空调的不良习惯导致的。在汽车熄火的同时把汽车空调关掉，此时空调制冷片上的冷量还来不及散掉，很容易凝结水珠在上面，滋生细菌、真菌和黏附灰尘，从而产生异味。

(2) 空气滤清器因为长期与污染的空气接触，既有粉尘堵塞滤芯及过滤网，又有酸性物质的腐蚀，易导致空调系统失效。

汽车空调通风系统故障诊断流程如图 4-6-1 所示。

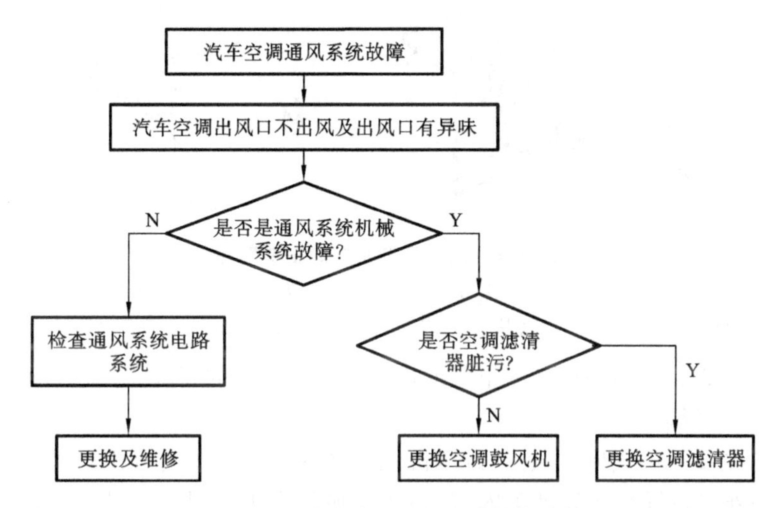

图 4-6-1　汽车空调通风系统诊断流程

通过对空调通风系统的故障成因的分析，在维修当中最常见的是对空调滤清器进行更换。

在进行实际操作前，首先要了解有关空调滤清器的相关知识，以及维护更换作业流程。

3. 理论基础

1) 空调概述

汽车空调一般主要由压缩机、电控离合器、冷凝器、蒸发器、膨胀阀、贮液干燥器、管道、冷凝风扇、真空电磁阀、怠速器和控制系统等组成，如图 4-6-2 所示。

空调是用来改善汽车舒适性的设备，可以对车内空气的温度、湿度进行调节，并保持车内的空气清洁。同时还能预防或除去挡风玻璃上的雾霜冰雪，确保行车安全。

汽车空调通常具备以下功能。

调节温度：将车内温度调节到人体感觉适宜的温度。

调节湿度：将车内温度调节到人体感觉适宜的湿度。

调节气流：调节车内出风口的位置、出风方向及风量大小。

净化空气：过滤空气中的灰尘，并对空气进行杀菌消毒 。

为了完成空调的上述功能，汽车空调通常应该包括以下部分。

暖风系统：主要由加热器、水阀、水管、发动机冷却液组成。作用是对车内空气或由外部进入车内的新鲜空气进行加热，达到取暖除霜的目的。

制冷系统：主要由压缩机、冷凝器、储液干燥器、膨胀阀、蒸发器、冷凝器散热风扇、制冷

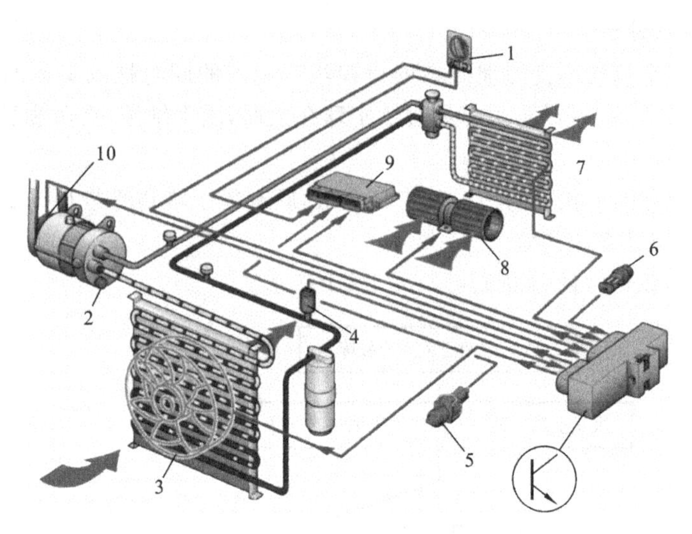

图 4-6-2 汽车空调系统的主要部件

1—空调开关；2—空调压缩；3—冷却风扇；4—空调功能开关；5—冷却温度开关；
6—散热器温度开关；7—冷凝器；8—鼓风机；9—发动机控制单元；10—空调电磁离合器

管道、制冷剂等组成。作用是对车内空气或由外部进入车内的新鲜空气进行冷却或除湿，使车内空气变得凉爽舒适。

通风系统：主要由进气模式风门、鼓风机、混合气模式风门、气流模式风门、导风管等组成 。作用是将外部新鲜空气吸进车内，起通风和换气作用。同时，通风对防止风窗玻璃起雾也有着良好预防作用。

空气净化系统：主要由车外空气和车内循环空气两部分组成。作用是除去车内空气中的尘埃、臭味、烟气及有毒气体，使车内空气变得清洁。

汽车空调控制有手动控制与自动控制之分。

手动空调需要通过驾驶员通过旋钮或拨杆对控制对象进行调节，如温度等。典型的手动控制空调系统的控制面板如图 4-6-3 所示。

自动空调只需驾驶员输入目标温度。空调系统便可按驾驶员的设定自动进行调节。典型的自动空调的控制面板如图 4-6-4 所示。

图 4-6-3 手动空调系统控制面板

图 4-6-4 自动空调系统控制面板

2）空调通风系统内、外空气的分布及空调滤清器的作用

车内的空气由车外新鲜空气和车内再循环空气组成，如图 4-6-5 所示。

车外空气受到粉尘、烟尘以及汽车尾气中的一氧化碳、二氧化硫等有害气体的污染，车内空气受到乘客呼出的二氧化碳、人体汗味以及漏入车内的废气污染。这些因素降低了进入车内空气的洁净度，而空调滤芯的作用是清除车内空气中的异味、微粒，并能去除车外空气中的花粉和灰尘，使空气得到净化。空调滤芯是易失效件，因此应及时更换。

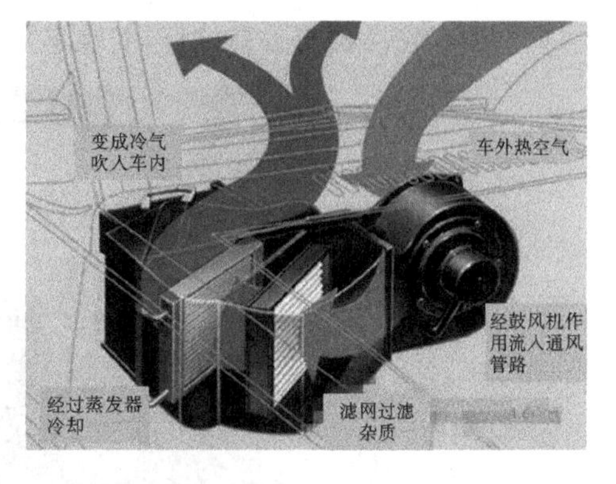

图 4-6-5 汽车空调通风系统内、外空气分布

3）汽车空调滤清器安装位置

汽车空调滤清器的安装位置如图 4-6-6 所示。

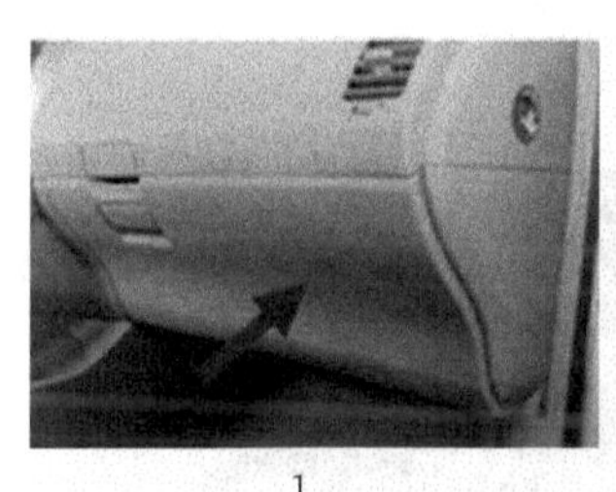
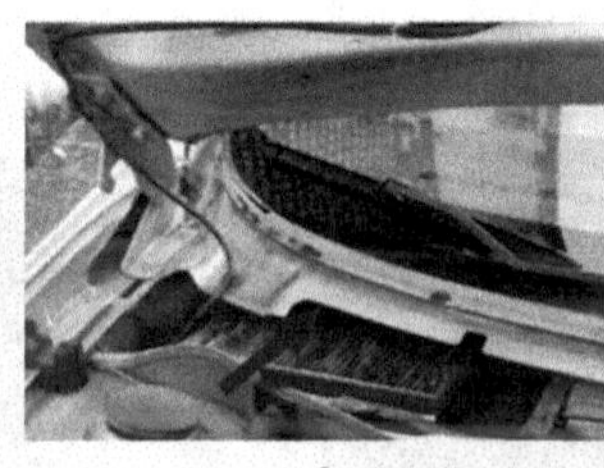

1 2 3

图 4-6-6 汽车空调滤清器安装位置

1—杂物箱后方；2—副驾座刮水器下方；3—仪表板下方中部

4）汽车空调通风系统的维护保养

汽车通风系统的维护保养主要包括：通风系统检查、空调滤芯及鼓风机电机的更换等。一般车辆要求每 7500 km 更换空气滤清器。如果长时间在尘土较大的路面环境中行驶，空气滤清器更换的里程应根据情况适当的提前1000～2000 km。

4.6.3 项目实施步骤

1. 操作步骤

1）检查空调通风系统

（1）打开车门，安装内饰三件套，如图 4-6-7 所示。

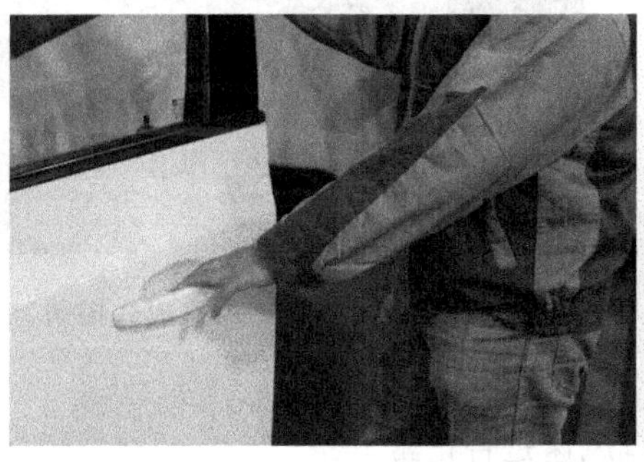

图 4-6-7 打开车门、安装三件套

（2）拉起发动机窗盖释放杆，安装车前外部三件套，如图 4-6-8 所示。

图 4-6-8　安装车外三件套

（3）安装车轮挡块和尾气排放管，如图 4-6-9 所示。

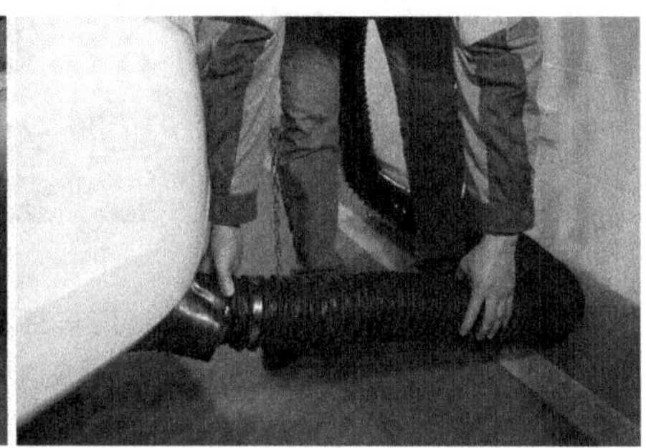

图 4-6-9　安装举升垫块、安装尾气排放管

（4）打开点火开关，启动发动机。

（5）将鼓风机挡位设置为“最小”，如图 4-6-10 所示。

（6）出风模式设置为“挡风玻璃和头部”，如图 4-6-11 所示。

图 4-6-10　鼓风机设置为最小

图 4-6-11　出风口模式控制

（7）循环模式设置为“内部”，如图 4-6-12 所示。

（8）调节鼓风机 1-4 挡，用手检查各出风口风速是否正常。

（9）检查各出风口、出风情况并判断故障点。

（10）关闭点火开关。

(11) 整理场地，做好5S工作。

(12) 完成检查记录表。

编号	检查项目	检查结果
1	鼓风机	1挡(　) 2挡(　) 3挡(　) 4挡(　)
2	左出风口	正常(　)　故障(　)
3	右出风口	正常(　)　故障(　)
4	中间出风口	正常(　)　故障(　)
5	挡风玻璃出风口	正常(　)　故障(　)
6	脚部出风口	正常(　)　故障(　)
7	内外循环	正常(　)　故障(　)
备注	在各检查结果栏内对对应项目检查结果勾选恰当选项	

2) 更换空调滤芯的操作

(1) 向上扳动把手，打开杂物箱，如图4-6-13所示。

图4-6-12　内循环模式

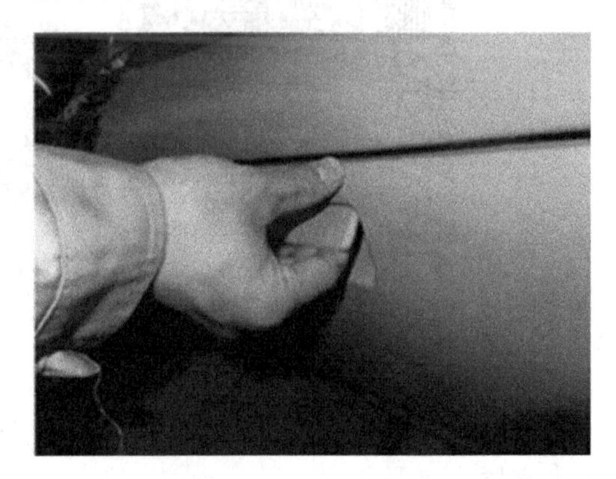

图4-6-13　打开杂物箱

(2) 使用平头塑料修整工具松开内侧固定卡扣，将仪表板外装饰盖向上抽出，如图4-6-14所示。

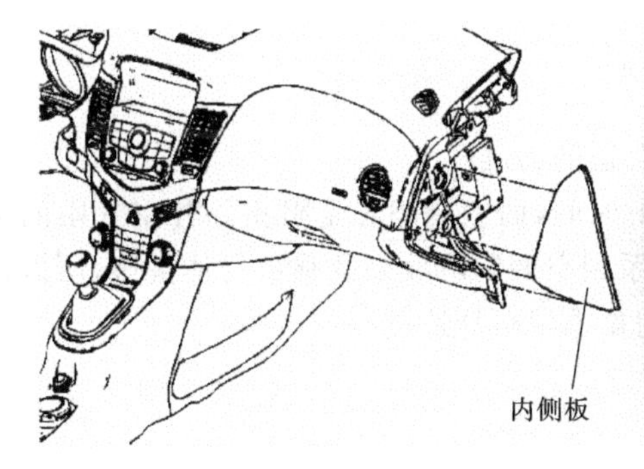

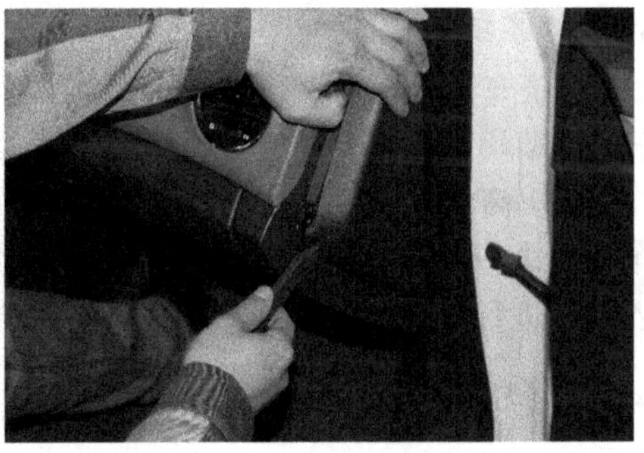

图4-6-14　拆内侧固定卡扣

(3) 拆卸仪表板储物箱,如图 4-6-15 所示。仪表板储物箱螺钉(数量:5)紧固力矩为2.5 N·m。

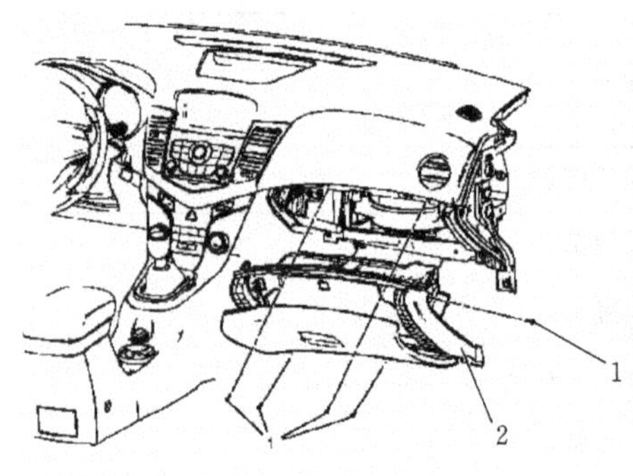

1—螺钉；2—储物箱

图 4-6-15 拆仪表板储物箱

(4) 松开 2 个卡夹,并拆下旧空调空气滤清器(见图 4-6-16)。

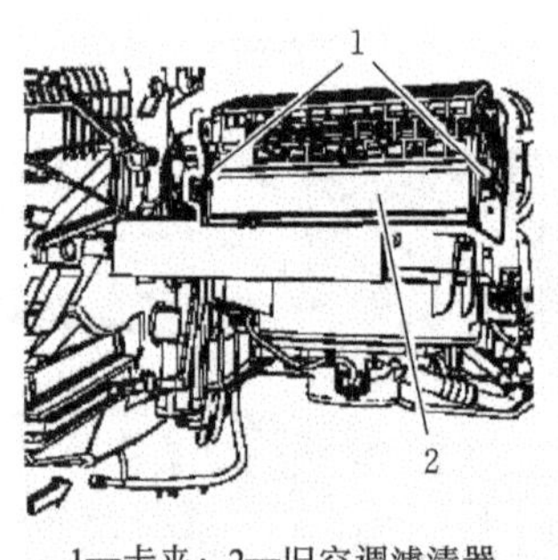

1—卡夹；2—旧空调滤清器

图 4-6-16 拆空调滤清器

(5) 安装空调滤芯总成,安装新空调空气滤清器(注意空滤上的箭头及方向),并用 2 个卡夹夹紧。

(6) 安装仪表板储物箱和仪表板外装饰盖,按拆卸的相反顺序安装。

(7) 座椅复位。

(8) 整理工具,完成 5S。

3) 注意事项

(1) 保证车辆停车熄火,并拉紧手刹。

(2) 拧螺丝和抠开卡子的时候,注意掌握合适的力度。

(3) 夏季高温难耐,是汽车空调使用最多的时间,而空调滤芯是阻止外界空气中的杂质进入车内的第一道防线,它的清洁与否直接关系到空调制冷效果及乘员身体健康,所以最好每年入夏前进行更换,防止空调温度不佳,影响夏季用车舒适度。

4.6.4 项目拓展

1. 典型问题

问题一 汽车空调滤芯应该什么时候进行更换?

答：一般车要求每 7 500 km 更换空气滤清器，如果长时间在尘土较大的路面环境中行驶，空气滤清器更换的里程应根据情况适当的提前 1 000～2 000 km。安装时一定要注意空调滤芯上的安装标记。

问题二　雾霾天气，汽车空调通风系统是如何保证车内空气干净的？

答：遇到雾霾天气时，车主应及时将空调切换到内循环模式，车厢内的气流成为封闭循环，一定程度上可以减少外界污染物的进入，同时利用内循环时空调本身的过滤作用，也可以进一步降低车内悬浮颗粒物的浓度。

2. 知识能力拓展

空调鼓风机电机的更换。

1）空调鼓风机电机更换步骤

（1）拆下地板出风管螺栓，拆下地板右侧出风管，如图 4-6-17 所示。螺丝紧固力矩为1.6 N·m。

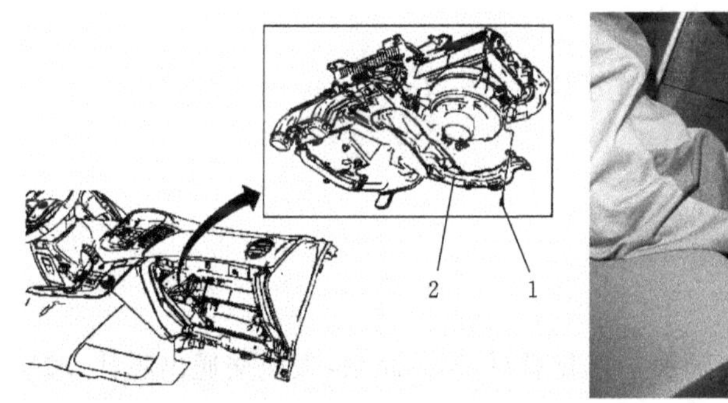

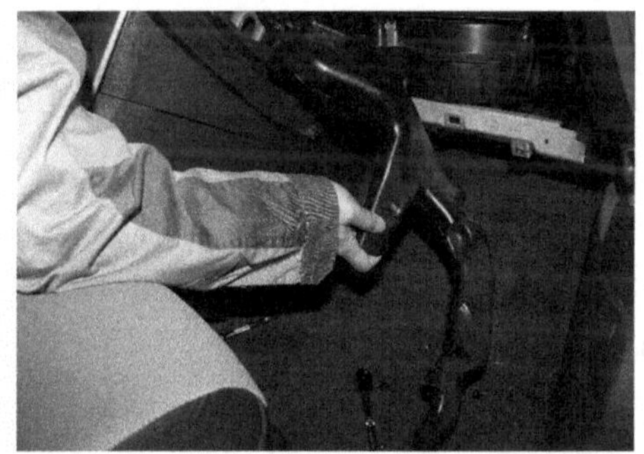

图 4-6-17　拆地板右侧出风管

1—螺栓；2—鼓风机电机座圈

（2）拆下鼓风机电机线束连接器，如图 4-6-18 所示。

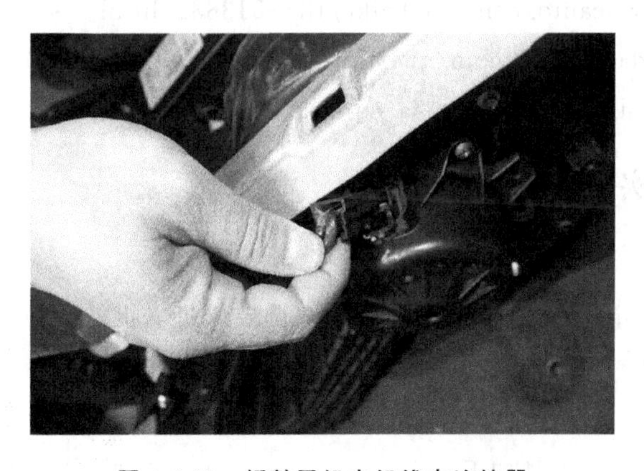

图 4-6-18　拆鼓风机电机线束连接器

（3）拆下鼓风机电机螺栓（见图 4-6-19 中 1），将鼓风机电机从加热器壳体上拆下（见图 4-6-19 中 2）。

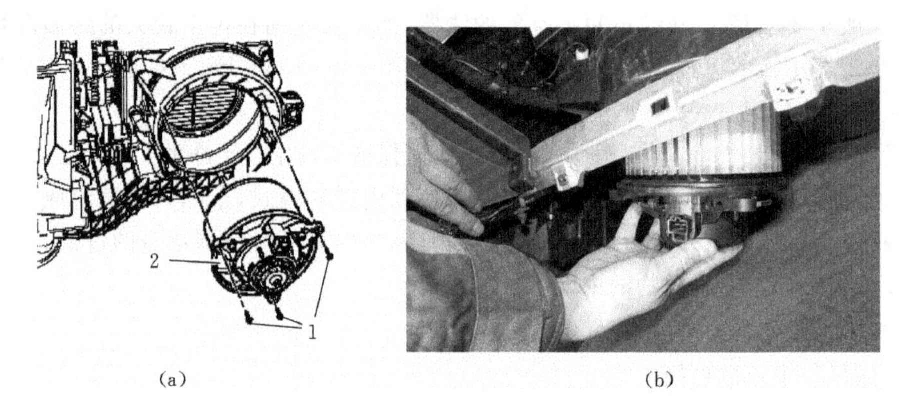

图 4-6-19 拆卸鼓风机电机座圈

1—螺栓；2—电机

(4) 换上新的鼓风机电机，安装至加热器壳体。

(5) 拧紧鼓风机电机螺栓，紧固力矩为 4.5 N·m。

(6) 安装鼓风机电机座圈及螺栓，紧固力矩为 2.5 N·m。

(7) 安装鼓风机电机线束连接器。

(8) 安装地板右侧出风管。

(9) 整理场地、工具，完成 5S 工作。

3. 参考文献与网上学习

(1) 方作祺. 汽车空调系统维修理实一体化教材[M]. 北京：人民交通出版社，2014.

(2) 王磊俊. 汽车保养基础[M]. 北京：高等教育出版社，2005.

(3) https://zhidao.baidu.com/question/289638640。

(4) http://www.shangc.net/auto/a/201611/0677404.html。

(5) http://www.icauto.com.cn/baike/tlist-513832.html。

(6) https://zhidao.baidu.com/question/1577358825041254580。

(7) http://xue.jinjingshop.com/az/qcwx/。

4.6.5 项目组织实施

1. 组织方式

每五个同学一组，协作完成空调滤清器及空调鼓风机电机的更换，按照企业岗位进行作业。每组作业时间为 25 min。

2. 生产准备

每组同学配备设备及工具如下。

(1) 车辆：雪佛兰科鲁兹和丰田卡罗拉整车(或其他相关车辆)各一辆。

(2) 耗材：新空调滤芯一盒、新空调鼓风机电机一个。

(3) 设备：专用工具、常用维修工具各一套。

4.6.6　项目评价

评　分　表

姓名：　　　　　　　　学号：

作业开始时间：　时　　分　　　　　作业结束时间：　时　　分　　　　　作业用时：

序号	项目	评分项目	学生自评	学生互评	教师评价
1	时间要求	按规定时间完成项目作业(10分)			
2	质量要求细化	更换空调滤芯操作规范(10分)			
3		更换空调鼓风机电机操作规范(10分)			
4	安全要求	防护设备准备和使用(10分)			
5		规范操作使用工具(10分)			
6	文明、环保要求	按文明生产规则进行操作(10分)			
7		更换旧件放入规定回收桶(5分)			
8		项目结束工位整理干净(5分)			
9	知识点掌握要求	汽车空调的组成和功能(10分)			
10		汽车空调通风系统的结构和作用(10分)			
11		汽车空调滤芯和鼓风机电机的作用(10分)			

考评员签字：　　　　　　　　　　　　　　　　　　日期

※若发生重大事故(人身和设备安全事故)、严重违反维修原则和存在情节严重的野蛮操作等，由指导教师决定取消相关人员的实操资格。

本章小结

本章介绍了汽车电器设备的基本结构和工作原理，并对汽车主要电器常见故障进行了分析与诊断，对典型案例开展项目式的故障排除与调整的实操训练，旨在培养学生独立进行汽车主要电器的拆装和检修的能力，同时掌握汽车维修工具与仪器设备使用方法，提高对常见故障诊断分析的能力，为今后从事汽车电器的维修与故障排除工作打下基础。

汽车电器设备检查维修需要了解汽车电器的结构原理，还应该对汽车诊断设备、检测分析设备等使用方法很好掌握。汽车诊断设备，主要包括汽车解码器、读码卡、数据流分析、专用电脑等。检测分析设备，主要包括试验台、检测线、检测仪、万能表、示波器、分析仪、传感器检测设备等。

汽车除了电器设备外，还有汽车电子控制装置，它是现代汽车必不可少的系统，是使汽车安全、可靠、舒适和智能化的保证。它们包括发动机控制系统、底盘控制系统、车身电子控制系统、汽车安全控制系统等。例如电子燃油喷射系统、制动防抱死控制、防滑控制、电控悬架、电控自动变速器、电子动力转向等。因此，汽车电子控制技术也将是汽车维修人员需要进一步学习和掌握的知识与分析能力。

参考文献

[1] 李林. 汽车维修基础快速入门 90 天 [M]. 2 版. 北京:机械工业出版社, 2015.

[2] 中国机械工业教育协会组编. 汽车检测与维修[M]. 2 版. 北京:机械工业出版社,2016.

[3] 孙志刚,董大伟. 汽车故障与排除[M]. 北京:北京理工大学出版社,2008.

[4] 朱军. “汽车医生”——现代汽车维修技术的灵魂[J]. 汽车维修与保养,2002(7):14-17.

[5] 谭本忠. 看图学用汽车维修检测设备和仪器[M]. 北京:机械工业出版社,2010.

[6] 刘仲国,张永博. 汽车维修工等级考试教材[M]. 北京:机械工业出版社,2009.

[7] 林瑞玉. 汽车维修全知道——1000 个必知的维修技能[M]. 北京:化学工业出版社,2013.

[8] 于增信. 汽车发动机构造、原理与维修[M]. 北京:机械工业出版社, 2015.

[9] 沈云鹤. 汽车发动机构造与维修[M]. 北京:高等教育出版社, 2014.

[10] 张金柱. 图解汽车原理与构造[M]. 北京:化学工业出版社, 2016.

[11] 周晓飞. 汽车构造与原理百日通[M]. 北京:化学工业出版社, 2017.

[12] 陈家瑞. 汽车构造(上册)[M]. 3 版. 北京:机械工业出版社, 2009.

[13] 陈家瑞. 汽车构造(下册)[M]. 3 版. 北京:机械工业出版社, 2009.

[14] 沈云鹤. 汽车发动机构造与维修[M]. 北京:高等教育出版社, 2014.

[15] 童剑峰. 电控发动机喷油器常见故障检修与维护[J]. 汽车电器. 2010(5).

[16] QC/T 919—2013 汽车用机油滤清器试验方法[M]. 北京:中国计划出版社,2014.

[17] 蒋勇. 汽车发动机构造与拆装[M]. 北京:中国铁道出版社, 2015.

[18] 蒋勇. 汽车底盘构造与拆装[M]. 北京:中国铁道出版社, 2016.

[19] 刘锐. 汽油发动机构造与维修[M]. 北京:人民交通出版社, 2013.

[20] 左适够. 汽车修理基本技能[M]. 北京:高等教育出版社, 2015.

[21] 陈焕江. 汽车检测与诊断技术[M]. 北京:人民交通出版社,2009.

[22] 董继明,等. 汽车检测与诊断技术[M]. 北京:机械工业出版社,2008.

[23] 张金柱. 图解汽车原理与构造[M]. 北京:化学工业出版社,2016.

[24] 谭本忠. 汽车底盘构造与维修图解教程[M]. 2 版. 北京:机械工业出版社, 2016.

[25] 陈建宏,许炳照. 汽车底盘机械系统检修[M]. 2 版. 北京:人民交通出版社, 2011.

[26] 李效春. 汽车底盘机械系统检修[M]. 北京:北京大学出版社, 2011.

[27] 张永新. 汽车底盘系统检测与维修[M]. 北京:化学工业出版社, 2013.

[28] 付国泰. 图解汽车底盘维修快速入门[M]. 北京:机械工业出版社, 2012.

[29] 陈新亚. 汽车为什么会跑?图解汽车构造与原理[M]. 3 版. 北京:机械工业出版

社，2017.

[30] 吴涛.汽车电器设备与维修.西安:西安电子科技大学出版社,2006.

[31] 石玲,等.汽车发动机构造.南京:江苏大学出版社,2016.

[32] 吕坚.汽车故障诊断[M].北京:高等教育出版社，2016.

[33] 宁德发.汽车电气维修细节详解[M].北京:化学工业出版社，2015.

[34] 谭本忠.看图学修汽车电器[M].北京:机械工业出版社，2012.

后　记

本书是上海市现代职业技术学校汽车运用与维修专业的教师与上海师范大学天华学院工学院专业的教师共同参与完成的，是一次全新的尝试，是在两校教师到企业参加生产实践及调研，了解汽车检测维修生产一线的需求，又充分听取职教专家、专业教师、行业及企业专家意见和建议的基础上编撰完成的。通过对汽车检测维修相关专业职业能力和工作任务的分析，形成了以企业典型工作过程作为教学过程的具有职业教育特色的专业教学应用教程。

在编撰过程中，两校教师扬长避短，对职业教育人才培养目标及后续的职业发展潜能等进行了多次调研和研讨，力争使本应用教程能还原真实的工作过程，具有较强的实践性，更有其相关的专业理论知识支撑，为学生进一步学习打下扎实的基础。通过该课程的学习，学生不仅学会“怎么做”，更知道“为什么这么做”。

本书具有鲜明的“理实一体”特色，每个章节有相关知识要点的梳理和拓展，有基于工作过程的项目实施与测评，衔接实际工作岗位要求，注重岗位能力与职业素养的培养和养成性教育。其实用性和理论性适用于本领域相关专业的中、高职及应用型本科学生，也适用于相关专业领域的工程技术人员和技术工人学习参考。

在本书出版之际，对两校的领导及参编人员表示衷心的感谢，也感谢华中科技大学出版社的大力支持。

编　者

2019 年 6 月